三段引领式教学法行动研究

以初中《道德与法治》为对象

周文君　编著

中国出版集团　现代出版社

图书在版编目（CIP）数据

三段引领式教学法行动研究：以初中《道德与法治》
为对象 / 周文君编著 . –– 北京：现代出版社，
2019.12

ISBN 978-7-5143-7457-5

Ⅰ . ①三… Ⅱ . ①周… Ⅲ . ①政治课—课堂教学—教
学研究—初中 Ⅳ . ① G633.202

中国版本图书馆 CIP 数据核字（2019）第 269223 号

三段引领式教学法行动研究：以初中《道德与法治》为对象

著　　者　周文君
责任编辑　袁　涛
出版发行　现代出版社
地　　址　北京市安定门外安华里 504 号
邮政编码　100011
电　　话　010–64267325　64245264(传真)
网　　址　www.1980xd.com
电子邮箱　xiandai@cnpitc.com.cn
印　　刷　北京中献拓方科技发展有限公司
开　　本　710mm×1000mm　1/16
印　　张　17.5
版　　次　2019 年 12 月第 1 版　2019 年 12 月第 1 次印刷
书　　号　ISBN 978-7-5143-7457-5
定　　价　68.00 元

以行动研究推进初中道德与法治教学改进（代序）

◇ 李晓东

随着以学科核心素养为主要标识的课程改革进程不断加快，以及统编版道德与法治教材的使用，初中道德与法治课的教学改进成为很多教师焦虑和纠结的问题。如何既能体现核心素养培育的新理念，又能充分落实统编版道德与法治教材的教学任务，成为广大初中道德与法治教师非常关心但没有答案的问题。面对高中学科核心素养已经明确的现状，老师们也想通过课堂教学的实际改变，体现新课程理念的要求，但向何处去、如何走的问题，成为悬而未解的问题，困扰着教师们。好在有些教师已经开始了探索前行的步伐。本书就是这种前行的一个明证和"雁过留痕"。

认识周文君老师和她的研究团队的时间并不算长。但是青岛市西海岸新区的老师的学习热情和探索精神却是让我印象深刻。某个周末去给他们做讲座，教室里座无虚席。从老师们关切和渴望的眼神里，能真切地感受到他们的期待和渴望。我在山东省道德与法治课的研讨会中对两位教师的课进行了点评，周老师和她的团队成员不仅在会议期间做了笔记，还一字不落地整理了我的点评文字稿。这种学习精神实在让我敬佩。相信以这样的态度和精神完成的教学研究探索，一定也能让大家耳目一新。

关于"感悟—探究—践行"三段引领式教学法，我了解得并不算深入，但对于本书中所呈现的研究路径，我是比较熟悉的。周老师参照北京师范大学政治学科能力改进的范式，按照多次改进、渐次提升的步骤，通过持续的改进过程，让老师们在不断否定过去的历程中找到正确的前行方向。其"感悟"，致力于从学生的已有经验出发，为课堂教学确定了可靠的起点；其"探究"，重在推进思考，让学生在积极参与中深化认识；其"践行"，则让学生实现从形成认识到付诸行动的改变，真正落实教学任务，提高教学效果。本书作为行动研究的成果呈现，既有过程性的呈现，又有对于设计变化和持续改进的思考。对于一线教师来说，这是很不容易的事情。但青岛市西海岸新区的老师们，给我们呈现了一个生动而真实的改进过程。期待各位读者能从他们的改进实践中发现规律，获得启发。

教学是永无止境的改进过程。对于完美的追求，也需要我们持续前行。但我相信，只要努力走在正确的路上，一定可以成就别样的风景。以此碎语，权作序，也作为对这个团队工作的认可和祝福，祝福周老师和她的团队在探索的路上步伐坚定、收获满满！也期待有更多的老师和周老师及其团队一样，用起而行之的探索精神，去发现道德与法治课教学的美好前景！

（作者系北京师范大学大中小学德育一体化教材研究基地副教授，普通高中思想政治课程标准修订组核心成员，统编初中道德与法治教材分册主编）

contents 目　录

第四章　培育法治意识

第一章　明晰实施策略

随着统编道德与法治教材的使用，如何改进课堂教学策略、提高课堂教学效率成为教师们关注的重中之重。"感悟—探究—践行"三段引领式教学法就是在这一背景下展开的实践探索。明确这一教学法的实施策略，是我们落地教学改进的根据和基础。

本章，我们主要对这一教学模式的现实背景、实施步骤、基本内容等方面进行探索，以明确行动研究的理论支撑和实践支持。

第一节　三段引领式教学法的背景与措施

三段引领式教学法的提出，是在新课程改革的背景下提出的。其推进流程和实施措施，则是推进这一研究的关键环节。从这个意义上说，本节内容可以视为三段引领式教学法研究展开的"前传"，是为这一研究确定框架而进行的必要准备。

一、三段引领式教学法课堂教学模式提出的背景

1. 实践背景

道德与法治课堂的不理想现状，是这一研究展开的实践背景。随着课程改革的不断深入，新的教学理念和新的学习方式不断出现，在改变着课堂教学生态的同时，也在改变着老师和学生，这对于民族的进步，国家的发展，国民素质的提高等都有着非常重要的意义。但是，不可否认的是，在道德与法治课堂的教学中仍然存在着很多问题，需要我们提出解决的思路和策略。这主要表现在：

（1）德育课程被"知识化"，缺失了德育的教化功能。很多老师把德育课上成了语文课、故事课、说教课。老师在教学过程中要么单向灌输，要么照本宣科，只注重知识的落地，忘记了德育学科在立德树人的意义上所具备的重要作用。

（2）说和做"各行其道"，道德践行落实不到位，没有充分发挥道德与法治课的德育功能。道德与法治课担负着学生基础知识和德育双重任务，有些教师只注重知识的传授而忽视了抓住机会对学生进行情感、态度和价值观的教育，品德课的德育功能发挥不够。

（3）有本土特色和本地学生生活实际的资源挖掘不够。大道理、大人物多，空中楼阁多，与实际的结合不够。能让学生产生强烈共鸣的本土资源利用较少。

（4）学生对德育课没有兴趣，厌烦上政治课，或者说是为了考试而学政治课。教材活动内容较多，但学生参与活动的积极性不高。教师对学生活动的点播引导得不够恰到好处。仍然以"背"为主，整天在"识记—应试"的怪圈里运动，没有真正的探究时间，也缺乏相应的探究兴趣与环境。学生的学习方式改变不大。

（5）教学时与社会热点、时事新闻联系少，学生实践活动太少，获取外界信息的途径太少，不适应新课标要求，德育课教学缺乏时代气息。在教学中，不少教师很少关注时政热点，课堂教学运用的事例比较陈旧，不能很好地联系当前的重大时政热点和身边发生的事情，因而学生学习政治的兴趣、积极性不高。

（6）教师习惯于以往教材的内容和形式，面对新教材有些不知所措，感觉"不会教了"。改变教师的教学方法，改变学生的学习方式，把接受学习、合作学习、探究学习结合起来，怎么样提升我们的学生的综合素质，培养学生的创新精神和实践能力，就是素质教育所要求的问题，这些深层次问题也是老大难的问题，需要去解决。

鉴于以上问题的存在，我们认为有必要也有责任探讨构建新时代和新课程背景下的教育教学方式，使道德与法治课程能够解决学生存在的现实问题，为树立正确的世界观、人生观和价值观奠定基础，回归道德与法治课的育人本质。

2. 理论背景

新课程改革的推进是这一研究开展的理论背景。2016 年 9 月 13 日，林崇德教授和他的工作团队提出了三类六项十八个细目的"中国学生发展核心素养"。2018 年 1 月 16 日，教育部召开新闻发布会，发布了包括思想政治课程标准在内的 20 本课程标准。思想政治学科核心素养也尘埃落定。这些理念的提出和确定，为初中道德与法治课的教学改进提供了基础的理论支撑和根据。

学生发展核心素养主要指学生应具备的，能够适应终身发展和社会发展需要的必备品格和关键能力[①]。"中国学生发展核心素养"的结构如下表所示：

---

① 中华人民共和国教育部：教育部关于全面深化课程改革落实立德树人根本任务的意见［EB/OL］，http://www.moe.gov.cn/srcsite/A26/s7054/201404/t20140408_167226.html.（2017-01-09）

中国学生发展核心素养	文化基础 （文化是人存在的根和魂。文化基础，重在强调能习得人文、科学等各领域的知识和技能，掌握和运用人类优秀智慧成果，涵养内在精神，追求真善美的统一，发展成为有宽厚文化基础、有更高精神追求的人。）	人文底蕴（主要是学生在学习、理解、运用人文领域知识和技能等方面所形成的基本能力、情感态度和价值取向。）	人文积淀
			人文情怀
			审美情趣
		科学精神（主要是学生在学习、理解、运用科学知识和技能等方面所形成的价值标准、思维方式和行为表现。）	理性思维
			批判质疑
			勇于探究
	自主发展 （自主性是人作为主体的根本属性。自主发展，重在强调能有效管理自己的学习和生活，认识和发现自我价值，发掘自身潜力，有效应对复杂多变的环境，成就出彩人生，发展成为有明确人生方向、有生活品质的人。）	学会学习（主要是学生在学习意识形成、学习方式方法选择、学习进程评估调控等方面的综合表现。）	乐学善学
			勤于反思
			信息意识
		健康生活（主要是学生在认识自我、发展身心、规划人生等方面的综合表现。）	珍爱生命
			健全人格
			自我管理
	社会参与 （社会性是人的本质属性。社会参与，重在强调能处理好自我与社会的关系，养成现代公民所必须遵守和履行的道德准则和行为规范，增强社会责任感，提升创新精神和实践能力，促进个人价值实现，推动社会发展进步，发展成为有理想信念、敢于担当的人。）	责任担当（主要是学生在处理与社会、国家、国际等关系方面所形成的情绪态度、价值取向和行为方式。）	社会责任
			国家认同
			国际理解
		实践创新（主要是学生在日常生活、问题解决、适应挑战等方面所形成的实践能力、创新意识和行为表现。）	劳动意识
			问题解决
			技术应用

（以上内容来自《中国教育报》2016年9月14日第9版）

思想政治学科核心素养是思想政治学科为落实中国学生发展核心素养，充分体现思想政治学科的独特贡献和育人价值而设计的核心素养框架。其结构如下表所示：

思想政治学科核心素养	政治认同	我国公民的政治认同，就是拥护中国共产党的领导，坚持和发展中国特色社会主义，认同中华人民共和国、中华民族、中华文化，弘扬和践行社会主义核心价值观。
	科学精神	我国公民的科学精神，就是在认识世界和改造世界的过程中表现出来的一种精神取向，即坚持马克思主义的科学世界观和方法论，能够对个人成长、社会进步、国家发展和人类文明作出正确的价值判断和行为选择。
	法治意识	我国公民的法治意识，就是尊法学法守法用法，自觉参加社会主义法治国家建设。
	公共参与	我国公民的公共参与，就是有序参与公共事务、承担社会责任，积极行使人民当家做主的政治权利。

（以上内容来自《普通高中思想政治课程标准（2017年版）》，人民教育出版社2018年版，第4~6页。）

这些内容虽然目前尚未直接体现在初中道德与法治课的教学中，但其理念和精神已经成为指引新课程发展方向的关键内容。从某种意义上说，初中道德与法治课的教学改进探索，只有关注这些最新发展，才能面向未来、扎实有效。这也是本研究展开的重要理论依据和基础。

二、三段引领式教学法实施流程

1. 准备与规划

研究确定研究方案与研究章程。研讨明确实验内容：（1）"自主互助学习型"课堂的内涵界定；（2）限定课题研究的范围；（3）确定研究周期；（4）确定实验方法；（5）根据有关部门文件、教育思想设计研究的可行性行动计划；（6）成立实验机构，制订出实验具体的操作方案；（7）培训研究人员，使其明确研究的目标和方向。

2. 研究探索

立足于诊断与把脉，结合行动研究方案与研究章程，进行具体的行动研究。主要内容包括：（1）课堂影像材料及分析；（2）典型问题及案例搜集；（3）课堂模式总结论文；（4）教学评价总结论文；（5）总研究报告。

3. 行动深化阶段

致力于解决问题，构建"感悟—探究—践行"三段引领式课堂教学模型，形成研究报告，辅助课堂教学录像，结集典型案例。

三、三段引领式教学法实施措施

本教学法以行动研究法进行宏观统整，并与实证性研究相结合。各分课题的研究将结合具体的研究内容采用教育实验法、个案研究法、理论研究法、教育观察法、文献研究法等多种方法共同进行。本项目研究立足行动、讲求实效。选取个案，跟踪典型学校。半年为一个周期，大约跟踪 2—3 个周期，全方位观测所研究的课题，立足实证，通过数据来进行具体的思考、分析。讲求研究的前瞻性与科学性。

本教学法注重研究着眼于"问题解决"，采用"调查问题—分析原因—找出解决办法—实验新办法—评估改进和完善"的技术路线。在上述过程中，所有项目及实验学校要解放思想、拓宽研究思路，从不同渠道收集信息资料，并且在交流共享中实现思想与实践的综合建构。同时提倡交叉、支持跨项目研究。研究过程采用分工负责与综合协调相结合的方法，各子课题建立各自的学术秘书，分工负责，重大问题由课题领导小组协调，统一决策，统一安排，以解决课题研究中遇到的困难和阻力。

要坚持理论研究与实践探讨相结合，实证研究与专题研究、典型个案研究相结合，强调重点，突出特色，以保证教学法合理性及实效性。

四、三段引领式教学法行动研究策略

基于三段引领式教学法的实施框架设计，我们基于初中道德与法治教材的更新版本，进行了基于课例的行动研究。这一研究主要以道德与法治教材为根据，通过三次教学过程的深度打磨，从三段的侧重点中突出对教学法实际推进内容的探索。

在三次教学改进的基础上，我们进一步强调行动研究背后的策略分析，通过课例分析与点评，呈现这一研究的价值所在和对于教学改进的普遍意义。

第二节　三段引领式教学法的基本内容

三段引领式教学法是以"感悟""探究""践行"为关键词，以初中道德与法治的课堂教学改进为主要落点和抓手的教学模式。这一模式的基本内容，可以从以下几个方面分析。

一、三段引领式教学法的理念与程式

1. 基本理念

"感悟—探究—践行"三段引领式教学法是基于新课改的"自主、合作、探究"的教学理念和"自主互助学习型"课堂教学模式，结合自己的教学实践提出来的。旨在改变教学结构，调控教学关系，建立民主课堂，把学生的主体地位还给学生，把学生的时间、空间还给学生。引导学生文本自己阅读、概念自己分析、实验自己设计、问题自己发现、错误自己纠正、结论自己归纳、规律自己探寻。力求达到让学生在活动中学习，让学生感受活动的快乐。让学生在互助中学习，将互助融为小组的灵魂。让学生在快乐中学习。营造生动活泼的课堂气氛。让学生有效地学习，培养学生"会听，勤思，敢说，善问"的习惯。

2. 基本程式

创设了精致简约的基本教学流程：三段基本程式"感悟—探究—践行"。

二、感悟：情境导入，初步感悟

新的课程改革要求，道德与法治课不再是死记硬背的说教，而是更加注重情感的感染和熏陶。所以，好的导入能够起到点拨知识、暗示内容、激发兴趣、调动思维、承上启下等作用。设计情境是导入新课的基本要求，主要方法有故事情境、案例情境、歌曲情境、诗词情境、小品情境、数据情境、游戏情境等。

创设导入情境的作用是打动学生，让学生对所学的内容有所触动，情感上有所感动，心灵上有所震动，进而让学生产生思考，并进行自主感悟，即让学生谈谈由这个情境所引发的所思所想，所感所悟，让学生带着问题、带着情感进入新课的学习氛围中。

三、探究：主题探究，知识内化

（一）精编学案，自主学习

教师根据教材内容，结合学生实际，编写导学案。一份好的预习提纲能给学生的自主学习带来诸多方便，既可以使学生从宏观上把握教材结构，又能从微观上浏览知识点。所以一份好的预习提纲应该把知识点渗透在对教材结构的分析上。主要内容包括：

（1）拟定学习目标。要求简洁、有侧重点、有层次（基础性目标、能力性目标、发展性目标），有明确的学习要求，目的在于明确学习目标，做到心中有数。

（2）设计预习提纲。设计提纲要坚决贯彻"问题解决式"的基本思路，贯彻"贴近学生，贴近实际，贴近生活"的原则，贯彻实践性原则，用鲜活的事例解决鲜活的社会、生活、自身的问题。学习初期宜细化，能够引领学生独立读书、思考；随着学生能力的提高可以逐渐粗线条，培养学生归纳概括能力，真正能够从书中提取出精华来。问题设计形式多样化，如直白式、情景式、自提式、填表式、结构式、生成式等。

教师说明自学方法、时间要求、检查办法后，学生依据自学提纲进行自主探讨。自学时宜采用"先静后动"的顺序，即学生先独自静心学习，沉浸在自学提纲和教材之中，读透教材，厘清逻辑关系，掌握基础知识；对于自己解决不了的或拿不准的问题可在2人之间或小组之间小范围地探讨交流。这样做，易于养成学生独立看书思考的能力，减少对老师和他人的依赖性。

此过程中，教师主要是巡视检查，察言观色，掌握学生的学习情况，找准问题的所在，基本上不参与学生的直接活动。

（二）互助合作，质疑解难

对于自学中不能解决的和新发现的问题，在合作小组中进行集体互助攻关。操作的顺序可依照"1—2—4—6—8—n"进行，即自己能解决的自己解决，个人解决不了，进行"一对一"（2人组）学习；2人组解决不了的，4人组解决；4人组解决不了的，8人组解决；8人组解决不了的，班内合作解决。这样，会使学生懂得每个人都有优点和不足，既善待自我，又欣赏别人，优势互补，同心同德，最大限度地发展了团队学习的作用。

在互助合作解决问题的过程中，小组成员还要提出质疑甚至相反的观点，促使思维向深度发展。学生在质疑问难、辩驳解疑的过程中厘清思路，解决问题，形成观点。对于学生的学，我们主要做了以下归纳：

（1）让学生根据问题的要求学。设计问题时要有明确的行为动词，如"读课本第××页，概括出中心意思，并与伙伴交流""列举关于自己心中规则的事例，在小组内交流""网络本课知识，与同学交流各知识之间的关系""读书本第××页内容，试着与同学编一则小品、诗歌或三字经等，表演给大家看"，等等。解决自学课学生不活的现象。每一个重点难点的突破教师最好采取不同的形式。

（2）让学生互相帮助学。互助包含自助与互助两种形式。自助：独立学习，静心思考，锻炼思维的独立性和独立解决问题的能力。互助就是生教生、生问生、生帮生、生考生、生评生、生影响生、生启发生。

（3）让学生在质疑中学。自学不应该是死抠课本，不应该是没有波澜，不应该是没有思想教育，而是在课本知识基础上升华的过程，是寻疑、质疑、解疑的过程，是自我教育、互相教育的过程。

（三）组际展示，交流共享

学生以小组为单位，对所探究的需要深度思考的问题（可以是老师设计的，也可以是学生发现的；可以是具体内容的，也可以是拓展延伸的；可以是感性演示的，也可以是理性归纳的）进行展示，其他小组的同学在认真倾听、笔记的基础上，记下疑问。当展示结束后，提出自己的疑问并要求答复，没有具体的问题时，也要适当地从准确性、新颖性、实效性、语言表达等方面指出存在的不足和欣赏的长处。

展示的方式要丰富多样，新颖活泼，健康深刻。展示的方式除了常用的听、说、读、写、看外，更提倡小品表演、编演课本剧、案例分析、调查分析、网络交流、歌曲绘画、实物设计、动手实践等多种艺术的呈现方式。从教学实际来看，学生更愿意以小品表演和动手实践的形式。

展示交流时要求学生能够脱离课本，用自己的语言阐述自己的思路和独特的见解，能够让其他学生在倾听的基础上学会思考。

为提高展示交流的效率，教师努力做好学习小组的建设，主要注重了：细化小组成员分工；强调小组内部"一帮一"落实基础知识；及时观察，随时指导，对学生学习情况了然于胸；教学生构建知识网络，提高综合分析能力；强化学生自学方法、规范的训练，培养良好学习习惯。培训小组长和课代表；在组织自学时，一定要发挥小组长的主观能动性，这样才能提高本组自学环节的效率。

四、践行：生活在线，拓展迁移

以上环节完成后，教师要根据本课的重点、难点、易错点、易混点、提升点紧密结合当前时事和学生生活，设计1~2个题目，让学生走进自己的生活，尝试运用所学的知识解决自己身边的问题，把课本上的知识迁移到生活中加以应用，真正让学生感受到学习的实效性和有用性。

最好能限定时间，让学生独立思考作答，以训练学生的书面表达能力和独立思考解决问题的能力。也利于实现当堂达标、当堂反馈、当堂矫正，提高课堂效率。时间到后，让小组成员互换批改，并相互借鉴，完善答案。

一份好的达标测试题是落实课堂实效的保证。我们的做法是：设计紧扣学习目标，尽可能让学生自主完成知识和能力迁移。试题要主客观相结合，并设计一定比例的开放题。注意课内外材料的兼顾，包括课内外材料的巧妙联系，恰当组合，注意与现实生活的联系。

如何操作测试检测也是落实课堂教学的关键，我的做法是：

（1）学生在做题的过程中，教师巡视，发现题目本身的问题和重点学生的问题，做到心中有数，以进行有针对性的点拨。

（2）以小组为单位，在小组长带领下统一答案，无争议的判明对错，记入成绩。并在组内反馈矫正，有争议的写到黑板上（写明组别和题号或不理解的语句）。

（3）根据黑板上的组别和题号，组与组之间互相答疑。对同一个问题无疑问的小组可主动到有疑问的小组去进行讲解，教师参与到有较大争议的问题的小组间去答疑，争议问题得到解决的小组到黑板画掉本组标的问题，使各个问题逐一解决。

在整个教学过程中，教师可以采取小组抢答竞赛的方式进行。根据学生回答的次数及提出问题的价值或深度，给予不同的加分鼓励，最终评出最佳表现小组、最佳表现同学等奖项来激发学生的学习积极性，增强课堂的趣味性。在这种教学方法下学生爱学、乐学。

第三节　三段引领式教学法的课型设计与实施策略

一、新知探索课

1. 教学流程

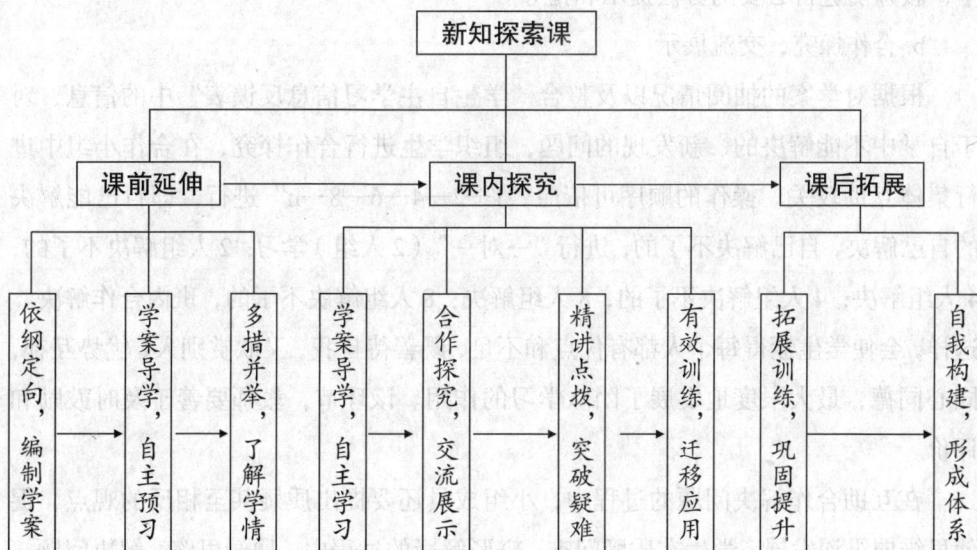

2. 环节解读

（1）课前延伸

a. 依纲定向，编制学案

教师依据《课程标准》及相关要求，根据教材内容，结合学生实际，编写预习学案。可以包括：课标要求、自主学习、问题探究等环节，力求简洁明了，压缩篇幅。

b. 学案导学，自主预习

提前一至两天发放学案，学生根据学案自主预习。该环节教师应该提出明确的时间要求和任务要求，引导学生运用圈、点、勾、画等方法读透教材，理清逻辑关系，熟悉基础知识，思考需要探究的问题，以提高自主预习的针对性，提高学习效率。

c.多措并举，了解学情

收缴部分学生预习学案进行批阅，掌握学生的学习情况，或者通过"学生自主学习信息反馈表"等方式，了解学生自主学习中存在的问题。

（2）课内探究

a.学案导学，自主学习

学生在预习的基础上，对课堂导学案上设计的重点问题先自主思考，对于自己解决不了或拿不准的问题可在两人之间或小组之间小范围探讨交流。在此环节中，教师要进行必要的方法提示和指导。

b.合作探究，交流展示

根据对学案的抽阅情况以及整合"学生自主学习信息反馈表"中的信息，对于自学中不能解决的、新发现的问题，组织学生进行合作探究，在合作小组中进行集体互助攻关。操作的顺序可依照"1—2—4—6—8—n"进行，即自己能解决的自己解决，自己解决不了的，进行"一对一"（2人组）学习；2人组解决不了的，4人组解决；4人组解决不了的，8人组解决；8人组解决不了的，班内合作解决。这样，会使学生懂得每个人都有优点和不足，既善待自我，又欣赏别人，优势互补，同心同德，最大限度地发展了团队学习的作用。该环节，教师要善于及时鼓励和评价。

在互助合作解决问题的过程中，小组成员还要提出质疑甚至相反的观点，促使思维向纵深发展。学生在质疑问难、辩驳解疑的过程中，厘清思路，解决问题，形成观点。教师的主要任务是观察问题所在和问题的原因，为以后有目的地讲解、测试、反馈提供一手资料。

学生以小组为单位，对需要深度思考的问题（可以是老师设计的，也可以是学生发现的；可以是具体内容的，也可以是拓展延伸的；可以是感性演示的，也可以是理性归纳的）各小组进行讨论，形成一致意见后，向其他小组展示。其他小组的同学在认真倾听、笔记的基础上，记下疑问。当展示结束后，提出自己的疑问并要求答复，没有具体的问题时，也要适当地从准确性、新颖性、实效性、语言表达等方面指出长处和存在的不足。展示的方式要丰富多样，新颖活泼，健康深刻。展示交流时要求学生能够脱离课本，用自己的语言阐述自己的思路和独特的见解，能够让其他学生在倾听的基础上学会思考。

c. 精讲点拨，突破疑难

教师更多地充当协调员、导演、听众的角色，在所有展示结束后，做简洁准确的客观评价，进行重点点拨、归纳和提升。在巡视检查、掌握学生的合作学习与交流展示情况基础上，找准问题所在；对学生不能解决的、新发现的疑难问题，教师要进行重点讲解、点拨、归纳和提升，保证学生形成明确的观点。

d. 有效训练，迁移应用

引导学生完成学案中的自我测评题目，限定时间，让学生独立思考作答，以训练学生的书面表达能力和独立思考解决问题的能力，实现当堂达标、当堂反馈、当堂矫正，提高课堂效率。完成任务后，让小组成员互换批改，并相互借鉴，完善答案。教师巡回检查学生的作答情况，对先答完的学生及时面批，掌握学生易出错的地方，然后进行针对性的讲评点拨。

（3）课后拓展

a. 拓展训练，巩固提升

教师要根据本课的重点、难点、易错点、易混点、提升点紧密结合当前时事和学生生活实际设计课后作业，搞好延伸训练。让学生尝试运用所学的知识解决身边的问题，把课本上的知识迁移到生活中加以应用，真正让学生感受到学习的实效性和有用性。尽可能限定时间，让学生独立思考作答，以训练学生的书面表达能力和独立思考解决问题的能力。

b. 自我构建，形成体系

学生在一个完整的学习过程结束后，对本节课的内容进行自主构建，形成知识体系。一是可以及时复习，防止遗忘，二是可以形成宏观结构，为知识的上挂下联、左右逢源打下基础。

二、复习巩固课

1. 教学流程

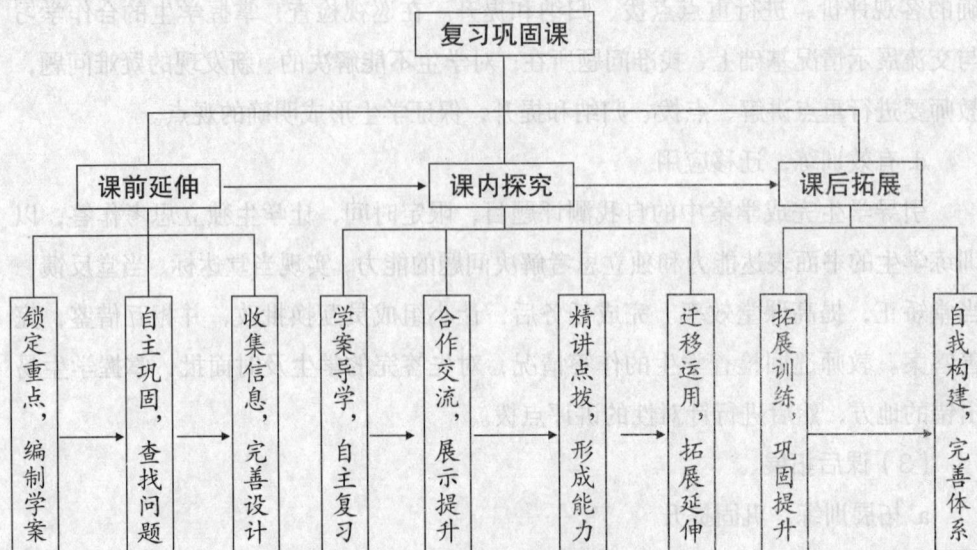

2. 环节解读

（1）课前延伸

a. 锁定重点，编制学案

依据《考试说明》及相关要求确立复习目标，编制复习学案，让学生分析理解复习目标，以便增强自主复习过程中的针对性。以问题式、知识结构式、情景解决式、自问自答式等方式将学生自主复习的内容呈现出来，让学生带着问题预习。所设计的问题一定要体现知识的整体性和系统性，要设计一些相互比较、系统归类、承上启下的问题。

b. 自主巩固，查找问题

学生根据学案，依托这些问题，通过自主梳理，进一步巩固基础知识，思考知识之间的内在联系，完善知识结构。依据复习目标，设计相关的定量训练题，要求在规定时间内完成。题目要注重基础，避免偏、难问题，让学生对所学内容进行自测，发现预习过程中存在的问题。还可以根据班级或不同学习情况的学生需求，适当设计几个选做题，让学生进行选做，实施分层次答题。

c. 收集信息，完善设计

通过科代表收集、质疑袋收集、小组长收集、教师观察、设计"我的问题"

表格等方式，搜集学生在预复习中存在的问题。教师针对这些问题，重新完善、设计教学重点、难点、易错易混点，以增强课堂教学的针对性。

（2）课内探究

a. 学案导学，自主复习

学生在预复习的基础上，对课堂导学案上设计的重点问题先自主思考，对于自己解决不了的或拿不准的问题可在两人之间或小组之间小范围地探讨交流。教师巡回解疑指导，了解学生自主学习中存在的问题，作为合作探究和重点点拨的内容。

b. 合作交流，展示提升

教师组织学生开展组内交流和组际交流，展示本组的学习成果，完善自己的知识结构，并记录所得。

一方面，小组成员就学案中的问题进行交流，对于自己解决不了的或拿不准的问题可在两人之间或小组之间小范围地探讨交流。重点对自己不能解决的疑难问题寻求他人的帮助，予以解决。

另一方面，把自己构建的知识网络在小组内展示交流，在小组长的带领下再进行归纳、概括，形成本小组最完整的知识结构。教师选择有代表性的知识结构向全班展示，供其他小组借鉴、补充、完善。

这样操作高效省时，最大限度地发挥了"生教生"的作用，教师虽退居幕后，但仍要参与学生小组合作交流学习，及时了解学情，伺机而动，随时指导，发现真问题，为针对性地讲解奠定基础。

c. 精讲点拨，形成能力

教师根据批阅预习学案发现的问题，针对学生合作学习、交流展示中暴露出来的问题，结合重点、难点、易错易混点进行重点讲解点拨，对知识进行系统归纳总结，进一步帮助学生形成能力。

d. 迁移运用，拓展延伸

结合热点，设计典型例题，与学生一起进行精要剖析，重点解析答题的方法，探寻解题的规律，逐渐培养分析解决问题的能力。此环节的例题宜少不宜多，宜精不宜粗，关键是选取能体现重点内容、具有代表性，并能体现一定学习方法和规律的题目。教师根据学生在知识、能力、情感态度价值观等方面的欠缺，围绕可能出现的重点、难点、疑点，设计训练题目，供随堂检测之用。检测时，创设真正的考试氛围，要求独立自主、限定时间完成。此环节是形成解题能力，落实课堂教学实效性的必备环节。

在规定的时间内，先完成检测的学生的试卷由老师面批，后完成的学生的试卷由小组间互批，得分计入小组平时成绩。批阅后，由批阅者负责错题矫正，出错者及时修正。教师可以根据学生出错情况，对共性的问题进行统一讲解点拨，并适时进行拓展延伸，提升学生的能力。

（3）课后拓展

a. 拓展训练，巩固提升

针对本课时的教学目标，设计课后作业，搞好延伸训练。作业要具有巩固性、适量性、针对性、可操作性。教师对学生的课后作业应及时批阅，对完成情况要做评价，对存在的问题应做反馈矫正。

b. 自我构建，完善体系

学生在一个完整的学习过程结束后，对课、单元内容进行自主构建知识网络，形成知识体系，一是可以及时复习，防止遗忘，二是可以形成宏观结构，为知识的前挂后联、综合运用打下基础。

三、测试讲评课

1. 教学流程

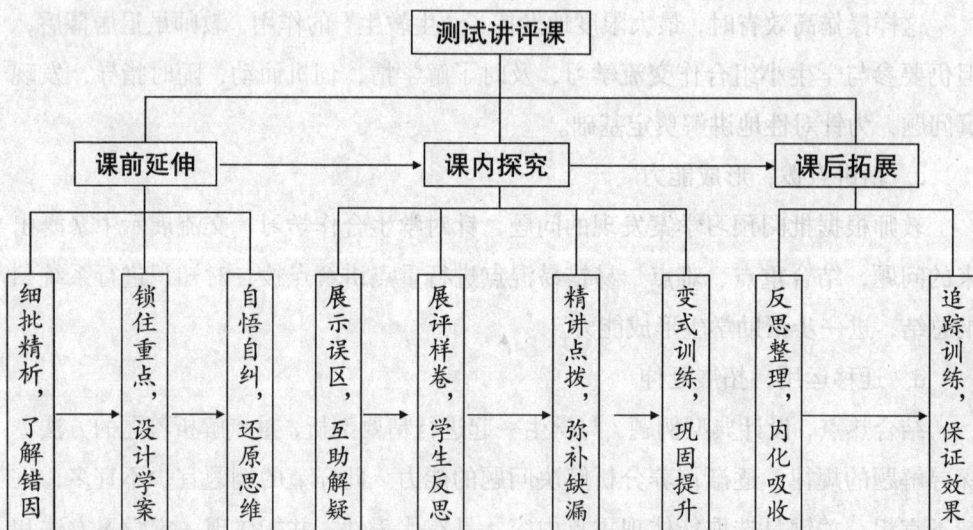

2. 环节解读

（1）课前延伸

a. 细批精析，了解错因

教师要认真批阅试卷，必须要做到对试题的知识点和分布情况进行统计分析，判断试题的难易度；分析试题的命题思路、考查角度和意图以及答题思路和技巧。教师通过批阅试卷，对学生的整体水平进行分析；逐项分析答题的错误及原因，以了解学生对某个知识点的掌握程度；分析学生解题思路，正确的和错误的都要分析，以了解学生在平时学习中的弱点。在此基础上，寻找解决问题的策略和方法。

b. 锁住重点，设计学案

以统计出的平均分、及格率、高分率和每个题目的得分率等数据为依据，设计针对性学案。出错率低于40%的确定为让学生自己改正或小组内协作改正，错误率高的题目确定为讲评的重点，认真分析该题出错的共性原因，根据原因设计讲评的重点和方法，设计变式训练题，制成讲评学案。

c. 自悟自纠，还原思维

提前下发已经批阅的试卷，给予充足的时间让学生对自己的试卷进行自查自评，学生独立地对照答案分析出现失误的原因（包括知识、思路、方法、技巧、规范等方面），寻求解决问题的方法，更正解题的过程与结果，引导学生对错误率高的题目，进行分析，还原当时考试状态下的思维，找到出错的原因，进行自我纠错。学生自己动手，有助于发挥学生学习的主体作用，培养学生自我分析问题和解决问题的能力，养成良好的学习习惯。

（2）课内探究

a. 展示误区，互助解疑

对于个人理解不了或对答案有不同意见的题目，以小组为单位进行相互纠错；对于小组内仍无法解决的问题，可寻求其他小组同学的帮助。其他小组讨论后，提出解决办法，并进行集中讲解。教师尽量让学生充分展示自己的思维，自己剖析，全程参与析错、纠错的过程，以求真正理解。

b. 展评样卷，学生反思

在精讲点拨之后，教师可以借助多媒体分别展示有代表性的优秀试卷和问题试卷，然后组织学生对照两类试卷，总结出优秀试卷的可取之处，问题试卷的问题所在。并与自己的试卷进行对比，进一步查找自己的进步与不足，并简要在试卷上面写出反思。

c. 精讲点拨，弥补缺漏

如果遇到关键点或学生分析出现偏差时，教师可进行引导纠正，适时进行精讲点拨，并注意进行方法和规律的概括和提升。要抓住典型问题，带动知识的深化、系统化，抓住典型题目归纳方法规律。对于在阅卷过程中和学生参与纠错过程中发现的问题，教师根据实际情况进行补偿教学，不留死角和遗憾。教师尽量做到激励优秀、鼓励进步，突出典型、抓住重点、把准脉搏、对症下药。

d. 变式训练，巩固提升

根据阅卷中发现的问题，教师要围绕相应的知识点、能力点等方面设计对应的变式训练题，让学生在讲评之后进行跟踪测试。测试后，采取教师抽阅和小组交换批阅相结合的方法进行当堂反馈、及时矫正，实现知识的再巩固、能力的再提升。

变式训练题的设计要围绕易错易混点命题，针对审题失误命题，围绕重点、热点多角度设问；变式训练题要限时限量，学生当堂独立完成。

（3）课后拓展

a. 反思整理，内化吸收

引导学生做好满分卷，建立错题本，学会揣摩领悟规律，形成解题能力；把相关的题目类型、错因、知识点进行错误分类，保证下次不被同样的错误所惑。

b. 追踪训练，保证效果

针对学生在考试中暴露出来的普遍性问题，再设计一些相应的逆思路题或变式题进行二次过关考试。教师要及时批阅二次过关试卷并做反馈和矫正，保证讲评的持续效果。

四、时政点评课

1. 教学流程

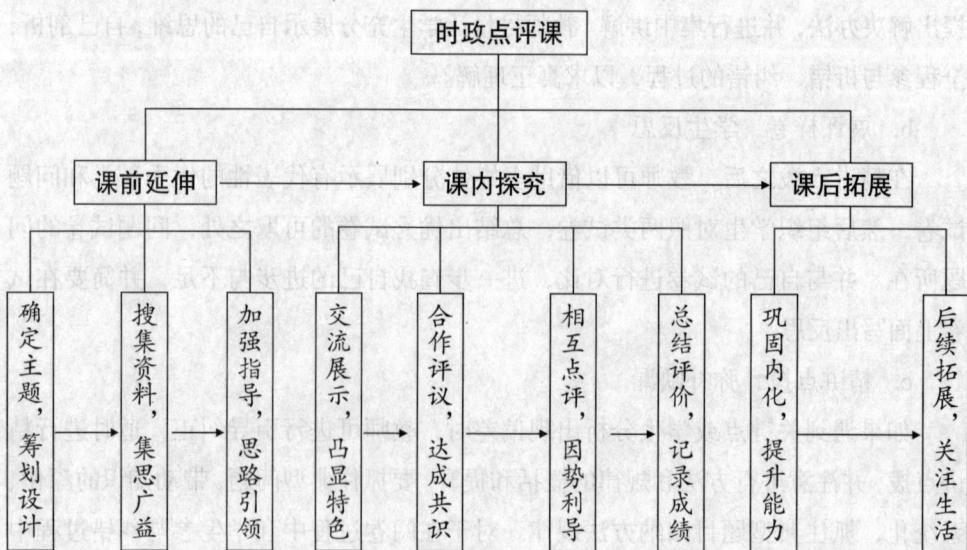

2. 环节解读

（1）课前延伸

a. 确定主题，筹划设计

教师根据当前社会热点、焦点以及学生的关注点，选择一个时政主题。学生以4人、6人或8人为一组，每组学生根据教师确立的主题，结合自身的兴趣、特长选择某一个作为本组主持"时政大家谈"时的话题。各小组确定主题后，进行分工，搜集有关的资料，然后再汇总、筛选资料，并运用政治学科的知识对材料进行分析，设计问题，如有困难的则请教老师或有关人员；接着讨论、设计本组"时政大家谈"的形式、整个流程，写出初稿或制成课件。

b. 收集资料，集思广益

围绕"时政大家谈"确定的话题，通过多种渠道，广泛搜集最新时政资料。可以让学生通过报纸杂志、广播电视、网络等多种途径获取信息。

c. 加强指导，思路引领

教师根据时政主题给予学生一定的指导，设计一些问题或辩题，激发学生运用知识探究事物、分析问题的积极性，更好培养和完善他们的能力素养。

（2）课内探究

a. 交流展示，凸显特色

在每周固定的一节课上，由一个小组的学生上台主持"时政大家谈"活动，时间为15分钟左右（如有特殊需要也可做调整）。主要内容一般有：时政概况介绍、理论分析、问题讨论、习题链接等，形式则可多种多样。

b. 合作评议，达成共识

教师在组织学生进行小组交流展示后，以小组为单位，对本次展示内容进行综合评议、交流，形成一致意见，选出中心发言人。

c. 相互点评，因势利导

由老师当场组织其他组的学生对该组的展示情况进行公开点评，然后老师再作重点补充点评，并有意识地对学生加以引导，对理论分析中的某些不足则给予纠止，引导学生形成良好的学习习惯。

d. 总结评价，记录成绩

每个班的学生自由推荐选出四位同学组成评审小组，由政治科代表总负责，做好每次活动的评审组织和记录工作。在各小组展示结束、教师点评后，由科代表组织评审小组的学生，根据事先商议的评价标准对照各项内容进行评议，评出等次，在期末进行评比时汇总。

（3）课后拓展

a. 巩固内化，提升能力

根据课上各小组展示的时政主题，结合学生分析、教师点拨，联系所学知识进行深入学习和思考，提升分析问题、解决问题的能力，提升政治素养，升华情感态度价值观。

b. 后续拓展，关注生活

一是让学生继续关注该时政主题的发展情况，以此来进一步检验自己的分析解析能力；二是链接教材，并尝试设计相关的题目，运用教材知识作答。继续培养学生主动参与、乐于探究、勤于动手、收集和处理信息的能力、获取新知识的能力、分析和解决问题的能力，以及交流与合作的能力。

五、综合探究课

1. 教学流程

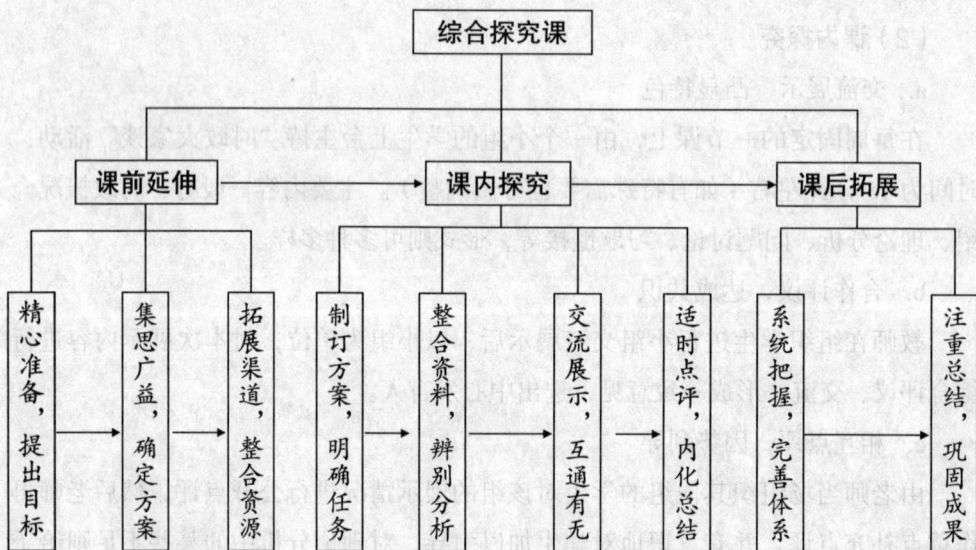

2. 环节解读

（1）课前延伸

a. 精心准备，提出目标

教师首先要研究教材，研究综合探究设计的意图。如弄清楚要落实课程标准的哪些要求，重在培养学生的什么能力，要深化、整合、拓展哪些知识，培养学生哪些实践能力等。教师要充分地做好准备，做到备教材、备资源、备学情、备教学方法和手段。教师根据设计意图，明确提出探究主题的目标，为探究活动确定方向。

b. 集思广益，确定方案

教师要先把本课设计的全过程告诉学生，并征求学生的意见，接受学生的建议，修改方案，得到学生的认可。其次要告知学生做好哪些准备工作，明确准备的内容，让学生带着目标有针对性地去做准备。

c. 拓展渠道，整合资源

充分利用多种渠道和现有的学校、家庭、社会等资源做好资料的收集准备工作，为学生收集资料提供必要的支持，这是上好"综合探究课"的必要条件。

（2）课内探究

a. 制订方案，明确任务

各学习小组要制订好活动方案，就是具体明确探究活动的人员分工、探究方法、实施步骤、成果展示方式等。方案的制订要求具体、合理、可操作。

b. 整合资料，辨别分析

在教师的指导下，各学习小组把收集到的相关资料结合探究主题进行整合。然后在教师的指导下，由学生对资料进行辨别分析，要求"去粗取精、去伪存真、由此及彼、由表及里"，并对符合本探究主题的资料进行初始的加工、完善。

c. 交流展示，互通有无

各学习小组根据各自准备的材料，围绕探究的主题进行交流展示，其他小组及时提出问题和疑义，相互质疑、答疑。展示的方式要多样化，如模拟会、听证会、小品表演、新闻发布会、情境设计等。通过交流研讨，既可以相互交流信息，又可以加强研讨，激发思考，提高与人沟通以及处理现实问题的能力。

d. 适时点评，内化总结

教师或学生根据交流展示情况，要及时进行总结评价，引导学生得出准确结论，纠正错误倾向，获得感悟提升。教师在此基础上对活动的参与面、活动过程的完整性、活动课目标的实现、学生能力培养情况以及活动中存在的问题进行总结并提出以后活动的改进措施。同时，让学生对自己参与活动的情况、体会、感悟、收获进行个人小结。

（3）课后拓展

a. 系统把握，完善体系

综合探究部分都是对每个单元知识内容的综合、拓展和延伸，教师要引导学生在原来知识学习、构建体系的基础上，把综合探究的内容整合到上述知识体系之中，做到融会贯通。

b. 注重总结，巩固成果

对探究所获得的知识要系统掌握，相互交流各自的心得体会，并写出探究报告；对实践性较强的课题，如需要继续探究或在实践中运用、检验，可以再次利用节假日进行补充研究或实际运用。学生把自己的认识写成体会、总结、小论文。教师再通过评比，以板报或结集装订成册等方式，以供学生进行再学习。

第二章　关注生命成长

　　认识自我是初中《道德与法治》课的重要内容。引导学生充分重视和认真对待生命与成长，是这一部分的核心价值导向。在本章中，我们将结合 7 个课例的分析与研究，说明在生命教育过程中如何利用三段引领式教学法完成教学任务、提高教学效率。

课例 01：认识自己

课标依据：

本课所依据的课程标准的相应部分是"成长中的我"中的"认识自我"。具体对应的内容标准是："了解自我评价的重要性，能够客观地认识自我，积极接纳自我，形成客观、完整的自我概念。"

教材版本：

统编《道德与法治》教材(人民教育出版社 2017 年版)七年级上册第三课第一框题。

授课时间：初稿 2018 年 9 月 15 日，二稿 2018 年 9 月 17 日，定稿 2018 年 9 月 20 日。

教学目标：

（初稿）

情感、态度和价值观目标：懂得认识自己很难也很重要，认识自己是一个不断深化的过程；学会用理性态度面对他人的评价。

能力目标：掌握自我认识和评价的途径，能够客观地认识自己。

知识目标：了解认识自己的内容和途径。

（二稿）

情感、态度和价值观目标：通过参与鼓掌小游戏、讨论故事"小明的烦恼一"和了解爱因斯坦等名人正确认识自己的案例，让学生明确正确认识自己的重要性；通过讨论俗语"三岁看大，七岁看老"，明确认识自己是一个漫长的过程，需要时刻警醒；通过填写乔哈里视窗对本节课内容进行总结提升，并在填写过程中正确认识现在的自己，知道自身的优点和不足，明确日后努力的方向。

能力目标：通过讨论故事"小明的烦恼二"，使学生明白应该如何面对他人的评价。

知识目标：通过"自画像—猜猜我是谁"这一活动，提高学生的学习兴趣，使学生了解认识自己的两种途径，即自我评价和他人评价。

（定稿）

情感、态度和价值观目标：通过参与鼓掌小游戏、讨论故事"小明的烦恼一"和了解爱因斯坦等名人以及身边同学正确认识自己的案例，让学生明确正确认识自己的重要性，树立要正确认识自己的意识；通过观看并讨论班级学生表演的情景剧，明确要重视他人评价；通过讨论俗语"三岁看大，七岁看老"，明确认识自己是一个漫长的过程，需要时刻警醒；通过填写乔哈里视窗对本节课内容进行总结提升，并在填写过程中正确认识现在的自己，知道自身的优点和不足，明确日后努力的方向。

能力目标：通过观看并讨论班级同学表演的情景剧，明确在面对他人评价时要做到具体问题具体分析。

知识目标：通过"自画像—猜猜我是谁"这一活动，充分了解认识自己的两种途径，即自我评价和他人评价，并能够通过这两种途径对自己形成较为准确的认识。

学情分析：

初一学生正处于人格成长和行为规范形成的关键时期，对形象生动、形式多样的学习方式很有兴趣，所以在教学中应该更多地设计各种教学活动，帮助学生更好地融入课堂，接受、理解知识。

从学生日常行为中可以看出，他们的自我意识开始增强，但是受到自我认知水平的限制，对于自身的认识往往存在偏差，并不全面；部分同学不能理智地看待他人对自己的评价，容易导致行为上的偏差，在生活学习中出现各种问题。所以在上课时应注意引导学生全面、客观地认识自己，正确地对待他人对自己的评价，增强自信心。

教学重点：

认识自己的重要性、认识自己的途径。

教学难点：

认识自己的重要性、如何面对他人的评价。

教学方法：

"感悟—探究—践行"三段引领式教学法。

感悟：通过播放学生入学以来的照片等活动，让学生感悟进入初中后自己发生的变化，对现在的自己形成初步的认识。

探究：通过鼓掌小游戏、猜猜我是谁、情景剧等活动，以问题为导向，引导学生通过小组合作等方式，探究为什么要认识自己、如何认识自己以及怎样正确面对他人的评价。

践行：通过填写乔哈里视窗，把本节课学习的知识运用到学生自己的实际生活中，从课堂感悟和探究的活动中思考他人对自己的评价，形成对自己较为完整的认识。

教学流程：

（一）感悟

（初稿）

多媒体展示太子与乞丐的故事。

有一个太子，出生几个月时，国家的军队叛乱，皇室逃亡，路途中太子被丢失了。战乱平息后，皇上诏告天下寻找太子，但是谁也不知道太子在哪儿。

其实太子被乞丐捡到了，后被乞丐一直抚养。眼看太子一天天长大，为了让太子有个美好的未来，乞丐们聚集在一起，共同商量要让太子学点什么。有的说"像我们一样讨饭"，有的说"我们凑点钱买块地让他种"，有的说"做木匠，人还是有门手艺好"，有的说"念书，因为'万般皆下品，唯有读书高'"……大家各抒己见争得不可开交。

思考：你觉得什么样的安排对太子是最好的呢？

学生回答。

教师：任何的安排和选择都不是最好的。对太子来说，唯有让他知道自己是太子才是最好的！

（二稿）

多媒体展示学生入学以来的照片。

思考入学以来印象最深刻的一件事，并说明为什么印象深刻。

教师：进入初中后，我们的自我意识越来越强，会越来越关注自己的感受，"我感觉如何""我想……"这个"我"就是我们今天要探讨的内容——认识自己。

（定稿）

基本同上，最后多媒体展示图片：一只小猫在镜子中看见自己是一只狮子。

【改进思路】

初稿中学生讨论乞丐对太子安排的利弊，教师适时引导学生认识到"知道自己是太子"这一安排对太子而言是最好的，从而使学生意识到"认识自己"很重要。

初稿中"太子的故事"脱离学生生活实际，不易引起学生共鸣，所以二稿用学生入学以来的照片导入，贴近学生实际生活，更容易激发学生兴趣。学生从照片中看到自己入学以来发生的变化，这本身就是对自己的一种认识，紧扣这节课的课题。通过学生对入学印象最深刻事情的回顾，聊天式追问，把回答引导到"认识自我"上，从而导入新课。

定稿与二稿基本一致，最后多媒体呈现的图片是猫看到镜子里的自己是一头狮子，这是猫对自己不准确的认识，更切合要正确认识自己这一主题。

（二）探究

环节一：认识自己很重要

活动一：自主学习

（初稿）

呈现学习目标：

1. 了解认识自己的重要性。

2. 学会通过不同的途径认识自己。

3. 学会正确对待他人的评价。

自主学习：

要求：3分钟时间阅读本节教材，解决以下问题。

1. 我们为什么要认识自己？

2. 我们通过什么途径认识自己？

（定稿）

略

【改进思路】

初稿呈现学习目标，让学生带着问题去学习，学习的目的性更强。通过自主学习，学生能够熟悉教材内容，方便在之后课堂教学的材料分析中应用教材知识。

定稿中删掉此部分。因为道德与法治的课堂教学是基于学生核心素养的培养，而不是单纯地学习教材上的知识。本节课应该是通过活动和教师讲解让学生从心里面得出答案并产生认同感，这样才能将在课堂上学到的知识运用到生活中。

活动二：体会认识自己的重要性

（初稿）

1.多媒体展示材料：

凤姐，本名罗玉凤，重庆綦江区赶水镇人，身高 1.46 米，大专学历，在上海某超市工作，月收入千余元。她曾这样评价自己：

我九岁博览群书，二十岁达到顶峰。往前推三百年，往后推三百年，总共六百年没有人超过我。

论交际，论人际关系，论工作能力，不但女人，就是男人，也很难和我相比。

爱因斯坦发明电灯，他宏观上不如我，比我差远了。

我打开电视，东方卫视正在播奥巴马的新闻。我觉得我和奥巴马之间还有很大的距离。做人，自知之明还是有的。

思考：凤姐说"自知之明还是有的"，你认为她有自知之明吗？为什么？

学生讨论回答。

教师小结，并结合孔子等名人名言说明认识自己很重要。播放杨澜演讲视频，使学生明确认识自己有助于自身的发展。

2.阅读教材"探究与分享"小刚的故事。

思考：你如何看待小刚对自己的认识？这样的认识给他带来怎样的影响？

学生回答。

教师小结：正确认识自己可以促进与他人的交往。

（二稿）

教师：你认识自己吗？让我们做一个简单的小游戏。

1.认识自己的小游戏——一分钟鼓掌

教师：请大家估算一下自己在一分钟内可以鼓掌多少次？

学生预估。

教师计时，学生快速鼓掌一分钟，说明次数，并对预估和体验的结果进行对比。

教师：这说明什么？我们每个人对自己的认识都存在一定偏差，有的人没有认识到自己的潜能，对自己没有信心，不认为自己能做某件事，那么在做事之前就会退缩；而有的人过分高估自己的潜能，也会让自己徒增烦恼。下面我们就来看看小明的烦恼。

2. 多媒体展示：小明的烦恼一

今天，班委会同学商量班级艺术节表演节目，我觉得京剧演唱班上没人比得过我，小学比赛时我可是全校第一呢！

但李欣他们几个却说王伟唱京剧更好，让我帮助王伟选择演唱曲目和服装，我觉得他们几个就是和我过不去！我才不愿给他帮忙呢！真是太让我生气了，以后再也不参加艺术节比赛了！

思考：你觉得小明的看法对吗？这样的认识会给他带来怎样的影响？

学生讨论回答。

教师小结：我们对自己一定要有一个全面准确的认识。正确地认识自己可以帮助我们提高自信心，更好地发展自己；可以帮助我们准确地找到在集体中的定位，更好地与他人进行交往。

（定稿）

教师：你认识自己吗？或者说你了解自己吗？让我们做一个简单的小游戏。

1. 同上。修改计时方式，由教师口头计数改为多媒体呈现。

2. 多媒体播放小明的烦恼一，内容同上。

思考：你如何看待小明对自己的认识？这样的认识给他带来怎样的影响？

教师小结同上。

3. 多媒体展示：爱因斯坦、鲁迅的简介。

爱因斯坦认识到自己一生都在和客观物质打交道，没有处理行政事务的经验，所以毅然拒绝别人让他担任以色列总统的提议，最终他成为一个伟大的科学家；鲁迅先生知道自己所学医术不能拯救当时国人愚昧无知的心灵，所以他弃医从文，用文笔铸就了中国人的脊梁。

思考：他们的事迹给我们怎样的启示？

学生讨论交流。

多媒体展示：本校优秀学子

在初中三年里，他刻苦学习，成绩始终名列前茅；同时，他发觉自己在计算机方面的兴趣爱好，不断探索，最终在初三那年获得了国家级某编程比赛的二等奖。

教师小结：正确认识自己很重要。

【改进思路】

初稿通过讨论网络红人凤姐的言行，得出凤姐没有正确地认识自己的结论。结合杨澜的演讲视频和孔子等名人名言，让学生了解认识自己有助于自身发展。充分运用小刚的材料，贴近学生生活，学生讨论得出正确认识自己可以促进与他人的交往的结论。

道德与法治教学要注重用正面案例引导学生，所以二稿删掉凤姐案例。二稿将初稿中杨澜演讲视频里做的一分钟鼓掌小游戏引入课堂，提高学生的课堂参与度，使学生更加深刻地体会到他们对自己的认识并不全面、准确。设定故事"小明的烦恼一"，贴近学生日常生活，与后面"小明的烦恼二"形成一条主线，更能激发学生的学习热情和兴趣。

定稿与二稿基本一致，有几处细节上的改动。第一，在学生鼓掌的计时上，采用多媒体倒计时，给予学生更加直观的感受；原先教师计时容易被学生鼓掌声音掩盖，达不到效果。第二，将故事"小明的烦恼一"从日记的文字形式转换成音频形式，请班级同学扮演小明配音，使得课堂形式更加丰富，也更能调动起学生的学习兴趣。第三，"小明的烦恼一"的第一个问题缺乏思辨性，故做改动。第四，利用爱因斯坦、鲁迅家喻户晓的故事，并结合学生身边的事例，让学生更明确地感觉到正确认识自己的重要性。

环节二：认识你自己

（初稿）

活动一：猜猜我是谁

1.课前学生准备一张纸条，用3~5个词形容自己或画一张自画像。上课时随机抽取3~5张，根据描述由同学们猜猜这是谁。

教师：这些词或画像是大家对自己的评价，也是你对自己的认识。自我评价是认识自己的重要途径之一。下面让我们一起通过这些自我评价来猜猜这是谁。

2.学生猜猜教师描述的人是谁，并说明理由。教师引导学生将描述的词语归类，明确应该从生理、心理、社会等方面认识自己。

活动二：借古人智慧

多媒体展示唐太宗和孔子的名言。

子曰："三人行，必有我师焉。择其善者而从之，其不善者而改之。"

唐太宗说过："以铜为镜，可以正衣冠；以史为镜，可以知兴替；以人为镜，可以明得失。"

思考：还可以通过什么途径认识自己？

学生回答。

教师小结：他人的评价有助于我们认识自己。

（定稿）

教师：只有正确认识自己，才能创造一番事业、做出一番成绩。那么我们通过哪些方面和途径来认识自己呢？

活动：猜猜我是谁

1. 同上。

2. 同上。

3. 教师依据学生猜测时的回答总结出他人评价。如：某某同学说自己"乐观开朗"，这是自己对自己的认识，属于自我评价；当其他同学说你"乐观开朗"的时候，这就属于他人对你的认识，属于他人评价。这就是认识自己通常用到的两种方式：自我评价和他人评价。

4. 多媒体展示人脸和杯子图片。

思考：观察图片，说说自己看到了什么。

学生回答。

思考：为什么我们看到的东西会不一样呢？

教师小结：因为我们看这幅图的角度不同，所以看到的东西就不同。如果只从一个角度看这幅图片，那么就会只看到杯子或者只看到人脸，对这幅图的认识就会不全面。所以，刚才有些同学只从身材外貌来描述自己或者只说自己的优点，那么他们对自己的认识就不够全面。由此可见，我们要全面准确地认识自己，就要学会从多个角度认识自己。

【改进思路】

初稿通过自画像活动，增加课堂的趣味性，让学生认识到自我评价是认识自己的重要方式，同时知道我们可以从生理、心理、社会等方面认识自己。通过唐太宗和孔子的名言，让学生认识到他人评价是认识自己的重要途径。但没有很好地开发自画像活动中学生的回答，用"借古人智慧"得出他人评价是自我认识的一种方法，略显多余和生硬。

定稿中自画像等活动，注重抓在学生猜测的过程中注意抓住学生回答中的"闪光点"，通过猜测和回答让学生总结出自我评价、他人评价两种认识自己的途径。通过一张人脸和杯子的图片，让学生意识到要从多个方面认识自己。

环节三：正确面对他人评价

（初稿）

活动：普法懂法

某校七年级学生小亮，因为小涛私下跟别人说他在元旦晚会上表演的歌曲很难听，便纠集一帮"朋友"放学后将小涛堵在教室内殴打，致使小涛重伤入院。小亮和参与打架的人均受到学校的惩处，其家长需担负小涛的医药费、精神损失费等费用。

思考：你想对小亮说什么？如果你是小亮，你会怎么处理？

学生讨论回答。

教师总结：要客观、理性面对他人评价，学会用心聆听、勇于面对、平静拒绝。

（二稿）

教师：他人评价对我们重要吗？如果重要，那是不是所有的评价我们都要全盘接受呢？如果不重要，那是不是所有的评价我们都要一票否决呢？下面让我们化身小明，来处理一下他所遇到的烦恼。

多媒体展示小明的烦恼二：

小明和王伟参加了区里举办的京剧比赛，都获得了一等奖的好成绩。小明很高兴，身边的同学、老师、家长也都有话说。

小明的京剧老师说："小明取得这次成绩是辛苦锻炼的回报，以后也不能松懈，要继续努力。"

小明的爸爸说："我儿子特别棒！就算参加全国比赛，也肯定能得第一名。"

竞争对手王伟说："小明唱得挺好的，但是他唱戏的时候气息不太稳，要是再锻炼一下肯定会更棒的。"

和小明有摩擦的同学小朋说："他唱得一点都不好听，肯定是作弊了。"

思考：如果你是小明，你怎样面对这些评价？

学生回答。

多媒体展示唐太宗和朱熹的话：唐太宗说过，"以人为镜，可以明得失"；

朱熹也曾说过，"有则改之，无则加勉"。

教师小结：他人的评价对我们认识自己很重要。当别人提出自己的不足时，如果我们存在就要改正，如果不存在就要注意。当然面对恶意评价我们要忽视它。

（定稿）

教师：他人评价对我们重要吗？对待他人的评价我们应做何反应呢？下面让我们来欣赏情景剧——小明的烦恼二。在欣赏的过程中注意思考：如果你是小明，该如何面对这些评价呢？

情景剧表演——小明的烦恼二

内容及问题同上。

【改进思路】

初稿中通过小亮和小涛的冲突及处理方式引导学生正确面对他人的评价，初步认知法律，在日常生活中增强法律意识，避免同学之间的小口角发展成违法事件。但课堂教学中感觉此处采用法制案例不妥，通过分析学情了解到学生身边没有发生类似的法律案件，案例离本校学生的实际生活较远，没有代入感；而且问题设置太过宽泛，缺乏指向性，学生不清楚要回答什么方面的内容。

二稿承接"小明的烦恼一"继续讲述"小明的烦恼二"，使整堂课有接续性；用身边人对小明的评价将问题具体化，使学生在讨论和思考时更有针对性。用唐太宗和朱熹的名言展示对他人评价的认识，将本节内容进行提升。

定稿将"小明的烦恼二"从文字阅读改成情景剧形式，学生现场演绎，以此丰富课堂形式，调动学生兴趣。同时学生可以看到小明的反应，在回答时更有针对性。

环节四：认识自己是一个过程

（初稿）

教师：大家有没有听过"三岁看大，七岁看老"这句话呢？你认为这句话对吗？

学生讨论回答。

教师总结：这种说法有一定的道理，也不完全正确。就像这粒发芽的种子，随着年龄、阅历的增加，我们在不断发生着变化，所以认识自己不是这一分钟、这一节课、这一天的事，它是一个漫长的过程。只要自己在不断成长，我们就应该不断探索、发现自己的变化，去改变对自己的认识，去成为更好的自己。

（二稿）

同上。

（定稿）

活动：不同时期的我

不同时期	我眼中的自己
三年级	
六年级	
七年级	

学生完成表格。

思考：你认为"三岁看大，七岁看老"这句话对吗？结合表格说明理由。

教师小结：这种说法有一定的道理，也不完全正确。就像一粒发芽的种子，随着年龄、阅历的增加，我们在不断发生着变化，对自己的认识也要改变。

【改进思路】

初稿和二稿中通过"三岁看大，七岁看老"这一俗语的讨论，使学生意识到认识自己是一个过程，并以种子发芽的图片进行总结，引出下一节课的课题"成为更好的自己"。但无论是俗语讨论还是图片展示学生代入感不强。

定稿中学生通过填写表格"不同时期的我"，从自身情况出发，能更好地理解"三岁看大，七岁看老"这一俗语。二稿中此处小结内容与课堂小结有重复之处，因此修改小结用语，不在此引入下一节内容。

（三）践行

（初稿）

1. 盘点提升——采用思维导图的形式呈现教材内容。

2. 学以致用——学生完成随堂练习。

3. 拓展延伸——完成教材"拓展空间"。

思考并完成：通过填写图表，有什么发现和启示？请以日记的形式记录下来。

（二稿）

活动：填写乔哈里视窗图

教师：大家想成为更好的自己吗？那么首先我们要正确地认识自己。我们通过填写乔哈里视窗来认识现在的自己。

1. 简单介绍乔哈里视窗四个区域的相关内容。

2. 学生根据自我评价和他人评价填写乔哈里视窗图。教师对同学填写的内容做简要分析。

教师：在今后的生活中，希望大家能够通过自我评价、他人评价来正确认识自己，知道自己的优点和不足之处，从而扬长避短，不断发展充实自我，成为更好的自己。

（定稿）

活动：把握现在，开创未来

1.播放舒缓的轻音乐，填写乔哈里视窗图。

2.多媒体展示古希腊神庙图＋认识你自己。

教师："认识你自己"这句镌刻在古希腊神庙上的话，已成为古今中外人们孜孜不倦的追求。希望大家在今后的生活中，能够通过自我评价、他人评价正确认识自己，扬长补短，不断发展完善自我，成为更好的自己。大家想成为更好的自己吗？那就从现在开始认识你自己。

【改进思路】

初稿通过思维导图帮助学生梳理教材内容，并通过学以致用环节检测学生的掌握情况。拓展空间的问题可留待课下作实践作业。

二稿中删除了初稿中的题目，改用学生通过填写乔哈里视窗，自行总结本节课所学内容，并对内容进行提升。因为本节课的目的是让学生能够正确认识自己、正确对待他人的认识，而不仅仅是会做教师出的题目。

定稿采用在舒缓的音乐中使学生感悟提升。在课堂小结时，出示古希腊神庙图和"认识你自己"的文字，回归本节课的主题，并提升课堂立意。

教学板书：

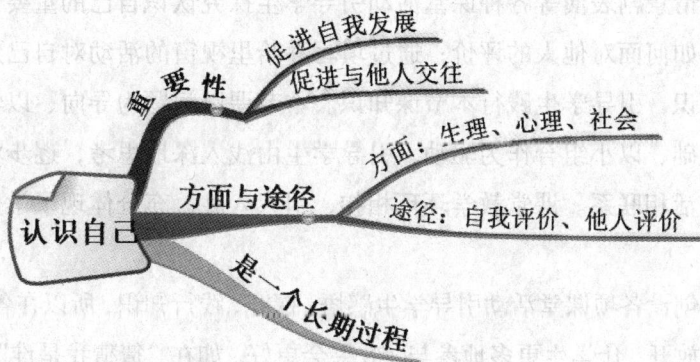

教学反思：

第一，教学目标决定教学形式和过程。在初稿时，我更多关注的是学生对于知识点的掌握，而教学过程中设计的活动也是为了知识点而活动，并没有很好地契合学生的实际接受情况。

在认真学习和深入了解"感悟—探究—践行"三段引领式教学法后，在二稿和定稿中，我结合学情，将本节课的教学重心从掌握知识转移到感知知识，从内心认同并践行。

第二，关于教材运用的思考。从本次教学设计改进中，我认识到教师应依据课程标准和学生的实际情况对教材进行适当的整合，使教学设计能更顺利地在实际教学过程中实施。

第三，在备课和课堂教学过程中要关注学生的主体地位。无论是"感悟""探究"还是"践行"环节，都是以学生为主体进行课堂教学，更加注重学生的感受。因此在备课过程中，要考虑选取的材料和预设的问题是否能激发学生的学习兴趣，是否有利于学生内化、践行知识；在课堂教学过程中，教师要在关键处发挥自己组织者、引导者的作用，同时尊重学生在学习过程中的主动意识和进取精神，借助教学设计为学生创造良好的探究环境。

（青岛西海岸新区育才初级中学　郭晓艺）

课例点评：

本节课的教学设计符合"感悟—探究—践行"三段引领式教学法。通过播放学生入学以来的照片并提出问题，引导学生初步感悟自身的变化、认识自己；创设自画像、情景剧表演等各种课堂活动引导学生探究认识自己的重要性、认识自己的方法，如何面对他人的评价；通过填写乔哈里视窗的活动对自己形成较为完整准确的认识，引导学生践行本节课知识。本节课以问题为导向、以学生自主独立思考为基础、以小组合作为驱动，引导学生由浅入深地思考，逐步将课堂知识与自己的生活相联系。课堂教学环环相扣、引人入胜，充分体现了学生在课堂上的主体地位。

本节课创设各项课堂活动引导学生感悟、探究、践行知识，所以在各项活动中，若能更好地放开，让学生更多地参与，效果会更好。如在"猜猜我是谁"的活动中，教师的教学设计本来就是根据学生自己的猜测使学生充分了解认识自己的两种途径，在教学过程中教师可不必过多指导，激发学生的参与意识，让学生自主得出结论，更有利于培养学生的核心素养。

课例 02：扬起自信的风帆

课标依据：

本课所依据的课程标准的相关部分是"成长中的我"中的"自尊自强"。具体对应内容标准是"养成自信自立的生活态度，体会自强不息的意义"。

教材版本：

山东人民版《道德与法治》（山东人民出版社 2016 年版）七年级上册第六课第一框题。

授课时间：初稿 2017 年 11 月 6 日，二稿 2017 年 11 月 9 日，定稿 2017 年 11 月 13 日。

教学目标：

（初稿）

情感、态度和价值观目标：通过观看视频联系学生自身实际情况等活动，使学生养成自信的生活态度。

能力目标：在案例分析中提高学生阅读、分析问题和解决问题的能力。

知识目标：通过一系列活动，学生认识到自信的重要作用，了解树立自信的途径和方法，在生活中做一个自信人。

（二稿）

情感、态度和价值观目标：通过观看视频和案例分析，学生在对自我正确认识基础上找到自信的方法和途径。

能力目标：通过自我寻找优点以及他人寻找优点等活动，学生学会正确地认识自我，对自己做客观的评价，同时能够走出自信的误区，不自卑、不自负。

知识目标：通过阅读故事，学生找到树立自信的方法和途径；通过分析案例了解自信与自卑、自负的区别，以及它们与成功的关系。

（定稿）

情感、态度和价值观目标：通过展示、体验等活动，学生学会以自信的态度对待学习、生活中的困难和问题。

能力目标：通过表演、竞赛、案例分析等活动，能够逐步克服自卑自负心理，学会树立自信的方法。

知识目标：通过访谈、交流等活动，了解自信的表现及重要性，懂得培养自信品质的基本要求。

学情分析：

初一学生正处在青春期，由于受自身认识水平的限制，在自我认识上容易出现偏差，出现评价过高或者过低的情况，对别人的评价难以正确看待，容易形成自负或自卑的心理。如果听任这些情绪发展，会在生活学习中出现诸如偏激、易怒、焦虑、害怕等问题，如不能妥善处理，就会对学生的学习和生活带来很多不利的影响。中国学生发展核心素养中提出的自主发展——健康生活，要培养学生健全人格，重点是具有积极的心理品质、自信自爱、坚韧乐观；具备自信的品质有助于帮助青少年走向成功，进行自信教育是中学生应该修习的重要心理品质。

教学重点：

懂得培养自信品质的基本要求。培养学生以自信的态度对待学习、生活中的困难和问题，要求学生必须掌握一些培养自信品质的基本方法，进而树立自信心。

教学难点：

自信的重要性。自信的重要性理论性较强，文字又比较精练，短短的一段文字阐述了三个层次的重要意义，学生理解起来有一定的难度。

教学方法：

"感悟—探究—践行"三段引领式教学法。

感悟：通过设置"课堂情景剧"等贴近学生生活实际的情景材料，引导学生通过对情境的分析，获取知识、内化认识，以学生为主体，使学生的独立探索力得到充分发挥，培养学生的自学能力、思维能力、活动组织能力。

探究：通过设置"自我寻宝""每天进步一点点"等活动，激发学生的兴趣，使学生主动参与到课堂之中，让学生在活动中体验自信，逐步树立自信心。

践行：在教学中采用朱婷一系列故事的案例，让学生分析朱婷是如何一步步走向自信的，培养学生分析问题的能力。对关键的问题、难以理解的问题，组织学生展开讨论，小组成员精诚合作，在合作中探究，在探究中合作。

教学流程：

（一）感悟

（初稿）

多媒体展示"我"的故事。

学校艺术节期间，要举行英语歌曲比赛，当时我考虑到自己英语口语不错，就报了名。有很多英语歌曲唱得不错的学生，认为自己不是最好的，在犹豫之中错过了报名机会。比赛那天，因为报名人数不多，我唱了一首 yesterday once more，得了一等奖，同学们纷纷要求我把自己获奖的经验说出来分享，我直言不讳地说："是自信把我推上了领奖台。"

请同学们思考：①我是因为什么而获得了成功？

②自己有过类似的经历吗？说出来与大家分享。

从而引出本课课题"扬起自信的风帆"。

（二稿）

请学生写一写"我能行"。

教师：同学们，生活中你能做哪些事呢？请你动动笔写下来吧，越多越好！

再请同学讲一讲你"崇拜的人"的故事，以及他们身上有什么共同的优秀品质？

教师进行总结：同学们，我们发现，一个人想要成功离不开自信。那么我们怎样做一个自信的人呢？让我们进入今天的新课《扬起自信的风帆》！

（定稿）

播放里约奥运会中国女排决赛的关键时刻视频，并提出问题：在比分一度持平的关键时刻，中国女排依靠什么赢得了比赛？

学生思考并自由发言。

教师归纳学生观点，并得出"女排靠自信，靠我能行和坚持不放弃的坚强信念获得比赛胜利"的结论。然后，教师引领过渡，因为自信和过硬的技术，中国女排时隔十二年，再次登上冠军的宝座。引入本节课探讨的话题——"扬起自信的风帆"。

【改进思路】

初稿中采用了学生身边事例——学校艺术节的演出,贴近学生生活,引发学生共鸣。将学生带入艺术节报名、表演时候的情境,回忆起当时自己是怎么表现的,从而使学生了解到自信的重要性。

二稿中首先让学生写一写自己能做的事,让学生在写的过程中感受自信。再让学生交流伟人事例,从成功人士的经历中得出自信是成功的基础。但是伟人事例离学生生活太遥远,学生难以引起共鸣,无法激发学习兴趣。

定稿中采用了中国女排夺冠的案例。中国女排凝聚着国人敢于胜利、自尊自信的情结。通过视频创设激动人心的情境,能激发学生的兴趣和探究欲望,同时也让学生初步体会自信的作用,为本课教学奠定良好的基础。

(二)探究

环节一:走近自信

(初稿)

首先请学生展示课前准备的资料"我最崇拜的人",请同学们讲故事,并进行总结,这些伟人身上有哪些共同的优秀品质呢?他们获得成功的必要条件是什么?

教师在同学的回答中归纳总结:自信是成功的基石,只有相信自己,才能获得成功。

(二稿)

多媒体展示图片:习近平总书记在庆祝中国共产党成立 95 周年大会提出"四个自信"——制度自信、理论自信、文化自信、道路自信。

教师提问:同学们,为什么习近平总书记要提出这"四个自信"呢?自信对我们的国家又有怎样的影响?

学生进行回答。

教师进行总结:自信是成功的基石。自信不仅仅对一个人很重要,对一个国家也是至关重要。只有相信自己,才能获得成功。

(定稿)

我来评论:1. 自信的品质在女排身上是怎样体现出来的?

　　　　　2. 你能试着谈谈你对自信的认识吗?

自我剖析:你有过自信获得成功的经历吗?对你成长有何影响?和大家分

享。（可从学习、生活、体育、文艺、知识、特长、技能等方面展开）

学生发言（略）。

教师：谢谢大家的分享，我也有个自己的故事和你们分享。（教师讲述一件自己克服自我障碍，树立自信，取得成功的事例。）

师生共同小结：自信能使人乐观地面对学习、工作、生活；积极应对各种问题，享受生活乐趣；相信自己的能力，不断地激励自己去思考、去行动，并发掘自己的潜能；自信是成功的基石，自信会让我们坚定排除外界的干扰，尽力实现自己的目标。

【改进思路】

初稿中采用了让学生课前收集资料，让学生自己讲故事的方式，归纳总结出一个成功的人必须要具备自信的品质，学生参与度较高。但是伟人所具备的优秀品质很多，难以从中突破自信的品质，因此学生在理解时有难度。

二稿中采用了习近平总书记的发言"四个自信"，引导学生了解不仅仅我们个人需要自信，国家同样需要自信，将自信升华到国家层面。但是对于初一学生来说，"四个自信"比较难以理解，难以引起学生的共鸣，只能从表面上理解自信对我们、对国家很重要，但是自信的作用并不能深入探究，因此学生学习兴趣不高。

定稿中继续沿用中国女排的例子，女排的夺冠激发了学生的爱国主义情感和学习热情。通过女排的事例归纳出自信的表现，培养学生解读、归纳信息的能力；教师通过"把自己摆进去"，讲述自己的自信故事，带动学生进入生活情境；学生讲述自己的自信故事，从已有的生活经验和情感体验出发，逐步感受体会到自信对个人成长的作用。

环节二：树立自信

（初稿）

请学生写下自己的优点，至少写出五个。

四个人为一个小组，寻找对方身上的优点，进行"优点轰炸"，但要注意实事求是。

教师提问：同学们，通过这次活动你有没有发现平时自己没有注意到的优点呢？这次活动带给你怎样的感受？

学生发言。

教师进行总结：任何人都有自己的优势，"天生我材必有用"这些优势就是我们自信的支点。一个人只有找到自信的支点才能自信起来。

（定稿）

教师进行过渡：明确了自信对我们成长的作用，我们是不是特别想树立自信呢？那么就让我们继续走进女排，看看女排姑娘朱婷的故事。

多媒体展示朱婷的故事一：

朱婷从小个子就很高，一直坐在班级后排，学习成绩也不好，一直很不自信。初一毕业后，于是父亲把朱婷送到郑州体校学打排球，教练刘宏发现朱婷的身体协调性非常好。"和她一起开始学的孩子有些连扣球上步都没学会，朱婷早就已经打得有模有样了。"朱婷也逐渐找到了自信，一年之后的全省中学生锦标赛，朱婷成为绝对主力。

思考问题：朱婷的优点和短处分别是什么？朱婷怎样成为绝对主力的？

学生回答：短处是学习成绩不好——没自信，但个子高，身体协调能力好，对排球领悟力高——找到自信，所以很快成为排球主力。说明朱婷发现了自己的特长所在找到自信的支点。

朱婷通过发现自己的长处，挖掘出自己的潜能，尝到了胜利的喜悦，我们身上有哪些平时发现不到的闪光点呢？让我们走进"自我寻宝"。

自我寻宝

1. 寻宝方式：运用下列句式，结合自己的实际情况造句："我开始喜欢我自己，因为……"

寻宝要求：①必须实事求是；②必须是自己的优点或特长，也可以是自己的进步；③每个人至少找到自己的5个珍宝。

2. 自我展示：请同学们说出自己的5个优点，并谈一谈你说完之后的感受。

3. 优点轰炸：小组成员轮流坐到中央，其他成员从他身上找值得赞美的地方，然后用发自内心的语言赞美对方。（赞美要恰如其分、不要夸大其词）

4. 团体分享：当别人赞美你时，你的感觉如何？是否有一些优点是自己以前没有意识到的？是否加强了对自身优点、长处的认识？

教师总结：通过这个活动，我们知道了，我们每个人都是独特的，都有着不同于他人的优点和长处，关键是我们怎样去发现、挖掘它。我们要善于从不同的方面，通过不同的方式发现、欣赏自己的优点和长处，找到"自信的支点"。正如屠格涅夫曾经说过："我们首先要相信自己，认可自己，别人才会相信你！认可你！"

【改进思路】

初稿中让学生自己写下自己的优点，这是一个学生自己寻找自信的过程。再通过同学间的相互交流，寻找优点，在这个过程中慢慢建立起学生的自信，体会到自己的重要性，在日后的生活中找到"自信的支点"。

定稿中通过中国女排队员朱婷的故事给学生树立榜样，明白树立自信就要寻找支点的道理。通过"自我寻宝"活动，引导学生发现自己的优点长处，点燃自信的火花；让学生之间通过相互欣赏，挖掘闪光点，体会到自己的重要性，找到自信的支点。最后辅以名言，得出结论：发现自己的优点，培养自信品质。

环节三：自信之路通往成功

（初稿）

多媒体展示朱婷故事二：精彩的人生（播放短片）

因为在省队成为主力，朱婷越来越有自信，命运之门向朱婷开放了。从世青赛的最有价值球员到中国女排最具攻击力的主攻手，近几年朱婷以火箭蹿升的速度进步，获得了诸多的成就。

2011年世界少年女排锦标赛亚军。

2012年亚洲青年女排锦标赛冠军，MVP。

2013年世界女排大奖赛总决赛亚军，两次拿到MVP，最终获最佳主攻。

2014年中国国际女排精英赛北仑站冠军，最佳发球、最佳扣球、MVP三奖。

2015年亚洲女排锦标赛冠军，最佳攻手、MVP。

2016年里约奥运会最有价值球员。是继郎平和冯坤之后成为中国女排奥运历史上第三位MVP得主。

思考问题：从一个名不见经传的小姑娘成长为国际女排最有价值的球员，朱婷是怎样从一个成功走向另一个成功的？

教师引导学生体会到，朱婷每一次成功的体验都能够给她带来自信，每一次进步都会给她带来成功的喜悦和前进的动力，随着成功的不断积累，朱婷更加自信，随着自信不断累积，她也一步步走出了人生的精彩。

（定稿）

多媒体展示朱婷的故事二：精彩人生

因为在省队成为主力，朱婷越来越自信，命运之门向朱婷开放了。从世青赛的最有价值球员到中国女排最具攻击力的主攻手，近几年朱婷以火箭蹿升的速度进步，获得了诸多的成就。

2011 年世界少年女排锦标赛亚军。

2012 年亚洲青年女排锦标赛冠军，MVP。

2013 年世界女排大奖赛总决赛亚军，两次拿到 MVP，最终获最佳主攻。

2014 年中国国际女排精英赛北仑站冠军，最佳发球、最佳扣球、MVP 三奖。

2015 年亚洲女排锦标赛冠军，最佳攻手、MVP。

2016 年里约奥运会最有价值球员。是继郎平和冯坤之后成为中国女排奥运历史上第三位 MVP 得主。

思考问题：从一个名不见经传的小姑娘成长为国际女排最有价值的球员，朱婷是怎样从一个成功走向另一个成功的？（教师引导学生体会到，朱婷每一次成功的体验都能够给她带来自信，每一次进步都会给她带来成功的喜悦和前进的动力，随着成功的不断积累，朱婷更加自信，随着自信的不断累积，她也一步步走出了人生的精彩。）

教师总结：朱婷的出彩人生给了我们很多的启示。那么，生活中我们又如何积累成功呢？其实成功并不是非取得多大的荣誉，只要每天我们比之前的自己进步一点点就是成功。

	一个月以前	一个月以后	现在
学习			
行为规范			
交往			
处理问题			
今天我感到最成功的事情			

指导学生反思自我，并填写上表。让学生结合上表讲述自己每天的进步。通过引用《道德经》中的名言"九层之台，起于累土；千里之行，始于足下"，引导学生感受到通过积累自己的一个个小成功，逐步树立自信心，走向更大成功的有效方法：积累成功，走向自信。

【改进思路】

初稿中引用了朱婷的事例，通过朱婷的成长历程发现生活中成功的积累能给人带来自信，每一次进步都会带来喜悦和前进动力。成功增加，自信积累。因此同学们在日常生活中敢于改变自己，做更好的自己，在此过程中变得越来越自信。

定稿依然使用了朱婷的故事，通过朱婷成长的经历感悟到每一次进步能带来成功的喜悦。再通过"成功记录本"的形式，让积累成功，树立自信的方法得以落地。古文的引用旨在渗透优秀传统文化教育。

环节四：寻找不足　变弱为强

（初稿）

教师进行过渡：有了自信，就拥有了接受挑战、战胜困难的勇气和胆量。树立自信，就能使你获得成功。但是有的人却不是这样，我们一起看一下下面这两位同学的故事。

（学生进行扮演）我不是班干部，我不是科代表，我连个小组长都不是，我只是个普通同学，我总觉得自己什么都不如别人，作文写的没别人好，计算没别人快，字写得也不够漂亮。唉，我真笨，我该怎么办呀？

教师引导：同学们你能帮助这位同学，给他找出问题，开个"药方"吗？

（学生进行扮演）音乐课上的独唱让我紧张害怕，我认为自己声音不好听，不敢在同学们面前开口。所以每次上音乐课，我总是提心吊胆，害怕教师点到我。我该怎么办呢？

教师引导：同学们帮忙一起想想对策吧！

通过帮助两位同学，再请同学们写下自己的不足，并给自己开出"药方"。

教师进行点评：人无完人，每个人都不是完美无缺的，关键就在于我们如何对待自己的不足。要敢于直面不足，弥补不足，变弱为强。

（二稿）

同上。

（定稿）

多媒体展示朱婷的故事三：

郎平刚起用年轻的朱婷时，她当时一传技术被媒体描述为"惨不忍睹"，但朱婷不断勤学苦练，现在朱婷的传球和扣球技术日渐精湛，获得最佳主攻手称号。但她仍然对记者说："自己是什么水平自己最清楚，我知道自己的弱点和不足，其实只要自身有弱点，内心就不可能那么强大，如果不苦练提高自己，说什么'自信''强大'都是虚的，所以我从不认为运动员有什么天才，都是苦练出来的。"

问题思考：朱婷自我表白的一席话给你什么启示？

引导学生思考后，小组讨论。

师生共同归纳：要想树立自信，就要正视自己的不足，并加以弥补，使它变弱为强！当自己更有实力的时候，才会更加自信！记得郎平在赛后接受采访的时候说："单靠精神不能赢球，还必须技术过硬！"由此我们得出：要想树立自信，就要弥补不足，变弱为强！

看完朱婷的故事，请同学们找出自己的不足，并且给自己开出"药方"。

教师引导学生寻找自己的短板，并提出改进的措施，通过这一活动，帮助学生明白"勤能补拙是良训，一分辛苦一分才"的道理，找到自己的弱点，然后制定弥补不足的措施，进一步内化上述观点。

【改进思路】

初稿中展示了案例中两位同学在生活中遇到的难题，这也是平时同学们也会遇到的，在找问题、"开药方"的过程中也是审视自己、帮助自己的过程。使学生意识到每个人都是有不足的，问题的关键就在于找到弱点并制定好弥补的措施，变弱为强。

定稿通过朱婷的故事让学生明白勤能补拙，通过找自身差距弥不足，让学生反思自己需要提高的地方，制定改进措施，在生活中真正学会如何树立自信，内化为自己的信念，外显为自我的行动。

环节五：克服自卑与自负

（初稿）

多媒体展示两则故事。

材料一：世界著名的发明大王爱迪生，晚年变得骄傲自大，甚至对手下说："你们不要向我建议什么，任何高明的建议也超越不了我的思维。"这样，他就堵塞了智慧的源泉，丧失了前进的动力，也就不再有什么重大的发明问世。

请问：材料一中的爱迪生的表现是自信吗？结果如何？

学生回答：爱迪生晚年的表现不是自信而是自负，这导致他晚年就没有什么重大发明问世。

材料二：李华是一位性格开朗、活泼的同学。在学校的一次单元测验中，他的成绩落在全班最后。这时，李华变成了另外一个人，认为自己太笨，不可能学好了，整天垂头丧气，性格也变得孤僻起来。

请问：材料二中李华的表现是自信吗？结果如何？

学生回答：材料二中李华的表现不是自信而是自卑。当他成绩下降以后，他觉得什么都不如其他同学，结果整天垂头丧气，性格也变得孤僻起来。

教师进行点评：无论是自负的人还是自卑的人，他们对自己的认识都是不切实际的，不正确的。只有自信的人才能实事求是地看待自己，既看到自己的优点，也能看到自己的缺点。自信使我们可以主动、积极地去应对生活中的各种问题和困难，并使我们保持心情宁静，从容地享受生活的乐趣，能让我们平凡有限的人生璀璨地延伸。希望大家都能做一个自信的人！

（定稿）

多媒体展示朱婷故事四：

朱婷家里条件不好，她在队里很少花钱。张领队说，朱婷训练完都一直穿运动服，很少有便装。但是这孩子有一点好，她心态非常正，服饰之类的她不关注、不追求、也不羡慕，大家都知道她家庭条件不好，她也不在意，不会自卑啊、难受啊什么的，完全没有。

"我有什么就用什么，出头也凭自己努力。"朱婷在拦网和进攻两个得分环节位列榜首，但她总谦虚地说："距离世界一流主攻我还有很大差距，特别是一传防守方面，回去以后还要好好跟着郎导练。"

思考问题：你感觉自己从朱婷身上最值得学习的品质是什么？

引导学生结合朱婷的故事，结合自己的实际感受，梳理出：①不自卑——朱婷心态正，不虚荣，不攀比，不因家庭条件不好而自卑、难受等。②不自大、不自负——即使朱婷在拦网和进攻两个得分环节位列榜首，但她仍然很谦虚。

再邀请同学们进行一次小品表演。

800 米耐力跑

小 A：听说下周要进行 800 米耐力跑。

小 B：不就 800 米嘛，3000 米都没问题，我肯定能拿第一。

小 C：800 米没什么可怕的，我们多锻炼肯定能行的。

小 A：你的体育比我好，当然不担心，我想我肯定又不及格了。

小 C：上学期我也是勉强及格，只是我坚持跑到了终点。

小 B：不和你们说了，小小 800 米，不在话下，我要去玩游戏了。

一周后的测试结果：小 A 始终处在上次失利的阴影中，没有勇气面对测试，稍有不适脑子就想到不及格的念头，最终没坚持到最后。小 B 过于大意自负，没及时锻炼扭了脚踝没坚持到最后，只有小 C 保持好的心态，不紧张，顽强拼搏取得了好的成绩。

思考问题：请分析这三位同学分别是什么心理？有什么特点。

教师引导学生通过分析三位同学的言行，归纳出：小 A 自卑，轻视自己看不到自己的能力，即使会做得很好，也不敢尝试；小B自负，自以为了不起，过高地估计自己，看不起别人，自以为是；小C实事求是地看待自己，相信自己，肯定自己完成了比赛，是很自信的表现。

教师引用名言进一步加以诠释。"圣贤自有中正之道，不亢不卑，不骄不诌，何得如此也！"——（明）朱之瑜《答小宅生顺书十九首》（译文：圣人贤者自然有中庸正直的方法，不自高不自卑，不骄傲不说谎，他们是怎样做到的呢？）

教师进行过渡：圣贤的训诫给了我们很好的启示。那么，你有哪些克服自卑心理的好办法呢？请你与同学们分享一下吧！

克服自卑的好方法

1. 我克服自卑心理的"独门秘籍"

学生分组分享，每组找有代表性的成员全班展示交流。

2. 教师示范：积极的自我暗示

师生共同表演舞蹈：我真的很不错

活动的过程中，师生共同概括其他克服自卑心理的方法，如默念"我能行"，客观地评价自己，开放自己，积极参加体育锻炼。

【改进思路】

初稿中运用爱迪生和李华的事例，帮助学生理解自负和自卑都不是自信，都是对自己不正确的看法，并且会产生巨大的危害，在生活中我们要树立正确的自信观，避免自负和自卑。但是没有就"什么是正确的自信观"和"怎样树立正确的自信观"做出回答，学生停留在书面知识中无法落实。

定稿中进行了重难点突破。本部分对于不自卑、不自负的内容比较难理解，通过对朱婷优秀品质的分析，尤其是让学生结合自己的实际进行分析，能够有效地让难点落地，较好地体会到不自卑、不自负是树立自信心的主要途径。朱婷的故事启示学生要树立正确的自信观，情景表演能激发学生的兴趣，参与到课堂之中，找到解决自信的法宝。朱之瑜的诗句点明如何做到不自卑不自负。最后挖掘学生的因素，开发学生中的教学资源，实现资源的最大化；师生共同表演舞蹈，进行积极的自我暗示，和谐师生关系，同时概括出其他克服自卑自负的方法。

（三）践行

学以致用

在班级内以"我自信我快乐"为题做一次主题演讲，展现出自信少年的风采。最后送几句话与大家共勉：有一种坚持叫中国女排，有一种骄傲叫中国女排，中国女排总是在中国人最需要自信的时候，给了中国人以自信！我们要学习她们这种自信的精神！一首《相信自己》送给同学们！（播放中国女排和所教班级同学自信笑脸的短片结束）

板书设计：

教学反思：

本课以朱婷的故事为主线，设计各种活动，让学生理解到树立自信要找到自信的支点、在生活中积累成功、弥补不足，变弱为强，克服自卑自负的心理，知识来源于生活，又走进生活，通过创设各种生活情境让学生感悟自信。采用"自我寻宝""小品表演"，师生共同舞蹈等活动体验式方法，激发学生自信的潜能，使学生能积极参与到课堂之中。课堂要体现人文性，渗透传统文化思想，所以每一环节采用古诗词总结，渗透中国传统文化，使课堂充满文化气息。让学生感悟到自信的意义。不足之处，学生活动要加以引导，让其更大胆地展现自我，更能体现一个自信者的风采，达到知情意行的统一。

（青岛西海岸新区教育发展研究中心 周文君）

课例点评：

一、采用优秀案例，彰显道德正能量，影响孩子一生发展。

本节课采用"朱婷自信"的案例并贯穿到底，提炼反映时代生活发展的材料，架起知识与生活的桥梁。深入挖掘案例内涵，从没有自信的朱婷到成为冠军的朱婷，自信起到了至关重要的作用。案例的挖掘层层递进，贴近学生生活实际，给学生直接的引导、启迪，做到很好的榜样作用，帮助学生解决成长中的问题，直面学生对美好生活的期待，深刻凸显教育意义，赋予生活正能量。

二、重视教学情境及活动的创设，让学生获得真实深刻的情感体验。

自我寻宝活动中，结合自己的实际情况运用"我开始喜欢我自己，因为……"句式造句，自我展示、优点轰炸、团体分享。在这一活动中引领学生挖掘到自己的优势潜力，影响深远。真正体现以生活为本，将课程内容与学生生活相融合的教育理念。

把"自己的故事"摆进去，师生生活交融，趋于真实。

在自信达人活动中，学生先讲述自己的自信故事，从已有的生活经验和情感体验出发，逐步感受体会到自信对个人成长的作用；周教师紧跟讲述一件自己克服自我障碍，树立自信，取得成功的事例。通过讲述自己的自信故事，带动学生进入生活情境，师生无缝隙交流，在课堂上真情流露，情真意切，真切体现师生生活交融。

运用"成功记录本"的生活实践性活动，让学生感受到通过积累自己的一个个小成功，逐步树立自信心，走向更大成功的有效方法，在学习中践行、在践行中体验、在体验中发展，使自信的方法得以落地。

贴近学生生活，遵循成长规律，构建小品表演，激发学生兴趣。陶行知先生说："给生活以教育，用生活来教育，为生活向前向上的需要而教育。"本节课把学生身边的情景通过小品表演的形式情景再现，通过讨论分析从而人人找到解决自信的法宝。

挖掘学生资源，和学生生活融合，可亲可近。

结语中播放中国女排短片，在相信自己的旋律中，情感得到激发，行为得到引领，尤其定格在所教班级学生自信笑脸的画面，给学生以亲切、自豪之情。

三、整节课设计内容层层递进，逻辑性强。

本堂课利用"朱婷"的励志故事，设计各种活动，让学生理解到树立自信要找到自信的支点、在生活中积累成功、弥补不足，变弱为强，克服自卑自负的心理，步步为营，环环相扣，解决了自信的相关问题，落实了课标课达到了教书育人的终极目标。

四、语言精妙，课堂充分体现人文性。

教师语言功底深厚，每一环节采用古诗词总结，渗透中国传统文化，使课堂充满文化气息。

课例 03：守护生命（01）

课标依据：

本课所依据的课程标准的相应部分是"成长中的我"中的"自尊自强"。具体对应的内容标准是"珍爱生命，能够进行基本的自救自护"。

本课所依据的课程标准相应部分还有"我与国家和社会"中的"积极适应社会的发展"。具体对应的内容标准为"感受个人成长与民族文化和国家命运之间的联系，提高文化认同感、民族自豪感，以及构建社会主义和谐社会的责任意识"。

教材版本：

统编《道德与法治》教材（人民教育出版社 2016 年版）七年级上册第九课第一框题。

授课时间： 初稿 2018 年 11 月 14 日，二稿 2018 年 11 月 16 日，定稿 2018 年 12 月 12 日。

教学目标：

（初稿）

情感、态度和价值观目标：通过观看视频和图片，培养学生爱护身体、养护精神的积极情感。

能力目标：通过联系自身生活，能说出 2~4 条生活中的自救自护常识，提高维护自身生命安全的能力。

知识目标：通过阅读教材和回忆自己一天的生活起居，了解健康生活方式的具体要求。

（二稿）

情感、态度和价值观目标：通过观看视频和图片等活动，培养学生健康的生活意识，树立珍爱生命，维护健康的积极情感；同时引领学生追求真善美，弘扬优秀民族文化，发扬民族精神的爱国情怀。

能力目标：通过进行地震逃生演练和火灾时打绳结等活动，学会珍爱生命的一些具体做法，掌握基本的自救自护方法。

知识目标：通过观看视频和当"谈判专家"，知道守护生命包括爱护身体和养护精神两部分。了解爱护身体的一些基本常识。通过"诗词大会"和观看视频，学会养护精神，传承优秀文化。

（定稿）

情感、态度和价值观目标：通过观看《三个小天使》视频和时事新闻，树立起健康生活的意识，培养珍爱生命和维护健康的积极情感。通过"诗词大会"，感受传统文化巨大魅力，自觉做优秀中华文化的传承人。

能力目标：通过图片展示，引导学生纠正生活中的不良习惯，养成健康文明的生活方式；通过地震火灾逃生演练，提高自救自护能力。

知识目标：通过展示图片和联系生活等活动，知道怎样爱护身体。通过讲述集中营的故事和诗词大会，知道要重视自己的内心世界。

学情分析：

七年级的学生对于守护生命的认识，仅停留于身体状况层面。但是学生进入青春期后，思想状况发生着巨大变化，尽管他们尚不具备独立的生活能力，但是急于摆脱成年人的束缚，格外倾心于用比较极端的方式释放压力。

教学重点：

爱护身体。

教学难点：

如何在艰苦的情况下养护精神。

教学方法：

"感悟—探究—践行"三段引领式教学法。

感悟：通过播放视频让学生感悟，我们的生命是脆弱的，需要我们加倍守护。那么如何守护我们的生命呢？

探究：教师创设图片情境、视频情境、模拟拯救等探究活动，以具有思维含量的问题为导向，学生进行独立思考或小组探讨，最后对探究成果进行展示交流分享。让学生在接连不断的活动中学会如何守护自己的生命。

践行：课堂中现场模拟地震来临时如何进行自我保护以及打逃生绳结的活动，通过劝说因多次成绩不理想产生轻生念头的同学的活动，引导学生珍爱生命。由同学推荐自己心目中的"中华之最"，将课本知识与自己的生活实际联系起来，达到学以致用的目的。

教学流程：

（一）感悟

（初稿）

观看图片　导入新课

多媒体展示图片：维持秩序、午餐看护、上下楼梯监察等。

教师：同学们，这些图片共同关注什么问题？为什么？

学生：安全问题。生命只有一次，生命是很可贵的。

教师：那如何守护我们的生命呢？让我们一起来探索吧！

（二稿）

课前讨论　进入新课

教师：同学们，上一节课我们学习了生命的特质是来之不易的，是独特的，是短暂的。你为什么热爱自己的生命？

学生回答。

教师：你在日常生活中是如何保护自己珍贵的生命的呢？

学生：早睡早起，养成良好作息习惯，不去危险的地方，每天坚持锻炼，不吃垃圾食品等。

教师：守护我们的生命先要从我们的身体开始，那我们平时该如何爱护我们的身体呢？除了爱护身体，还有哪些方面需要我们注意呢？让我们一起来探索吧！

（定稿）

观看视频　引人深思

多媒体播放《三个小天使》视频。

三个初中女孩儿和我们一样，她们有自己爱的家人，有热爱的兴趣爱好。但是她们却没有那么幸运，三个女孩儿都得了癌症并走到了生命尽头。三个女孩儿发问：如果生命可以交换，你愿意和我换吗？

学生回答。

教师：同学们，和这三个女孩儿相比，我们是多么的幸运啊。在生活中你是如何守护自己的生命的呢？让我们一起探索吧！

【改进思路】

初稿利用学生生活的图片导入，拉近学生与教材距离，激发学生的学习兴趣。但是前后内容有些重复。

二稿通过回顾上节所学生命的特质的知识，引导学生说自己守护生命的方法，进而引出本节新课。但是通过学生课堂回答发现，学生只回答如何爱护身体，没有意识到精神世界也是生命的重要部分。

定稿播放视频《三个小天使》的故事，激发学生的学习兴趣。三个女孩儿和学生年龄相仿，容易引起学生的共鸣，三个女孩儿的不幸让学生明白生命是很脆弱的，激发学生守护生命的愿望。看完视频后学生气氛有些沉重，此时教师进行引导：我们如何守护我们的生命？进入新课更加水到渠成。

（二）探究

环节一：生命珍贵爱常在　自我保护防意外

活动一：生命自救区

（初稿）

1.多媒体展示"刨根问底第一现场"：初中生熬夜上网、体育课上跑步栽倒在地、体测不合格。问题：这些事例反映了一个什么共同现象？

教师总结：现在的中学生身体素质差。

2.多媒体展示图片：为保持身材节食、每天抱着手机当"低头族"、晚上熬夜、炸串、方便面、烧烤、火锅和辣条、女孩儿爱美冬天露脚踝。再展示露脚踝的危害：当前社会很多青少年模仿明星在寒冬将裤脚挽起，这样的危害很大。脚踝是人体的重要部位，分布着许多淋巴、血管和神经，但是皮下脂肪比较薄。一旦受凉会引发各种身体疾病并且难以康复。

教师：请同学们反思你出现过这种情况吗？

学生回答。

3.多媒体展示健康的生活方式图片：适量的运动、合理饮食、规律的作息等。以习近平主席的一句话作为总结：要大力发展健康事业，要做身体健康的民族。

（二稿）

1. 现场调查，多媒体展示问题：你是否每天都吃早餐？你是否有过熬夜追剧或者玩游戏？你是否经常食用"三无"产品和碳酸饮料？你的体重是否过重或过轻？

调查发现，大部分同学至少做过一个。

教师总结：身体发肤受之父母，不敢毁伤，孝之始也。我们的身体来自父母，保护好自己的身体也是一种对父母的孝顺。因此同学们好好爱护自己的身体吧！

2. 现场抢答：你知道哪些健康或者不健康的生活习惯。

对学生回答进行补充。

教师总结：关注我们的身体首先要养成健康的生活方式，这是一种对生命负责的态度。

（定稿）

多媒体展示图片：中午同学们在食堂就餐时，有的同学吃炸鸡、炸串，有的同学吃份餐。现场调查：你今天中午吃什么？你认为哪种午餐更有益于我们身体健康？

现场抢答：你知道哪些健康或者不健康的生活习惯。

多媒体展示健康生活方式。

教师总结：守护生命，首先要养成健康的生活方式，这是一种对生命负责的态度。

【改进思路】

初稿中先展示学生在日常生活中身体素质不高的现象，再展示垃圾食品的图片，对比说明健康饮食的重要性。最后展示日常生活中的不健康习惯的图片，特别强调了露脚踝的危害，让学生体会什么样的生活习惯是健康的。但是在上课过程中发现学生的积极性不高，无法激发学生的学习兴趣。

二稿中改进了用别人的事例讲课的做法，通过现场调查，展示不健康生活习惯，让学生列举自己还知道哪些健康或不健康的生活习惯。但是在发言中发现，学生普遍倾向于列举一些不健康的生活习惯，需要教师再加以引导。

定稿中直接从本班学生实际出发。图片展示学生中午就餐情况，通过两种午餐的对比使学生更直观地认识到要养成健康的饮食习惯，激发了学生的学习兴趣。以自身为依托，学生列举生活中健康或不健康的习惯，在畅所欲言中体会到哪些习惯需要保持和加强，哪些习惯要改正。

活动二：生命拯救区

（初稿）

多媒体展示："刨根问底——第二现场"。

1. 初二女生被指盗窃同学253元，服毒自杀以证自身清白，事后证明她确实被冤枉。

2. 某初一男生考试失利，离家出走。

3. 某初二女生因父母不允许她去见自己崇拜的偶像，自残。

思考：这些孩子哪些方面没有得到满足？你如何帮助他们拯救他们的"玻璃心"？

教师总结：我们在守护自己生命时，要关注自己的内心感受，勇敢的面对生活中的不顺心，不做过激行为，不伤害自己的身体。

（二稿）

多媒体展示材料：我是初一学生李晓，我们进行了期中考试，我又有好几门科没有达到爸妈的要求，名次也很落后，回到家肯定又是一顿暴打，我再也不想回家了。想着想着，李晓便走上了学校的天台……

请同学们当一次谈判专家，看看哪位谈判专家最终能感动李晓。

教师：在生活中我们可能会遇到各种各样的困难与挫折，我们要勇敢的面对，绝对不做伤害自己身体的过激行为。

（定稿）

同二稿。

【改进思路】

初稿中运用三则未能正确对待挫折新闻，引导学生正确对待生活中的挫折，无论在什么情况下都不能轻易伤害自己的身体。但是上课过程中发现学生将自己放在事情的对面，关注的只是材料中的这三位同学，而没有同自己结合起来。

定稿选择了一个由于多次考试不理想而轻生的中学生事例，让学生化身"谈判专家"使学生真正参与到事件本身中去。事例贴近学生生活，使学生更加深刻地体验到生命的珍贵，不做过激行为，更不能轻言放弃。

活动三：生命守护区

（初稿）

多媒体展示材料：严峻的现实

全国每年约有1.6万名中小学生非正常死亡，平均每天有44名学生死于食物中毒、溺水、交通或安全事故。这其中，除去那些不可预见的自然灾害和人力不可抗拒的重大事故以外，约有80%的非正常死亡，通过预防措施和应急处理是完全可以避免的。专家惊呼：意外伤害正在成为我国青少年的第一杀手！

思考：这段材料对你有什么启示？

教师总结：意外情况已经严重危害到我们的生命安全，我们要学习一些安全保护方法守护我们的生命。

多媒体展示：你知道在灾难或意外来临之时如何自救自护吗？

当火灾发生时_____。

当地震发生时_____。

当交通事故发生时_____。

当发生拥挤踩踏时_____。

遭遇电梯事故时_____。

（二稿）

同初稿。

（定稿）

多媒体展示本班同学学习自救自护照片：如何使用三角巾来固定受伤的胳膊、火灾时如果无法从门逃生如何合作通过窗户逃生、如果有人休克如何帮助同学进行抢救、如何正确地抬担架。

1. 学校为什么要组织这次活动？

2. 请一组同学上台演示如何在地震中自救，另一组同学展示如何在火灾中打逃生绳结。

有的抱头趴在桌子底下，有的把书包顶在头顶保护头部，有的躲在了教室的承重墙下。

多媒体播放动画：地震时，处在教室中的我们应该如何正确自救。

教师总结：我们的生命很脆弱，为了在意外情况中保护好自己的生命，我们需要掌握一些自救自护知识。

多媒体展示新闻：昆明一小区发生火灾，在火灾中有5人直接遇难，3人因为跳楼逃生不治身亡，还有三位受伤者正在接受治疗。

请同学们观看新闻，除了有在火灾中直接丧生的人，还有因为什么丧生的？

学生回答。

教师总结：在意外中不懂得自救自护方法，盲目自救同样会危及我们的生命，我们要增强安全意识，掌握自救自护的方法。

【改进思路】

初稿展示材料让学生明白意外就在我们身边，要掌握自我保护的方法。让学生分组讨论，遇到一些意外情况时的做法，学会自救的方法。但缺乏实践。

定稿将原本的书面落实改为现场模拟，更加侧重培养学生能力。让学生不仅掌握知识，还能学会意外情况中的自救自护方法。通过展示昆明小区着火新闻，让学生懂得，盲目自救也会危害到生命。

从刚开始的初稿注重学生的知识掌握到定稿中将知识转化为学生的能力，体现了课堂教学的真正目的就是回归到学生的现实生活中，做到理论指导行动。

环节二：守住心灵　感知美好

学生齐声朗诵诗歌《有的人》

有的人活着

他已经死了；

有的人死了

他还活着。

有的人

骑在人民头上："呵，我多伟大！"

有的人

俯下身子给人民当牛马。

…………

骑在人民头上的

人民把他摔垮；

给人民作牛马的

人民永远记住他！

教师：为什么说"有的人死了，他还活着"？

学生回答：因为他的精神还存在。

教师总结：当我们在守护我们的生命时，除了要关注身体还要守护我们的精神世界。

（初稿）

多媒体展示教材材料《集中营遗存的儿童画作》。

思考：1. 为什么女画家要引导儿童们画美好的花卉、人物和窗外的风景？

2. 人们为什么将绘画作品誉为"人类文化皇冠上的钻石"？

教师引导：虽然有的时候外部条件很艰苦，但只要我们守住心灵，仍然可以看到真善美。

（二稿）

多媒体展示图片：纳粹的集中营、堆积如山的尸体、用活生生的人做化学实验、焚尸炉里没烧完的尸体、被车压死的儿童、被活埋的妇女。

教师：同学们，如果你处在这样的环境中，你想画怎样的画呢？

学生：我想画死亡和绝望。我想把这些暴行记录下来留给后人。

多媒体展示画作：美丽的星空、逾越节晚会、窗台上的花盆等。

教师：和同学们说的截然相反。小组讨论，为什么他们会画这样的画呢？

教师总结：我们的精神发育需要物质支持，但是不完全受制于物质。就像这些在集中营里的儿童一样，虽然他们生活在人间炼狱，但仍然没有放弃对美好的追求。

（定稿）

多媒体展示图片：美丽的星空、逾越节晚会、窗台上的花盆等。

教师：同学们这些画好看吗？那你知道是谁在什么时候画的这些画呢？

多媒体展示纳粹集中营的场景：堆积如山的尸体、活人化学实验、焚尸炉的尸体、被车压死的儿童等。

教师：如果你在这样的环境中，你想画一些怎样的画呢？

学生：想画绝望和死亡。想将这种人间地狱画出来留作证据。

告知学生刚才展现的画就是这些在集中营里的孩子们绘制的。

小组讨论：为什么这些儿童的画和你想的如此不同？为什么在那样的情况下他们还能画出这么美的画？

教师总结：我们的精神发育需要物质支持，但是并不完全受制于物质。即使在这样可怕的环境中，也不能放弃对美好事物的期待与追求。

【改进思路】

本部分内容主要引导学生了解我们的精神发育需要物质的支持，但是并不完全受制于外部的物质条件。本部分教材运用《集中营遗存的儿童画作》，这段材料比较新颖，因此在上课过程中我选择直接运用。

初稿中按照教材一步步推进，先展现整个故事，再让同学们思考为什么在这样的外部条件中，孩子们仍能画出这样的画作，引导学生明白即使外部条件艰苦，我们也要守住自己的心灵。在上课过程中发现，学生能够总结出知识，但是无法将自己与这则材料联系起来，因此参与度不高。

二稿先展示纳粹集中营里真实的悲惨画面，让学生想象，如果你在这个集中营里，你想画怎样的画，然后与集中营里孩子的画进行对比，在小组讨论中共同得出结论。这样的改进让学生不再置身事外，而是将自己也变成学习的主体，更好地体验即使条件艰苦，也要守住心灵。

定稿先展示集中营里孩子的画作，让学生进行猜测，这是谁画的，在什么样的场景中画的。大部分同学都认为画画的人有着幸福美满的生活。再展示集中营的悲惨场面，询问学生在这样的情景中你会画什么，大部分同学的回答是消极的。此时告知学生，那些美丽的图画就是在集中营里的孩子们所画，在学生大吃一惊的同时，进行小组讨论得出结论，极大调动了学生的学习热情。

环节三：传承文化志向远

（初稿）

多媒体展示图片：入团宣誓、参观博物馆、诗歌朗读比赛等。

教师：你参加过类似活动吗？你有什么体验和收获？

多媒体展示"中国之最"。你心目中的中国之最是什么？为什么？

学生回答。

（定稿）

多媒体展示"中国诗词大会"图片，并进行一次"飞花令"比赛：请同学们说出带有"春"字的古诗。

教师：比赛中你有什么体验？引导学生亲身体验中华古诗词的魅力。

多媒体播放视频《历数中华文化成就》。

从远古文化故事夸父逐日开始，包含了古代中华优秀的唐诗宋词元曲，近代林则徐虎门销烟、戊戌变法时的宁死不屈等以及现代优秀的传统文化和书籍，上合组织国家电影节、杭州峰会开幕式表演、中国航天精神等。

1.观看完视频后你有什么感受？

2.请同学们说一说你心目中的"中华骄傲"并说出推荐理由。

教师总结：中华优秀传统文化源远流长，我们要自觉做中华文化的传承人。

【改进思路】

本部分主要目的在于使学生意识到我们需要发展我们的精神世界，并且我们精神世界的充盈要立足于中华传统文化中。

初稿通过观看图片，回顾学生日常生活中参加的养护精神活动，并通过推荐"中国之最"引起同学们的民族认同感和民族自豪感。但是在上课过程中，发现学生兴趣不高，气氛不够热烈，没有将浓浓的爱国情激发出来。

定稿采用了现场举行"飞花令"的活动，点燃学生学习传承优秀诗词文化的激情。播放展现中国灿烂文化的视频，激发学生的爱国情感，再让学生推荐"中国骄傲"增强民族自豪感，自觉成为传统文化的继承人，使课堂气氛达到高潮。

（三）践行

（初稿）

多媒体展示材料。

材料一：我奶奶特别牵挂我，每当我出门都要叮嘱我不要到危险的地方去。

材料二：每次看到电视中革命战士英勇牺牲的情节我总是很激动也很感动，这时候我总能想起一句话：你可以消灭我，但不能打败我！

小组讨论：①依据所学知识谈谈你对材料 ·的认识。

②结合材料二，说说我们该如何养护精神家园？

（定稿）

马上就要周末了，在周末你会如何安排自己的时间？请根据本课制定一个你的周末计划表，注意要兼顾爱护身体和养护精神两个方面。制定好之后请其他同学帮你看看还有哪些需要改进的地方。

【改进思路】

初稿对材料题的分析侧重对知识的考察，有利于锻炼学生理论联系实际的能力，但难以引起学生共鸣。

定稿采用的是让学生通过本课的学习制定周末活动计划表，既包含爱护身体，也包含养护精神，真正地让教材知识落实在实际行动中。

板书设计：

【改进思路】

本课的知识框架清晰明确，守护生命需要我们做到两个方面：爱护身体和养护精神。该板书将所有的知识点都列出来，学生一目了然，知识间的逻辑性和层次性也更加清晰。

教学反思：

1. 教学过程要依据课标。

在进行教学设计时要以课程标准为依托。因此采用学生在校生活的一天，让学生明确有哪些健康的生活方式需要保持，哪些不健康的生活方式需要改正。让学生亲身模拟在地震和火灾时候的逃生方法，落实了课标要求，达到教学目的。

2. 创设贴近学生生活的情境。

创设能够引发学生共鸣的情境，让学生"有话可说"是教学设计的初衷。因此创设情境时注重学生生活实际，用学生自身的事例，设置学生亲身参与的活动，让学生在活动中感悟知识，引领成长。

3. 注重学生能力培养。

道德与法治课程的学习不仅仅是传授知识，而是通过课堂教学培养学生的生活能力，充盈学生的精神世界。因此在教学过程中，引导学生亲身参与演示在地震中如何自救，如何合作打救生绳，将课本知识转化为生活的能力。

4. 落实德育目标。

通过"诗词大会"、观看视频、评选心目中的"中华骄傲"等活动感受中华优秀传统文化，激发爱国情感。但没有更深入地发掘如何自觉传承中华传统文化。如果再做修改，我会将这部分内容提升到国家层面，自觉主动的在生活中弘扬传统文化。

（青岛西海岸新区第六初级中学　张鑫）

课例点评：

本节课的教学设计符合"感悟—探究—践行"三段引领教学法的流程。教学设计活动丰富，课堂内容紧凑，学生积极性较高。在活动的设计上运用了学生图片引发学生共鸣，激发了学习兴趣。在情境创设中采用多种手法，让学生看视频、当谈判专家、现场模拟火灾地震以及编织救生绳等，让学生亲身体验既要关注我们的身体健康也要守护我们的精神世界。运用集中营儿童作画的事例和"飞花令"活动将课堂气氛推入高潮，教师对学生的情绪引导和课堂控制较好，学生参与度较高，基本达到学生是课堂的主体，学生主动学习的目的。

当然，教师还需要在问题设置的梯度上进行斟酌，让学生的思维进入深度学习。在最后的传承中华文化部分应该进行升华，让每位学生发自内心的成为优秀文化的传承人。

课例 04：守护生命（02）

课标依据：

本课所依据的课程标准的相应部分是"成长中的我"中的"自尊自强"。具体对应的内容标准是"珍爱生命，能够进行基本的自救自护"。

本课所依据的课程标准相应部分还有"我与国家和社会"中的"积极适应社会的发展"。具体对应的内容标准为"感受个人成长与民族文化和国家命运之间的联系，提高文化认同感、民族自豪感，以及构建社会主义和谐社会的责任意识"。

教材版本：

统编《道德与法治》教材(人民教育出版社 2016 年版)七年级上册第九课第一框题。

授课时间： 初稿 2018 年 11 月 19 日，二稿 2018 年 11 月 22 日，定稿 2018 年 11 月 28 日。

教学目标：

（初稿）

情感、态度和价值观目标：通过对昆山案件的案例分析，使学生珍视生命，对生命负责，养成健康的生活方式；通过学生自学探究、事例分析等，学会爱护身体，增强安全意识、自我保护意识；认同中华文化，弘扬民族精神，自觉守护精神家园。

能力目标：通过分析小易机智逃脱绑架的案例，使学生提高安全防范能力，能够进行基本的自救自护；学会面对复杂的社会生活，以真善美为标准，做出正确的道德判断和行为选择。

知识目标：知道怎样爱护身体，掌握一些基本的自救自护方法；知道怎样养护精神，了解中华民族优秀传统文化。

（二稿）

情感、态度和价值观目标：通过情景剧表演、唐予心、小易的案例，懂得要珍视生命，对生命负责任，养成健康的生活方式；爱护身体，增强安全意识、自我保护意识。

能力目标：通过对诗词大会冠军雷海为的事例分析，懂得学会面对复杂的社会生活。以真善美为标准，做出正确的道德判断和行为选择。

知识目标：同初稿。

（定稿）

情感、态度和价值观目标：通过学生表演校园情景剧、回顾校园安全演练相关内容，学会养成健康的生活方式，能够进行基本的自救自护，并能应用在实际生活中；通过对唐予心自杀案例的分析和感悟，并挖掘类似事件的原因，知道要珍视生命，对生命负责。

能力目标：通过观看短视频《中国精神》，使学生认同中华文化，弘扬民族精神，自觉守护精神家园，通过学生交流分享自己生活中的美好人生经历，如现场演奏古筝《高山流水》，深入了解中华民族优秀传统文化，践行精神养护。

知识目标：通过对诗词大会冠军雷海为的视频资料的分析和探究，明确我们只要守住自己的心灵，仍然可以看到真善美；通过交流自己生活中的做法，学会自救自护。

学情分析：

初中阶段是学生形成人生观、价值观的重要时期，如何看待自己的生命，生命的意义何在，这些都是极为重要的问题。七年级的学生已经有了一定的情感体验能力和发散思维能力，对生命世界并不陌生。一方面他们意识到生命的存在、生命的重要性，另一方面，他们又缺乏对生命领域的探索与思考，对于常见的情绪、态度等问题无法恰当处理，可能会采取过激行为。本节课引导学生结合自身生活实际，通过活动与体验，培养学生的生命意识和情怀，初步认识精神文化活动的重要性，加强对精神世界的养护。

教学重点：

爱护身体。

教学难点：

如何在艰苦的情况下养护精神。

教学方法：

"感悟—探究—践行"三段引领式教学法。

感悟：教师以班级照片为素材，制作《暖暖的103班》的短视频。身边同学、自己的形象通过大屏幕展示出来，学生备感亲切和新奇。那一张张灿烂的笑脸，丰富多彩的班级生活，浓浓的文化氛围，使学生初步感悟到生命的美好。那怎样守护我们美好的生命？学生带着浓浓的兴趣和期待进入新课学习中。

探究：通过情景剧表演情境、案例分析、学生主持互动、寻找中国精神等探究活动，以层层递进的问题为导向，学生进行小组合作、自主思考，形成探究成果并交流展示。

践行：从学生的生活实际出发，设计"拓展空间 践行成长"环节，学生根据本节课所学的知识，反思并改进自己日常生活中的做法，真正做到理论知识的升华和在实践中的应用。

教学流程：

（一）感悟

（初稿）

案例分析 导入新课

播放《昆山案件》的视频，进行案例分析。

2018年8月27日昆山市于海明致刘海龙死亡案，公安机关经过缜密侦查，并商请检察机关提前介入，依据《中华人民共和国刑法》第二十条第三款"对正在进行行凶、杀人、抢劫、强奸、绑架以及其他严重危及人身安全的暴力犯罪，采取防卫行为，造成不法侵害人伤亡的，不属于防卫过当，不负刑事责任"之规定，认定：于海明的行为属于正当防卫，不负刑事责任。

师：从案例当中，你得到什么启示？

生：要爱惜生命；用法律武器维护自己的合法权益；尊重他人的生命健康权等。

生命健康权是公民最重要的权利，法律是我们维护生命健康权的最强有力的武器。今天，我们一起来学习第九课第一框《守护生命》。

（二稿）

情境创设 导入新课

有人说，生命健康是"1"，名誉、金钱、友情、地位等都是"1"后面排列的"0"，有了"1"，这个数可以是十、百、千、万，乃至无穷大；若没有"1"，后面再多也是"0"，这告诉我们什么道理？

学生交流回答生命是最重要的，并列举事例说明。

师：生命是最宝贵的。守住生命，我们才能感受四季的冷暖变换，体验生活的千姿百态。今天，我们一起来学习第九课第一框《守护生命》。

（定稿）

班级风采 导入新课

课前准备：教师搜集班级同学、教师照片，制作短视频。

多媒体播放短视频《暖暖的103班》。

从刚才的短片中，你感受到了什么？

学生交流自己的感受。

师：刚才的短片，展示了咱们103班别样的风采，这一张张灿烂的笑脸，浓浓的文化氛围，诉说着成功的喜悦和奋斗的艰辛，也展现着同学们蓬勃向上的生命力。

生命是宝贵的，它能令我们的人生焕发出耀眼的光彩。守住生命，我们才能感受四季的冷暖变换，体验生活的千姿百态。那守护生命，需要我们从哪些方面努力呢？今天，我们一起来学习第九课第一框守护生命。（板书）

【改进思路】

初稿用社会上广泛关注的热点案件导入新课，引起学生注意，激发学生探索如何维护生命健康权的兴趣。但与本节课的内容联系不密切。

二稿调整为一个场景导入，让学生思考，只有有了生命，才会有其他的如荣誉、金钱、地位等，突出生命的重要性，引起学生的学习兴趣。

为更好地突出本课的内容和主题，增加学生在课堂的参与度和融入感，定稿换成自己班级照片制作的视频短片，以学生熟悉的班级日常生活场景导入，感悟生活的美好和生命的可贵，激发学生的学习兴趣，并自然地过渡到新课的学习中。

（二）探究

环节一：合作学习

（初稿）

学生自读教材"运用你的经验"，讨论交流：

上面同学的讨论涉及生命的哪些方面？结合你的经历进行说明。

生：爱护身体，养护精神两方面。

自学探究：认真阅读课本内容，思考：

1. 守护生命首先要关注＿＿＿＿＿。守护生命需要＿＿＿＿＿。

2. 怎样爱护身体？

3. 怎样正确认识养护精神？

（二稿）

同上。

（定稿）

删除此环节。

【改进思路】

初稿和二稿时通过图片展示和自学探究，让学生对本节课的内容有一个整体把握和了解，明确本节课的内容从爱护身体和养护精神两方面来学习，使学生的学习由被动变为主动，培养学生的自学探究能力。

定稿时感觉这个环节有些画蛇添足，与观看视频短片营造的氛围不相符，不利于学生尽快地投入课堂学习中，就取消了本环节。

环节二：走进生活

活动一：情景剧场

（初稿）

多媒体展示材料：据广州铁路警方 27 日通报，26 日 15 时许，一名 16 岁少年在广州火车站突然晕倒，脸色发青，身体僵直，不断抽搐。值勤民警第一时间拨打了 120 急救电话。经向同行人了解，该少年姓邓，因沉迷网游，于出行前一天晚上通宵游戏升级刷分。而且从前一天晚上直至晕倒前的当天下午都没有进食，只喝了一瓶啤酒垫肚子，随后便赶往火车站准备回老家，刚到火车站进站口，小邓就因体力不支开始出现了头晕心悸等症状，随即晕倒在地。经及时抢救已脱险。

1. 小邓晕倒的诱因有哪些？

2. 有些事情是你喜欢的但可能对身体造成伤害，你会怎么做？

3.说一说：你了解的不良生活习惯有哪些？

师生共同总结：关心身体状况，养成健康生活方式是对生命负责任的态度。

多媒体图片展示良好的生活习惯。

（二稿）

校园情景剧表演。

剧本：周一早上，上学路上，甲乙丙三名同学碰到一起，边聊边向学校走去。

甲：打着呵欠，伸着懒腰，手里拿着一包辣条吃着……

乙：这是咋了，呵欠连天的，你昨晚又通宵玩游戏啦？

甲：嘘！昨晚为了通关一直熬到了一点多，今天起晚了（呵欠）。早晨差点被老妈发现，吓得我不敢在家吃饭，路上买了包这个（扬了扬手中的垃圾食品）。

丙：一点多？你不要自己的眼睛啦？哎，看着点，过马路了，左右看看，注意安全。

乙：没事，反正车也不敢撞我们。你大清早就吃这么口味重的东西，也不怕辣着肚子？

甲：哎呀，别提肚子了，这头还疼得很呢。（揉头做痛苦状，呵欠）

乙：哈哈，你可真行！我昨天在家躺了一天，在被窝里偷着看漫画（贼兮兮状左顾又盼），头昏脑涨的，吃了一粒我妈的脑清片。

甲：好好好，有好东西一起分享。喏，给你们个辣条吃，可好吃了。（递给乙、丙）

丙：我不能吃，我妈说了，我是过敏体质，不能吃刺激性食品，再说了你这样用手拿多脏啊。

甲、乙：推了丙一把，"切，假装"。

请同学们小组讨论交流：

1.你怎么看待剧中三位同学的言行？

2.说说你的良好生活习惯有哪些。

（定稿）

校园情景剧表演。

剧本一：校园情景剧之上学路上

同二稿。

交流与分享：

1.你怎么看待剧中三位同学的言行？

2.说说你的良好生活习惯有哪些。

学生讨论交流，教师进行总结，并用图片展示良好的生活习惯。

师生共同得出结论：养成健康生活方式，是一种对生命负责任的态度。

师：同学甲听了大家的建议，还没开心几天呢，就迎来了期中考试，请继续欣赏校园情景剧之期中考试后。

剧本二：校园情景剧之期中考试后

乙：我看看你考了多少名？哈哈，还不如我呢，啦啦啦……

甲：别唱了，真烦人。在小学我还能考个中上等，升入初中，科目这么多，难度也大，天天把自己埋在书堆里，成绩却不断下降，我都觉得同学看我像看笨蛋一样。唉，自从期中考完试，我就忐忑不安。

乙：是呀是呀。我爸妈也这样，天天问我分分分，我都觉得分是他们的儿子。而且老师经常找我谈话，活着真没意思，死了一了百了，就没这么多烦恼了。

甲：要不，咱们买瓶药试试？吓唬吓唬他们？

丙：你俩说什么呢，那你家人得多伤心啊，这才多大点事啊，我们可是祖国的花朵，美好的生活还等着我们呢。其实学习没什么难的，你们有不懂的可以来问我啊，咱班同学肯定也乐意帮助你们。

甲：也对，万一发生危险就不划算了。

乙：好，我也要找准方法，继续努力，把这些消极想法从脑子里赶出去。

丙：这样才对。走吧，高高兴兴上课去。

教师请丙同学回答：在他俩说出"活着没意思"这话时，你心里是怎么想的？你打算怎么去帮助他们？

丙同学说出自己的想法，准备从学习、思想上关心和帮助他们。

教师：同学们还有什么想说的吗？

学生讨论交流，提出帮助他们的做法。

【改进思路】

本环节主要引导学生了解什么生活方式是健康的。初始设计时，想通过看别人的做法来吸取经验教训，初稿选用沉迷网游、通宵玩游戏的16岁少年小邓晕倒的案例，引起学生对良好生活习惯养成的思考，让学生看到不良习惯的后果，从而认识到养成健康生活方式的重要性。但在试讲时发现用这种"事例—问题"的呈现方式理论性太强，学生好像是身在局外看故事，并未调动学生自身的教育资源，难以引起学生共鸣。

为增大学生的参与度，加深学生的印象，二稿时把小邓的案例换成校园情景剧表演，但感觉表演包含的内容过多，学生看得眼花缭乱，不知道要表达的主题是什么。定稿时改变一次表演完的做法，根据课本内容"健康生活方式""爱惜身体"分成两段表演，给学生以清晰的思路，充分挖掘学生自身的资源，使他们有感同身受的体验。而且事例来源于学生生活，必然会引起共鸣，让学生在情境中感悟：其实许多不以为然的做法，正危害着自己的身体健康。尤其是对参演学生准备如何帮助觉得"活着没意思"同学的提问，既为下一内容打下伏笔，也在学生之间传递积极向上的正能量，营造互帮互助的良好氛围。

活动二：明理导行

（初稿）

多媒体展示材料一：2018年10月15日，湖南衡阳某中学晚自习课间休息期间，三名初三学生服食处方药自杀。其中一名女生经抢救无效死亡，两名男生经抢救已脱离生命危险。学校知情教师介绍，服药女学生系班长，平日成绩名列前茅。但在最近一次月考中成绩有所下滑，受到了老师、家长的批评……

教师：当你的某些内心需要得不到满足时，你的反应是……

学生：发脾气；不理爸妈；大吃一餐等。

多媒体展示材料二：被母亲批评的当天晚上，唐予心在班级QQ群里流露出想自杀的意思。有人劝说："大姐你淡定""你明明很好啊""你这么丧干吗"……

话锋很快就变了。有人开始说出"死是解脱"这样的话，甚至有人觉得"理想的自杀方式是跳楼"……

学生讨论交流：

1. 假如你在他们班的QQ群里看到这样的消息，你会怎样做？

2. 你想对这些轻易放弃生命的同龄人说些什么？

师生共同总结：成长中的我们，应该学会爱惜自己的身体。

（二稿）

同初稿。

（定稿）

片段1：湖南某中学初三女生唐予心，平日成绩名列前茅。但在最近一次月考中成绩有所下滑，受到了老师、家长的批评……

教师：你遇到这样的场景时是怎么做的？那唐予心是怎么对待的呢？

学生交流回答。

片段2：2018年10月15日，被母亲批评的当天晚上，唐予心在班级QQ群里说："想去死了。"同学很快回复"死是解脱""理想的自杀方式是跳楼"……最终唐予心在试吃4片药后，第二天又吃了160多片，服药时旁边同学还帮着递水，同桌回忆称看到唐予心在写遗书……

师：她之所以做出如此极端的举动，自身的原因是什么？

生：内心的需要没有得到满足；在挫折面前消沉，没有积极对待。

师：你如何评价她同学的行为？请小组合作讨论。

生：面对生命，不要做冷漠的旁观者，要尊重他人的生命。

师：假如她是你的同学，你会如何劝解她？学生回答。

片段3："我有信心，我一定能活过来。"这是她对自己的父亲说的最后一句话。

"一定要救活我，求求你们了，"这是她对在场所有医生的哀求；

虽然她很后悔，但于事无补，4个小时后，14岁的花季生命就这样消逝了。

图片展示中小学生自杀情况数据：2013年中小学生自杀的79例案件中，自杀起因有成绩下滑或不理想、父母离异、不想上学、考试作弊被发现、被同学欺负等，其中59%集中在13~20岁。

教师点拨：同学们，生命不是儿戏，碰到挫折时要有承担的勇气。锦绣前程，不争一时，在你关注自己内心感受的同时，一定要爱惜身体，珍爱生命。

【改进思路】

本环节旨在让学生认识到要爱惜自己的身体。为引起学生的共鸣，选取了学生同龄人唐予心的案例。在本案例的运用上，也经过了一番推敲和思考。选取唐予心的案例，期望引起学生的共鸣，但初稿在分析此案例的过程中，没完全挖掘出案例本身的警示作用，没发挥出它震撼性的效果。定稿采用案例分段逐一展示的方式，使问题的设计有梯度，有层次，情境的分析层层递进，并着重突出了唐予心最后对"生"的渴望，引起学生以震撼性的共鸣，给学生以警示作用，一时的挫折不算什么，生命不是儿戏，遇到挫折要有承担的勇气，在关注自己内心感受的同时，一定要爱惜身体，珍爱生命。通过对唐予心同学行为的分析和你打算如何帮助她两个情境的对比，提醒学生要学会尊重和关爱他人的生命，不漠视生命，渗透了德育价值目标。

活动三：自救自护

（初稿）

多媒体展示案例：四川13岁男孩儿小易，在上学途中被绑架，小易大喊救命，但是没有人听到。小易被拖进一辆面包车，歹徒何某击打他头部，让他不准呼救。小易知道反抗不了，就不再喊叫。何某用外套将小易的头遮住，小易看不到外面，只好用心记录停车次数，并仔细听车外的声响，最后发现被困在一个废弃的房子里。小易第一次逃脱被何某抓回来，但并没有绝望，仍是一副配合顺从的架势，等待机会。第二次，小易在听到何某的面包车发动了，声音越来越远之后，他又试着逃跑。他蛙跳着蹦出了屋子，跳到了公路边，并用嘴巴咬掉了透明胶，大喊救命，被路人报警后成功获救。根据小易提供的线索，民警很快将犯罪嫌疑人何某抓获。

1. 列举上述材料中体现小易机智的4个做法。

2. 简要说明他的做法对你的启示。

3. 你还知道哪些应急状况下的自救自护知识？分享给大家吧。

师生共同总结：增强安全意识、自我保护意识，提高安全防范能力，掌握基本的自救自护方法。

（二稿）

学校要进行地震演练了，有的同学说，我们这儿也不会发生地震，参加这样的活动是浪费时间，让其他同学参加吧，我要在教室里写作业。

1. 你认为这位同学的想法对吗，为什么？

2. 结合已有的学习和生活经验，探讨应对以下灾害或灾难的自救自护方法。

火灾：_____。地震：_____。交通事故：_____。

3. 你还知道哪些应急状况下的自救自护知识？

师生共同总结：增强安全意识、自我保护意识，提高安全防范能力，掌握基本的自救自护方法。出示知识在线。

（定稿）

师：在生活中，我们可能会面临一些危及生命的突发状况，如火灾、地震、溺水等，为了提高同学们的应对能力，学校进行了应急演练。

学生分享演练的收获，并现场示范"海姆立克急救法"。

师：请同学们谨记，遇到任何突发状况，都要控制恐慌情绪，保持冷静，积极自救自护，机智寻求帮助，任何时候都不要放弃生的希望。

【改进思路】

本环节主要教会学生掌握自救自护技能。初稿选用小易机智逃脱歹徒绑架的案例，让学生总结出面对险情要机智，不要盲目反抗，学会自救自护。但学生心里想的可能是"我又不会被绑架"，引不起学生的兴趣。二稿改为创设"学校要进行地震演练"的情境，引导学生收集相关资料，探讨自救自护方法并进行模拟演练，使每个学生都积极主动地去探索、去学习，并加强合作交流。

定稿改为学生分享学校的应急演练中学到的自救自护知识，并现场示范"海姆立克急救法"，切实让学生熟练掌握急救方法和知识，增强自救自护能力，同时学会救护他人的生命。

环节三：引领成长

活动一：绽放生命的光彩

（初稿）

多媒体展示教材"探究与分享"，学生思考并讨论：

1. 在集中营里，女画家费利德为什么要教孩子们画花卉、人物和窗外的风景？

2. 人们为什么将这些儿童的绘画作品称为"人类文化皇冠上的钻石"？

教师总结：费利德想引导孩子们的心灵走出集中营，追寻外面美好的世界。

（二稿）

师："腹有诗书气自华"，春节过后的诗词大会，相信大家都印象深刻，它唤醒了我们心底最温暖的文化记忆。让我们一起走进诗词大会的舞台，和外卖小哥雷海为一起，拥抱那最美的诗和远方。

多媒体展示雷海为诗词大会夺冠的事例、图片。

师：雷海为在艰难困苦的环境中仍然坚持学习，说明了什么？

师生共同总结：我们的精神发育，不完全受生活条件和外部环境的制约，只要我们守住自己的心灵，仍然可以看到真善美。

（定稿）

师："腹有诗书气自华"，春节过后的诗词大会，相信大家都印象深刻，它唤醒了我们心底最温暖的文化记忆。让我们一起走进诗词大会的舞台，和外卖小哥雷海为一起，拥抱那最美的诗和远方。

播放雷海为诗词大会的视频。

问：雷海为在艰苦的条件下依然坚持读诗，给你什么启发？

学生讨论交流：虽然物质贫乏，他仍然不忘丰富自己的精神世界。

师：雷海为，通过读诗让自己感受古人的思想感情和意境，让诗词大会的冠军路成就自己最美好的人生经历。你有哪些人生的美好经历分享给大家呢？

学生结合自己的生活经验，依次展示交流，并由一生现场古筝弹奏《高山流水》。

【改进思路】

初稿采用教材的"探究与分享"活动，这个活动紧密联系"不管物质条件多么贫乏，只要守住自己的心灵，仍然可以看到真善美"的知识，帮助学生正确认识物质条件和精神养护之间的关系。但"二战"、集中营对学生来说太遥远了。

二稿以学生感兴趣的诗词大会为切入点，拉近知识与学生的距离，图片展示外卖小哥雷海为利用外卖间隙读诗背诗的情景，教育学生养护精神，守住自己的心灵，不过度关注物质条件。但用多媒体展示雷海为的图片，并不能让学生完全感受到"不受物质条件制约的文化提升"，所以定稿时选取了相关视频材料，生动展示外卖小哥雷海为学习诗词的艰苦过程，教育学生养护精神，守住自己的心灵，不过度关注物质条件，从生活中发现真善美。

定稿时增加学生交流自己读书、练书法、学古筝等的历程，说出自己的感受和体会，并由一名学生现场进行古筝弹奏《高山流水》，让课堂变得生动活泼，情趣盎然，学生的情绪被充分调动起来，身临其境地感受到了传统文化的滋养，真正做到感悟中成长。

活动二：守护精神家园

（初稿）

多媒体展示具有本地文化特色的图片：踩高跷、海青制茶工艺、剪纸艺术、胶东大秧歌等。

1. 你了解本地这些传统手工技艺吗？它们有失传的危险吗？

2. 在未来的职业规划中，你会考虑在这些传统手工技艺中选择一种，成为传承人吗？请说明理由。

一组同学展示，另一组同学评价。

（定稿）

师：中华五千年，纵横千万里。我们用优秀的传统文化滋养自己的精神生命，凝聚起中国民族精神。现在请同学们和我一起，去找找真正的中国精神在哪里吧。

播放短视频《国之魂者 中国精神》：中国精神在哪里？在英雄的生命和鲜血里！中国精神在哪里？在大国脊梁隐姓埋名的奉献里！在几代中国人的拼搏和坚守里！在平凡人的真善美里！国家精神，是一个国家、一个民族的魂。国之魂者,立国之本!是中华民族屹立世界民族之林不倒,也绝不可撼动的"中国精神"!

师: 看完这个短片,我想同学们一定激情澎湃。它虽只是我们中国精神的一角,但同样令我们豪情万丈,中国精神中国魂,它让我们的灵魂都丰盈起来,你还有什么理由不去养护?

【改进思路】

初稿让学生了解当地的传统文化项目,感受传统文化的魅力,但通过上课观察学生的反应和收到的效果看,学生没感受到文化的滋养,认为自己又不去踩高跷、剪纸,和自己有什么关系呢?定稿透过名人的榜样引领、平凡人的事迹感染,用短视频的方式,激发学生学习兴趣和爱国热情,给学生以榜样的震撼,激发学生的民族认同感。

(三)践行

(初稿)

师生共同总结知识体系,并交流学习本节课的收获。

学生从知识、思想、行动等方面交流。

(二稿)

拓展空间 践行成长

1. 在爱护身体和养护精神方面,你有哪些值得肯定的地方?还有哪些地方需要改进?

2. 听听其他同学对你还有什么建议。

学生讨论交流。

(定稿)

1. 拓展空间:在爱护身体和养护精神方面,你有哪些值得肯定的地方?还有哪些地方需要改进?

2. 课后延伸:同学们,经过一节课的学习,你们知道以后应该在哪些方面注意安全?

学生设置多种紧急情境(如被陌生人尾随)并分组讨论,设计科学的自救方案,小组长写在自救卡片上,并在班级墙报内张贴宣传。

【改进思路】

初稿中引导学生总结本节课的知识,注重对教材内容的掌握,但仅靠学生的泛泛而谈,并不能让学生的思想得到升华。二稿结合教材的两个方面,给学生提出具体要求,从爱护身体和养护精神两个方面谈自己值得肯定的地方,让学生有话可说，而且能紧密结合自己的实际，在生活中真正行动起来。

为让学生更好地把所学知识落实到行动中，定稿时增加课后延伸环节，让学生设置自己在生活中可能遇到的危险情境，如遇陌生人尾随，上课间操时楼梯拥挤等，寻找自救方案，并在墙报内张贴宣传，极大地激发了学生的兴趣和参与热情，真正做到了把知识延伸到课后，实现道德与法治知行统一、立德树人的目标。

教师寄语：同学们，生命是一首优美的交响曲，是一篇华美的诗章。

它短暂而可贵，平凡而又精彩。

请爱护身体，感恩生活，用热情创造每一个明天，用微笑面对每一次挫折。

养护精神，健康成长，对自己和爱自己的人负责。

让生命从平凡中闪耀出伟大！

板书设计：

（初稿）

守护生命

一、爱护身体

1. 健康生活方式

2. 爱惜身体

3. 自救自护

二、养护精神

1. 守住心灵　看到真善美

2. 传统文化滋养

（定稿）

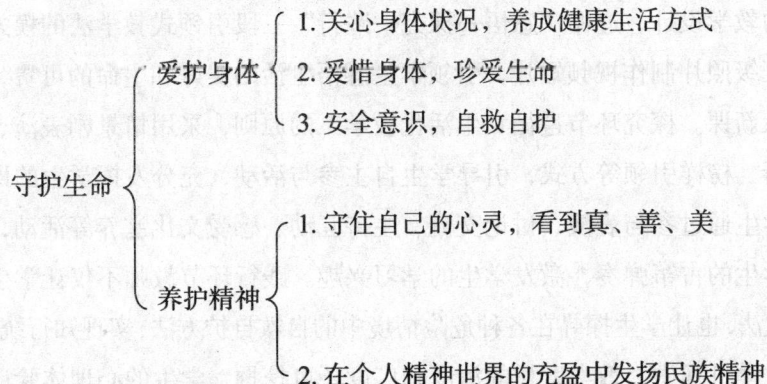

守护生命

爱护身体
1. 关心身体状况，养成健康生活方式
2. 爱惜身体，珍爱生命
3. 安全意识，自救自护

养护精神
1. 守住自己的心灵，看到真、善、美
2. 在个人精神世界的充盈中发扬民族精神

【改进思路】

板书设计是教学中所应用的必不可少的组成部分，初稿板书将本节课的知识要点展示出来，使学生对所学知识有着准确的把握。定稿提纲式的板书更加条理清晰，起到提纲挈领的作用，帮助学生提升概括总结的能力。

教学反思：

本节课是 2018 年 11 月青岛市名师开放课堂的一节课例。磨课的过程中，我充分感受到新课标下"感悟—探究—践行"三段引领式教学法的魅力，感受到自己一次次地蜕变和成长。

教学设计基于学生的生活体验，体现了新课程的理念"做负责任的公民，过积极健康的生活"，并将这一理念渗透在"感悟—探究—践行"三段引领式教学法中。从初稿"案例—题目—分析"这一理论性极强的模式，到定稿适合学生生活经验和特点"感悟班级的温暖——探究生命的可贵——践行成长"，选取学生的生活片段、真实案例等作为情境，实现课程既来源于生活又回归生活，能引起学生共鸣。

磨课的过程中，充分体现学科的价值引领，高效达成德育目标。比如分析案例"不该发生的悲剧"时，为达到震撼性的效果，引起学生的警醒，这一环节采用分段式情境分析，问题的设计有梯度，有层次。随着情境分析的层层递进，加深学生对知识的理解，实现了对学生德育目标的渗透。

（青岛西海岸新区第四初级中学　安丰艳）

课例点评：

本节课的教学设计，遵循"感悟—探究—践行"三段引领式教学法的模式。导入环节用班级照片制作视频短片，引领学生感悟生活的美好和生命的可贵，不着痕迹地导入新课。探究环节遵循"生活化教学"的原则，采用情景剧表演、同龄人案例分析、榜样引领等方式，引导学生自主参与活动，充分发挥学生的课堂主体作用。学生通过参与表演、讨论交流、主持互动、感受文化滋养等活动，特别是课堂上学生的古筝弹奏，激发学生的学习兴趣。践行环节教师不仅让学生交流自己好的做法，也让学生探寻在各种危险情境中的自救自护方法，实现知行统一。

教师在教学过程中，教学素材的深度和广度还可挖掘，学生的心理体验还可以更深入，以期更加贴近学生生活。

课例 05：做更好的自己

课标依据：

本课所依据的课程标准的对应部分是"成长中的我"中的"认识自我"部分："保持乐观、积极的心态""主动锻炼个人心理品质，磨砺意志，形成良好的生活状态。""自尊自强"部分："养成自信自立的生活态度，体会自强不息的意义。"

教材版本：

统编《道德与法治》教材（人民教育出版社 2017 年版）七年级上册第三课第一框题。

授课时间：初稿 2018 年 9 月 8 日，二稿 2018 年 9 月 13 日，定稿 2018 年 9 月 21 日。

教学目标：

（初稿）

情感、态度和价值观目标：通过尼克胡哲的事例启迪学生以积极的态度去接纳自己、欣赏自己；通过为自己点赞、给自己听诊等活动发现自身优缺点，并勇于面对；用杨光、周迅的事例激发学生做更好的自己。

能力目标：能够积极、正确地接纳自我、欣赏自我；掌握改正缺点、激发潜能的方法。

知识目标：知道接纳、欣赏自己的具体要求；明确做更好的自己可以落实的行动。

（二稿）

情感、态度和价值观目标：通过少年维特之烦恼、为自己点赞环节，让学生感悟到每个人都是独一无二的，要欣赏自己的独特；通过为自己听诊、马云故事感悟等活动学会接纳与欣赏自己，扬长避短，确立积极向上的人生态度，为他人、为社会的福祉做出贡献。

能力目标：同初稿。

知识目标：同初稿。

（定稿）

情感、态度和价值观目标：同二稿。

能力目标：通过对人物情景材料的分析交流及自我评价，能够正确地评价自己，接纳自己的全部，欣赏自己的独特，掌握改正缺点、激发潜能的方法。

知识目标：通过对事例的分析交流，知道接纳、欣赏自己的具体要求；明确做更好的自己可以落实的行动。

学情分析：

对于学生来讲，中学生活充满了无限的可能与美好。刚刚进入中学的学生，需要适应小学到中学的过渡，包括身体的变化、心理的成熟、思想的完善以及精神世界的不断丰富，种种变化对于学生来讲是机遇，也是挑战。面对新鲜复杂的新环境，学生难免会产生一些或喜或忧的情绪体验。初一学生开始关注自我，但他们又往往不能正确对待独特的自我。有的只看到自己不如他人，从而产生自卑感；有的又孤芳自赏，瞧不起他人。

因此，中学德育课程要引导成长中的中学生客观地对待自我，在接纳和欣赏自己的同时，也能赞赏他人的美丽；在做更好的自己的过程中，也为他人、为社会的福祉做出贡献。

教学重点：

如何做更好的自己。

教学难点：

做更好的自己的途径，在学习生活中践行更好的自己。

教学方法：

"感悟—探究—践行"三段引领式教学法。

感悟：播放短片，让学生在 *To Be Better Man* 的背景音乐中，欣赏自己入学以来在军训、小组合作、社会实践中的表现，当学生看到自己的照片时，他们会感受到自己在这些活动中已经变得更加坚强、更加有责任感，从而带着兴趣、情感进入本课学习。

探究：教师创设榜样故事、学生故事两条线，一方面通过学生合作交流总结榜样做更好自己的方法，并在班级内做交流展示；另一方面通过"自我听诊""为自己点赞"等活动反思自身，探究自我改善的方案。

践行：联系学生的生活，设计写给自己的颁奖词和奖状的环节，让学生运用所学知识，接纳欣赏自己，激发自我潜能，做更好的自己。

教学流程：

（一）感悟

（初稿）

多媒体展示演说家尼克胡哲的故事。

思考：尼克胡哲对生命的演绎给你什么感受？

学生回答。

教师：我们不能选择生命的长度，但可以拓宽生命的宽度。只有心怀希望，我们每个人都可以做更好的自己。今天我们一起探讨《做更好的自己》。

（二稿）

多媒体展示 702 班学生生活、学习照片。

思考：进入初中后，自己有哪些变化？

学生回答。

教师：环境虽新，你们用真诚的笑脸迎接同窗；军训虽苦，你们青春的脸上洋溢着自信，你们正在遇见更好的自己。

（定稿）

视频导入，选取 702 班学生在学习、生活中的镜头，以 *To Be Better Man* 为音乐背景，让他们回顾进入初中以来自己在军训、中学礼仪、学习习惯养成的表现。

思考：进入初中后，自己有哪些变化？

学生回答：军训磨炼了意志；小组合作培养了团结协作能力；班干部竞选锻炼了表达能力、组织协调能力等。

教师：褪去小学生的稚气，渐渐变成有担当的中学生。环境虽新，你们用真诚的笑脸迎接同窗；军训虽苦，青春的脸上却洋溢着自信，老师也见证着越来越好的你们。这节课就让我们走进《做更好的自己》。

【改进思路】

初稿中采用尼克胡哲的案例，让学生阅读他的故事，体味他面对不完美，从消沉拒绝到从容面对的心路历程，激发学生学习兴趣，导入本课的学习。

二稿中我们放弃了初稿中的励志大片，因为尼克胡哲事例远离学生生活，学生对其照片的兴趣大于对他面对不完美时态度的探求。因此二稿中选择从学生自身校园生活入手，更贴近学生实际，激发学生兴趣。

在定稿中，我们摒弃文字案例，利用视频形式，给学生创设一个生动形象的学习氛围。学生回顾自己在军训、学习中的照片，增加学生自信心和自豪感。同时加入背景音乐：*To Be Better Man*，与本节课内容相呼应，突出主题。

（二）探究

环节一：我就是我

（初稿）

活动：少年维特之烦恼

思考：开学以来你的烦恼是什么？

学生回答。

教师：面对新环境，我们开始关注自己，有时会为自己的优点而高兴，也会为一些缺点而苦恼，我们应该怎样去接纳和欣赏自己？

（二稿）

活动：少年维特之烦恼

多媒体呈现 702 班乐学组晓蓉的故事：进入初中以后，晓蓉比以前更加关注自己了，她觉得自己是这样的：学习勤奋，做事很认真，对自认为重要的事情会思前想后；对别人很关心；在音乐方面有些天赋，在穿着打扮上比较保守；遇到一些事情喜欢哭……有时候，晓蓉会为自己感到骄傲，但有时候，她又很羡慕别人；别人能把她认为平淡无奇的事情神采飞扬地讲出来，并引来一群听众和阵阵笑声；别人对她认为重要而需要思前想后的事情却一笑了之；别人打扮时尚而自己太过保守；她甚至觉得自己的名字也有些土气……有时，她会学着别人的样子讲话、做事，这又让她觉得很累。

思考：①你怎么看待晓蓉的累？②你是否有过类似的经历？如果有，给你带来了怎样的影响？

学生回答。

教师小结：晓蓉开始关注自己，注意维护自己的形象，但将自己缺点与别人优点对比，却又让她失去信心，不能正确评价自我。

（定稿）

活动：少年维特之烦恼

案例及问题同上。

学生回答。

教师：课前我们收集了同学们的一些"烦恼信息"，老师把它们装进了"烦恼盒子"。现在我们随机抽取几个，看看同学们的烦恼。

随机抽取卡片，并阅读。

教师：老师注意到同学们也有与晓蓉类似的烦恼，有的同学对自己的外貌不满意，有的同学对自己竞选班干部的表现不满意，有的同学烦恼于自己内向的性格。有些烦恼是暂时的，也有一些是需要我们付出努力才能改变的。

【改进思路】

初稿中，我们用谈话的方式，让学生畅谈自己的烦恼。因为在初中阶段，随着青春期的发育，学生越来越多地关注自己的外表；而随着认知能力得到发展，自我意识不断加强，情感世界不断丰富，也使学生产生了矛盾和困惑。

二稿中我们选用课本案例，借晓蓉之口让学生把藏在内心的话说出来，让学生感悟到关注自己是正常的，但过度关注自己的缺点就会影响自信心。

因为学生年龄特点，在课堂上交流"晓蓉之累"有些打不开话题，因此在定稿中，我们改变交流方式，在课前准备了烦恼盒子，让学生不记名书写自己的烦恼，上课老师随机抽取并阅读，因为生活、学习经历相同，大部分同学的烦恼也类似，身高、相貌的烦恼、与同学交往的烦恼、性格的烦恼等。通过这种调查问卷的方式，更能打开学生心扉。也让学生带着问题，进入不一样的我学习板块。

环节二：不一样的我

（初稿）

活动一：《完美的图画并不美》

多媒体展示达·芬奇画鸡蛋的故事。

思考：以"我的不完美"为主题进行自省，反思自己不完美的表现。

学生回答。

教师：金无足赤，人无完人。我们每个人都有不完美之处，承认不完美需要巨大的勇气。

活动二：诗歌赏析

多媒体展示诗歌。

思考：从这首诗歌中同学们领悟到了什么？

学生回答。

教师：学会欣赏自己，让我们变得更加自信，更加从容地面对自己的不完美。

（二稿）

活动一：马云的故事（一）

多媒体展示呈现马云年轻因相貌不佳，找工作屡屡受挫故事。

思考：①马云有什么苦恼？他如何解决这个烦恼？②马云的这个成长经历让你得到了什么启发？

学生回答。

教师小结：每个人都是独一无二的；我们要学会用乐观的态度接纳自己，包括自己的优点、缺点以及性格、身材、相貌等。

活动二：欣赏自己

1. 多媒体播放马云《不欣赏自己，怎能超越别人》演讲。

思考：听完演讲，你有什么启示？

学生回答。

教师：天生我材必有用，我们也要学会欣赏自己，欣赏自己的独特，欣赏自己的优点，欣赏自己的努力，欣赏自己为他人的奉献。

2. 为自己点赞。

在白纸上用三个词语来夸一下自己。

3. 多媒体展示材料：

小明是乐学组小组长，学习成绩很好。在与同学因为问题意见不一致时，他总是说："不用再讨论了，我是1号，我的答案肯定没错！"

思考：①现在的小明是不是在欣赏自己？②他的言行有什么危害？

教师小结：欣赏自己并不是一味否定别人的意见，学会欣赏自己的同时，我们也要与别人合作。

（定稿）

活动一：马云的故事（一）

多媒体展示马云照片。

教师：大家知道图片上的人是谁？如果用一个词形容他的长相，你会选哪个词?

学生回答。

多媒体展示材料:

一提到马云,大家津津乐道的是他的外貌,连他自己都以调侃他的外貌为乐。但回到 20 多年前,马云没少为外貌发愁。且不说高考考了 3 次,第一次高考落榜之后,他的梦想是去酒店做服务员,却被嫌弃耳朵小,不招财;梦想做警察,5 个人,录取了 4 个;去肯德基应聘,25 人,录取 24 人,只有他因为外貌没被录取。

思考:马云的苦恼是什么?

学生回答:马云遇到了外貌不佳,屡屡求职受挫的苦恼。

多媒体播放视频:俞敏洪讲述马云故事。

思考:马云自己用什么样的心态面对自己的长相? 他对自己外貌的调侃给我们什么启示?

小组讨论,学生回答。

教师:马云的这种心态和他后来的成功有没有关系?

学生回答。

教师小结:每个人都是独一无二的,都有自己独特的特点。接纳自己的优点是容易的,而接纳自己的不完美却需要更大的勇气和智慧。

活动二:"闪亮"快车

多媒体展示游戏规则:

给同学们一分钟思考,快速在头脑中搜索自己曾经很在意的一个缺点或者不足,然后找出接纳的理由。按照下面的句式对自己说一句话。

"虽然我＿＿＿＿＿＿(缺点或不足),但是＿＿＿＿＿＿＿＿(优点或接纳的理由)。"

如:虽然我个子小,但是不用打扮就赚取回头率,这不是天生的好处吗?

注意事项:

(1)尽量寻找自己曾经不接纳的缺点或不足。

(2)理由要积极健康,至少能够打动自己。之所以叫"闪亮"快车,就是希望你找到的理由真的能够让你心中有一闪一亮的感觉。

(3)声音要大而且清晰,让全班同学都能听到。

教师:一分钟后,老师要和大家一起开启"闪亮"快车,我就是火车头,指到谁,谁就要快速、大声地说出这句话。其他同学要认真听,看谁的理由给你印象最深刻。同时如果他的回答很精彩,也一定不要吝啬我们的掌声。

学生分享。

教师：进行完这个活动，大家有什么感受？给你什么启发？

学生回答。

教师小结：虽然我们曾经为自己的缺点而苦恼过，但我们更要勇于欣赏自己，欣赏自己的独特，欣赏自己的优点，欣赏自己的努力，欣赏自己为他人做的奉献。

多媒体出示材料：

小明是乐学组小组长，学习成绩很好。在与同学因为问题意见不一致时，他总是说："不用再讨论了，我是1号，我的答案肯定没错！"

思考：①现在的小明是不是在欣赏自己？②他的言行有什么危害？

学生讨论回答。

教师小结：欣赏自己并不意味着骄傲自大，目中无人；会欣赏他人的人才会真正的欣赏自己。

【改进思路】

初稿中通过寓言故事引导学生认识到每个人都是不完美的，并通过"我的不完美"鼓励学生反思自己的不完美之处，想办法接受它们；通过诗歌引导学生学会欣赏自己，看到自己的独特性存在，帮助学生认识到欣赏自己不是一句口号，我们可以从自身各个方面去欣赏自己。

二稿中我们摈弃寓言故事，用马云的故事主题穿线，一以贯之。因为大部分学生熟识马云，这样设计既契合新课标基于学生实际生活的要求，也与时事相结合。我们基于素材编写了马云故事一，通过让学生阅读材料找出马云解决苦恼的办法，这也提升了学生运用知识的能力。播放马云关于欣赏自己的演讲，同时设计夸夸自己的环节，让学生发现自身优点，学着欣赏自己。

定稿中我们用俞敏洪调侃马云的视频，借俞敏洪之口说出马云对自己长相的调侃，"一个男人的长相与他事业所达到的高度成反比"，一方面让学生巩固了正确认识自己的两种途径：自我认识和他人评价；另一方面引导学生认识到马云正是用积极的心态接纳了自己的长相，丢掉心理包袱，才开创了自己的事业。同时在上课中我们发现学生限于现有知识水平，对马云演讲的内容不甚理解，所以在定稿中，我们把演讲删除，以"闪亮"快车的游戏方式与学生互动，为自己点赞。让学生认识到人无完人，对于无法改变的缺点或不足，一方面我们要坦然接受，善于发现其中积极有利的一面；另一方面，"东方不亮西方亮"，我们也要善于发现自己其他方面的优点。对于通过努力可以改变的缺点或不足，我们要想办法克服，不断完善自我。

环节三：做更好的自己

（初稿）

活动一：多媒体展示《盲人歌手杨光》的故事。

他很不幸，出生刚刚8个月，就因一场疾病失去了光明，尽管他看不见任何东西，但他的触觉和听觉非常好，记忆力也相当不错，他付出了常人数倍的努力，承受了常人不能承受的痛苦，最终学会了行走和照顾自己，他非常开心，也渐渐找到了生活的信心和勇气。8岁那年，家人发现他的音乐天分极高，一首曲子练习几遍，就能准确地弹奏出来，并且还能弹出从收音机里听来的歌，音符和节奏都很到位。在家人的支持下杨光开始学习音乐，一学就是十几年。2007年他获得了《星光大道》的年度总冠军，2008年他受邀参加了北京残奥会开幕式演出，同年还参加了春节联欢晚会演出，2010年他又参加了广州亚残会开幕式演出。

思考：失去光明的杨光为什么能获得成功？杨光的身上有哪些品质值得我们学习？

学生回答。

教师：上帝在给一个人关闭大门的同时，一定会为他留一扇窗户。虽眼睛看不到光明，但只要心有阳光，他就会用毅力、坚持，无限放大他的优势。他是我们每个人的榜样。

活动二：多媒体展示周迅的故事

香港金像奖影后周迅在北京开庆功宴时，记者问她是否介意吴君如在电台做访问时说她结巴一事，周迅笑呵呵地说："大家都知道我说话结巴，这早就不是秘密，我才不会生气呢。我刚入行的时候就告诉所有人，我是一个说话会结巴的人，在紧张的时候尤其厉害，但这并不影响我唱歌、演戏，现在，我为这缺点的存在感到骄傲，因为我克服了它，并且取得了成绩。"

思考：你能正视自己的缺点吗？你有哪些改正缺点的方法？

学生回答。

教师：做更好的自己，需要我们客观看到自己的缺点，并用自己的决心、信心、勇气和毅力去改正缺点。

活动三：马云的故事（三）

多媒体出示材料，马云宣布辞职回归教育公益事业。

思考：马云从中国首富回归教育告诉我们什么道理？

学生回答。

教师小结：马云不断激发自己的潜能，珍视兴趣爱好，回归初心，做更好的自己。

（二稿）

活动一：出示马云的故事（二）

1982 年，18 岁马云迎来了第一次高考。他的数学成绩是 1 分。第二年，马云高考数学成绩实现了迅猛增长，他考了跟年龄相同的数字：19 分。但马云从小就很喜欢英语。为了能学到纯正的英语发音，原本内向的他每天早起花 40 分钟赶到杭州饭店去和外国游客攀谈。整整 9 年！他每天早晨都在练英语，不管天气好坏。而英语为马云带来机会。马云大学读的是英语，毕业后做了 6 年大学英语老师，后辞职创办海博翻译社。1995 年初，马云作为翻译去到美国，第一次接触了互联网，他此后的人生因此彻底改变。在一次演讲中，他说既然数学不好，我就练好英语，我不跟乔丹比篮球，我要跟他比围棋！

思考：马云的第三段成长经历告诉我们怎样才能做更好的自己？

教师：我们每个人都有自己擅长的才能，也有自己不擅长的方面，要想做更好的自己，我们就要扬长避短，发挥自身优势。

活动二：为自己听诊

请同学们通过开学来的生活学习表现，总结两条需要改进的不足。小组讨论如何改正缺点。

学生讨论回答。

教师展示改正缺点小锦囊：

①具体清楚地描述自己的缺点。如做事马虎、拖延等。

②从最容易改正的缺点开始。如上课不注意听讲等。

③及时肯定或奖励自己为改正缺点所做的努力。如在记事本上给自己画一个"笑脸"。

④请一个自己信任的人来协助。如父母、老师或好朋友等。

⑤在公开场合做出改正缺点的承诺。如在学习小组内承诺等。

⑥运用自己以前改正缺点的成功经验。

教师小结：改正缺点需要一个过程。任何一个小缺点，都需要我们付出决心、信心、勇气和持之以恒的毅力。其实，改正缺点的过程就是自我完善、自我发展的过程。

活动三：同初稿。

（定稿）

活动一：出示马云的故事（二）

材料同二稿。

思考：马云为什么坚持不懈地学习英语？为了学习英语，他克服了什么缺点？你认为马云成功的秘诀在什么地方？

学生回答。

教师小结：做更好的自己要扬长避短，发挥自身优势。

活动二：同二稿。

活动三：马云的故事（三）

多媒体播放视频：马云9月10日宣布辞职回归教育公益事业，9月11日的远东经济论坛企业家圆桌会上，普京突然说，我想问问那边坐着吃俄罗斯点心的年轻人，马云，你这么年轻为什么退休？普京的坦率直接让马云愣了一下，随后，他回答，总统先生，我不年轻了，昨天刚好在俄罗斯过了54岁生日。我创业19年，做了一些事，但还有更多热爱的事想做，比如教育和公益。马云的回答让普京很是满意，他还为马云两次鼓掌。

思考：当今社会，成功的一个标志就是财富。为什么马云会选择从世界瞩目的亚洲首富回归乡村教师的角色？你认为他这么做值不值得？

学生回答。

教师小结：马云的选择不仅是舍得，更是值得。做更好的自己，就是要不断激发自己的潜能，拓展生命的宽度，让自己为他人、为社会带来福祉，实现更精彩的人生价值。

【改进思路】

初稿用杨光的故事引导学生懂得"上帝在给一个人关闭大门的同时，一定会留一扇窗户"，虽然他失去光明，但只要心有阳光，就会利用好自己优势，成为更好的自己；用周迅的例子，帮助学生理解做更好的自己，需要改正自己的缺点，改正缺点的过程是自我完善、自我发展的过程。

二稿中，我们忍痛改爱，放弃了杨光的事迹，编写了马云素材，马云数学成绩不好，但正是对英语的热爱让他成为一名英语老师，并作为翻译去了国外，才打开了他对互联网的认知，奠定了事业的基础。通过从易到难的问题设置和不断追问让学生思考并明确：扬长避短，是一个人成功的秘诀之一。改正缺点是学生们耳熟能详的话题，与其用高大上的名人事例，不如授之以改正缺点的可操作性方法。二稿中，我们回归学生主线，设计了"为自己听诊"活动，让学生反思自己的缺点，而"改正缺点的方法"既为学生提供方法指导，又能进一步凸显主题。

在定稿中，我们将案例形式改为视频形式：将两段视频剪辑，一则回归公益的视频，一则与普京对话的视频，时效性更强，形式更能吸引学生注意力。通过追问值不值得，让学生更深入思考人生的意义；同时一个中国企业家的辞职新闻能够引起一个大国总统注意，并打断会议议程询问，而马云的回答也让在场所有人鼓掌，可以看出为社会谋福祉、实现人生价值，不仅仅是中国标准，更是普世价值。在物质文明高度发展的今天，有很多青少年受社会影响，也以财富的多少作为成功与否的标志。通过马云回归乡村教师、从事公益的事例，让学生从内心真正思考成功的标准是什么？人生的意义是什么？从而端正学生的价值观、人生观。

（三）践行

（初稿）

在你的小卡纸上写下你的小方法，并贴在智慧树上，和全班同学一起分享你如何做更好的自己！

（二稿）

同上。

（定稿）

写给自己的颁奖词：回想自己成长道路上的成功、进步，努力发现自己身上的每一个可贵之处，认真给自己设计一份颁奖词、一张奖状。

学生在轻音乐中书写颁奖词。

【改进思路】

初稿、二稿中我们让学生总结做更好的自己的方法，在讲课中发现，这一环节有些生硬，学生参与度不高，并且深度思考不够。

定稿中我们在课堂上设置轻音乐的氛围，学生容易敞开心扉，回想自己的经历、认识感悟，发现自己的可贵之处。这个活动学生用心投入参与，大部分同学挖掘的都是自己乐于助人、参加社会公益的实践活动等，这也是整节课的落脚点。从开始关注自己，到最后关注他人，本节课完成了学生对做更好的自己的思考。

教师：每一段人生都有不同，每一段经历都有意义。做更好的自己，陶渊明选择回归山林"采菊东篱下，悠然见南山"；范仲淹选择"先天下之忧而忧，后天下之乐而乐"；周恩来选择"为中华之崛起而读书"。希望每一位同学在成长的过程中，心怀梦想，演绎自己独一无二的人生。不忘初心，方能遇到更好的自己！

教学板书：

【改进思路】

板书设计，从初稿到定稿，我们采用了思维导图方式，让学生对知识点一目了然，关键词层层深入，符合学生思维特点。

教学反思：

《做更好的自己》是学习如何做更好的自己。通过这次出课，让我体会到好课锋从磨砺出，虽很辛苦，但收获更多。下面谈几点自己的认识：

1.利用好新闻时事的情感推动作用。

初稿中，我从同龄人故事导入，通过诗歌欣赏，名人故事，让学生在活动中学会接纳自己的不完美，学会欣赏自己。但在教学过程中发现在诗歌欣赏环节，学生积极性不高，学生也没有完全参与到接纳自己的具体行动中。

在物质文明发展的今天，我们的学生难免受到一些不良社会风气的影响，以金钱衡量一个人是否成功，道法课要积极引导学生树立正确的金钱观、人生观、价值观，而马云回归公益的做法无疑给我们每个人都上了一课。其二，马云之前因为外貌问题找工作屡屡受挫，深入挖掘他的做法，不正是本课勇于接纳自己不完美的完美素材吗？所以我的思路变为马云故事与学生活动两条线，一方面用马云的做法启发学生，通过马云调侃自己外貌的乐观心态视频、"欣赏自己"的演讲视频让学生去学习马云的做法；在情感态度价值观方面，则主要通过马云辞职回归公益，以及与普京的对话，让学生思考财富的意义，并通过教师不断追问，将话题延伸，让学生认识到只有将自己的发展与他人发展、社会福祉联系起来，才是真正做更好的自己。

2. 创设好满足学生体验的教学设计。

通过"少年维特之烦恼""为自己点赞""为自己听诊"三个环节，倾诉烦恼、勇敢地欣赏自己、改正不足。在课堂上，发现学生知识储备不足，并没有挖掘出"欣赏自己"的视频的内涵，所以在定稿中，我将这段视频删减，通过学生活动"闪亮快车"去欣赏自己的优点。补充了"改正缺点小锦囊"，让学生有的放矢。最后总结升华，让孩子发现每个人都有自己的独特，每一段人生经历都有意义，我们要做的就是不忘初心，去做更好的自己。

（青岛西海岸新区育才初级中学　姚恒芹）

课例点评：

感悟环节，注重让学生从自身变化中感受更好的自己，恰当运用视频、音频等手段，背景音乐巧妙切合本课主题，利用学生生活学习场景，广泛调动学生积极性。探究环节，教师借晓蓉之口引出这一阶段青少年的共同烦恼，并用烦恼盒子的方式呈现，避免打不开话题的场景；选取的马云的故事和视频素材，幽默有趣，既切合时事又调动了学生兴趣，通过不断追问，剖析马云的做法，这是他山之石；"为自己点赞""自我听诊"等活动，以问题为导向，让学生进行独立思考、话题讨论等探究活动，引导学生深入思考自身。践行环节老师设置了为自己设计颁奖词，从开始关注自己，到最后关注他人，本节课完成了学生对做更好的自己的思考。

教师如果在课堂上再放开一些，对学生再加以鼓励，对于调动学生学习的积极性会更好；同时启发和引导的还不够，没有很好地关注到每一位学生。最后也建议进一步精练课堂语言，注意课堂时间的合理运用。

课例 06：增强生命的韧性

课标依据：

本课所依据的课程标准的相应部分是"成长中的我"中的"认识自我"。具体对应的内容为："客观分挫折和逆境，寻找有效的应对方法，养成勇于克服困难和开拓进取的优良品质""主动锻炼个性心理品质，磨砺意志，陶冶情操，养成良好的学习、劳动习惯和生活态度。"

教材版本：

统编《道德与法治》教材（人民教育出版社 2016 年版）七年级上册第九课第二框题。

授课时间：初稿 2017 年 12 月 5 日，二稿 2017 年 12 月 8 日，定稿 2017 年12 月 12 日。

教学目标：

（初稿）

情感、态度和价值观目标：通过对典型人物刘大铭的事例分析，学会发掘自身的生命力量，增强生命的韧性，培养意志坚强的人生态度。

能力目标：通过对"挫折是好事还是坏事"的辩论活动，培养止确对待挫折的能力。

知识目标：通过观看图片，了解挫折的含义。通过对生活情境的分析，掌握正确对待挫折的方法。

（二稿）

情感、态度和价值观目标：通过对杨小婷事例的分析和感悟，懂得要以乐观的态度对待挫折，明确增强生命韧性的方法，并能应用在实际生活中。

能力目标：同初稿。

知识目标：通过生活小调查，了解挫折的含义。通过对自己和同龄人挫折经历的认识和感悟，懂得如何正确对待挫折。

（定稿）

情感、态度和价值观目标：通过对杨小婷事例的分析和感悟，懂得要以乐观的态度对待挫折，明确增强生命韧性的方法。通过说文解字、阅读欣赏经典名句活动，养成勇于克服困难和意志坚强的人生态度。

能力目标：通过对马云的挫折经历的分析，提高辩证认识挫折和正确对待挫折的能力，学会调控自己的情绪，增强承受挫折的能力。

知识目标：同二稿。

学情分析：

七年级的学生经过一段时间的学习，已经基本适应了初中生活，开始了多梦的人生花季。然而，人生并非一帆风顺。从小学升入初中，繁重的课业负担、人际交往的烦恼等许多挫折在等待着他们、困扰着他们。现实生活中，部分学生因意志薄弱、承受能力不强等原因，在挫折面前或束手无策或轻言放弃，从而阻碍了他们成长的脚步。因此，学习本课内容有利于引导学生充分认识挫折并勇于面对挫折。学会发掘生命的力量，增强生命的韧性。

教学重点：

正确认识和对待挫折。

教学难点：

发掘自己的生命力量。

教学方法：

"感悟—探究—践行"三段引领式教学法。

感悟：通过开展弄破一张纸和鉴别一块面团的情境体验活动，让学生初步感悟事物韧性的特点和作用，从而触动学生的心灵。教师启发学生生命也是有韧性的，那么怎样增强生命的韧性呢？让学生带着疑问进入新课学习中。

探究：教师通过现场小调查、开展挫折辩论、学习名人榜样等活动，并在活动中设计具有思维含量的问题，让学生对问题进行独立思考或小组探讨，以培养学生探究分析能力和正确应对挫折的能力。

践行：教师联系学生的生活，设计"我在挫折中成长"的自我反思小活动，引导学生运用所学知识重新思考对挫折的认识和感悟，达到学以致用的目的。

教学流程：

（一）感悟

（初稿）

欣赏歌曲　导入新课

教师：同学们好，请欣赏歌曲《真心英雄》。这首歌曲里隐含着我们本节课要学习的内容，同学们能不能听出来呢？

学生欣赏歌曲后回答问题。

教师点拨：歌曲里有一句"不经历风雨，怎能见彩虹，没有人能随随便便成功"，这里的"风雨"指什么呢？

学生回答：挫折。

教师：在我们每个人的成长过程中，不可避免都会经历挫折，那么什么是挫折？我们应该怎样认识挫折？遇到挫折如何应对呢？让我们带着这些问题，学习《增强生命的韧性》这一课。

（二稿）

活动体验　导入新课

教师：同学们好，请拿出来课前发给大家的两张纸，请同学们和老师一起做一件事情。如果我们把一张纸弄破，可以怎么做呢？你看我轻轻一撕，是不是就破啦？还可以怎么弄破它？（学生说用笔戳。）对，你看用笔一戳就破了。我们再拿出另一张纸，团起来用力揉搓它，现在这张纸皱皱巴巴了，我们把这张揉搓成一团的纸弄破，用刚才那些方法，撕或者用笔戳，会怎么样呢？（学生做过后，说不大容易弄破。）

教师：同学们在家包过饺子吗？（很多学生说包过。）包饺子用的面团，需要怎样处理才能包出完整结实的饺子呢？

学生：需要用力把面团揉光滑。

教师：老师今天带来了两小块面团，请一位同学上来鉴别一下：哪块是刚和好的面团？哪块是揉过的面团？（学生用手鉴别。）老师采访一下这位同学，你是用什么方法区分的？

学生：刚和好的面团没有韧性，揉过的面团有韧性。

教师：这位同学非常善于洞察事物的本质，的确是这样，一张纸被揉搓后具有了韧性，所以不易弄破，一块面团被反复揉过后具有了韧性，所以才能包出结实的饺子。我们的生命何尝不是这样？生命具有了韧性，才能面对人生的风风雨雨。那么怎样增强生命的韧性呢？这就是我们这节课要探讨的话题。

（定稿）

活动体验　导入新课

课前准备：教师搜集古今中外勇敢面对挫折的名言警句，打印出来，裁成长10cm、宽2cm的长方形，贴在彩色卡纸上，制作成励志书签。

课前暖场：同学们好，很高兴和大家共上一节课，希望大家在课上多多地参与交流。老师课前制作了许多励志书签，每位回答问题的同学都会奖励一张书签，得书签数量最多的小组将被评为优胜小组，老师有大奖派送哦，下面让我们开启今天的课堂之旅吧！

活动体验内容同二稿。

【改进思路】

初稿播放音乐视频《真心英雄》，通过对歌词"风雨"比喻义的理解，引出挫折话题和本节课探究的问题，从而导入新课。

二稿调整为从生活中寻常的小事入手，让学生动手体验弄破一张普通纸和被揉搓后的纸、鉴别一块没揉过的面团和揉过后的面团的活动。通过体验活动，学生认识到了韧性对事物所起到的作用。教师再启发学生思考生命也是有韧性的，那么怎样增强生命的韧性呢？顺势引入本节课的课题，既水到渠成又发人深省。

在定稿里增加了教师课前制作名人名言励志书签的内容，用来鼓励参与回答问题的同学，调动了学生参与的积极性，提高了学生应对挫折的能力。每一张书签上的励志名言，学生在后面环节中通过朗读、交流与分享，对学生起到了鼓舞激励的作用。一张小小的书签贯穿课堂的始终，充分发挥了它的激励作用和精神引领功能。

（二）探究

环节一：生活难免有挫折

（初稿）

活动一：分析图片

1.多媒体呈现四幅图片：考试失利、家庭变故、发生地震、国家战争。

问题：请观察图片，说一说什么是挫折？

教师根据学生的回答总结：在我们怀揣美好的愿望、目标、期待去努力的过程中，遇到的阻碍、失利乃至失败，这就是挫折。

2. 观察教材中"探究与分享"中的三幅图片。

图片简介：

（1）爸爸妈妈外出工作很久没有回家了，我真想他们。

（2）考砸了，又挨批评了。

（3）他们不理我，好孤独啊！

问题：

（1）在上面的这些情境中，你认为哪些是挫折，哪些不是挫折？为什么？

（2）说说你曾经遇到的挫折。看看你认为的挫折，在其他同学眼里是否也是挫折。

学生阐述自己的观点、讲述自己的挫折经历。

教师根据学生回答总结：不同的挫折，不同的人会有不同的情绪感受和行为反应；同样的挫折，不同的人的感受和行为反应也是不同的；同一个人在生命不同时期，对于挫折也会有不同的感受和行为反应。产生这些不同感受和行为反应的主要原因是人们对挫折的认识和态度不同。

活动二：辨别挫折

问题：挫折到底是好事还是坏事？

正方：挫折是好事。

反方：挫折是坏事。

正反两方分别阐述自己的观点并进行辩论。

正方代表总结发言：一个人受了挫折就会在挫折中反省，在挫折中变得坚强。失败乃成功之母，爱迪生一生的发明共有 2000 多项，拥有专利 1000 多项，可经历了 7000 多次的失败，终于发明了电灯。可见挫折能磨炼人的意志，激发人的斗志。

反方代表总结发言：挫折会打击一个人的自信心，处理不好可能再也无法鼓起前进的勇气。挫折会使人对自己的能力产生怀疑，从而意志消沉。挫折给人带来痛苦，甚至有些人因为承受不起挫折，去做一些失去理智的事情。

根据学生的观点，教师总结：

挫折是一把双刃剑，既有积极影响又有消极影响。挫折会使我们更加清醒，避免盲目乐观、精神懈怠；挫折还会使我们获得更加丰富的生活经验。面对挫折，我们可能会感到失落、焦虑、难过等。如果一味沉浸在负面情绪中，我们就容易消沉，甚至做出不恰当的行为。

（二稿）

活动一：现场调查

调查内容：

1. 不想被父母和教师批评。

2. 考试想考好。

教师：不想被父母和老师批评的同学请举手，考试想考好的同学请举手。

这两个问题几乎所有的同学都举起了手。

教师追问：你曾经因为什么事情被批评过？你哪一次考试并没有考好？

教师根据学生回答总结：生活中我们有很多美好的愿望，但并不是所有的愿望都能心想事成，实现愿望的过程也不会是一帆风顺的。当在实现愿望、目标的过程中遇到了困难、失利和失败，那就是遇到了挫折。

活动二：分析图片

教师选取教材"探究与分享"图片中的前 2 幅图片进行改编补充，重新设计问题。

图片简介：

1. 小华最近数学考了 56 分，受到了批评。他认为自己真笨，不是学习的料，今后再努力也没用。

2. 爸妈出差很久了，上小学一年级的小丽很想念他们，经常哭，饭也吃不下，觉也睡不好。

问题 1：小华和小丽分别遇到了什么挫折？有什么感受和反应？

根据学生的回答，教师追问：如果是你数学考了 56 分，你会怎么想，你会有什么反应？

如果你的爸爸妈妈出差很久没有回家，你又会怎么想，你会有什么反应？

学生回答后，教师总结：

同样是数学考了 56 分，小华认为自己笨，不是学习的料，他就自暴自弃，不再努力。有的同学却认为虽然这次数学考了 56 分，但说明了自己进步的空间还很大，如果继续努力，会取得进步的。同样是父母出差，小丽经常哭，饭也吃不下，觉也睡不好。有的同学却认为正好可以培养和锻炼自己的自立能力。可见面对同样的挫折，每个人的认识和态度不同，感受和行为反应就不同。

问题2：你曾经遇到过哪些挫折，你的感受是什么？

学生分享自己遇到的挫折和感受。（愿意分享自己挫折经历的学生不多）

根据学生回答，教师总结：不同的挫折，不同的人会有不同的情绪感受和行为反应；同样的挫折，不同的人感受和行为反应也是不同的；同一个人在生命不同时期，对于挫折也会有不同的感受和行为反应。产生这些不同感受和行为反应的主要原因是因为人们对挫折的认识和态度不同。

活动三：同初稿活动二。

（定稿）

活动一：同二稿活动一。

活动二：同二稿活动二。

活动三：情境分析

多媒体呈现材料：

"我上了7年才完成中学课程，人家用了5年；我想进重点初中、重点高中都失败了；考大学我失败了3次；然后申请工作我失败了差不多30次。当年高中毕业想在肯德基找一份工作，24个人去了，23个人被录取，我是唯一没有被聘用的；我试着去考警察，去了5个同学，4个被录取，我又是那个没被录取的；阿里巴巴开始创业时，我见了超过30个投资人，没有一个愿意投给我们。"

"30年来，我天天在担心很多事，但有一点不用担心，我一定会遇到眼泪、冤枉、委屈、倒霉各种事件，一定会碰上，这个不用担心，你碰到这些了，就这样想：早知道它会来的。"

问题1：马云的挫折经历说明了什么？

教师根据学生回答总结：挫折是我们生命成长的一部分。

问题2：有人说：遇到挫折是好事，挫折越多越好，你怎样评价这个观点？

学生先在小组内讨论交流，然后选出代表在全班交流分享。

教师根据学生回答总结：挫折是一把双刃剑，既有积极影响又有消极影响。得意时，挫折会使我们更清醒，避免盲目乐观、精神懈怠；失意时，挫折会使我们获得更加丰富的生活经验。

多媒体呈现材料：

"第四次创业失败了，离开北京前夕，我与阿里团队成员一起抱头痛哭。每一次失败，每一次被别人拒绝，我都把它当作一次训练。"

问题 3：马云对待挫折的态度对你有什么启示？

教师根据学生回答总结：面对挫折，我们可能会感到失落、焦虑、难过等。如果一味沉浸在负面情绪中，我们就容易消沉，甚至做出不恰当的行为。我们要及时调整自己，正确对待挫折。

教师总结正确对待挫折的顺口溜：

挫折躲不掉，人人会遇到；

挫折来临莫烦恼，调整自己是法宝；

挫折不可怕，乐观面对它。

【改进思路】

初稿通过分析图片情境，让学生了解什么是挫折。再通过对教材中的 3 幅图片情境和自己挫折经历的分析，知道对待挫折的感受不同，认识和态度就不同。再以辩论的方式，让学生认识到挫折是一把双刃剑，具有双重影响。通过对本环节的探究，学生明白挫折是我们生命成长的一部分，当身处挫折中时，要及时调整自己，正确对待挫折，让挫折成为自己的财富。初稿中活动一环节都是采用图片情境，而且图片内容有重复，虽然也能够解决教材的知识问题，但学生兴趣不高，参与度不够广。

二稿中把 4 幅图片换成了"现场小调查"活动，选取了与学生生活联系最密切的两个小问题让学生举手参与，学生几乎是百分百地举手。教师顺势引导，让学生认识到这只是我们的美好愿望，生活中并不是所有的愿望都能实现的，自然引出了挫折的含义。现场小调查活动拉近了与学生的距离，调动了学生参与课堂的积极性。二稿中"对挫折的认识不同，感受也不同"仍然使用教材的探究与分享小活动，但对其进行了删除和改编，保留了 2 幅图片，在文字情境中增加了人物的感受内容，问题也相应地做了调整。在分析别人挫折经历的基础上，再让学生说说自己曾经遇到的挫折以及感受，学生就比较容易敞开心扉了。根据学生的回答，教师用箭头图解的方式一步步地对挫折三要素进行分析，自然得出了"对待挫折的感受不同，认识和态度就不同"的结论。

在初稿和二稿中一直有一个困扰没有解决，那就是对"挫折是好事还是坏事"的辩论，这个活动形式很好，目的是让学生认识到挫折的两面性，可以培养学生全面辩证看待问题的能力。但活动过程很难把控，而且学生谈的理由也都是泛泛而谈，好似无源之水无本之木。我需要为这个辩论小活动搭建一个"脚手架"。正式比赛讲课那天正好是 12 月 12 日（网络购物狂欢节），我突然想到了阿里巴巴的创始人马云，他本身具有传奇色彩，又是学生崇拜的偶像。于是我就收集了马云的大量材料，选用马云的挫折经历来创设问题情境，把辩论"挫折是好事还是坏事"改为观点评价"遇到挫折是好事，挫折越多越好"，这样学生能清晰地表达出自己的观点。通过对马云挫折的分析，学生自然得出了"挫折是我们生命成长的一部分"和"我们要正确对待挫折，及时调整自己"的结论。马云的事例符合教材内容，又激发了学生探究的兴趣和积极性。

环节二：发掘生命的力量

（初稿）

活动一：学习榜样

多媒体播放"玻璃娃娃"刘大铭的演讲视频。

视频内容：

我从小得了一种世界性的罕见疾病，叫作成骨不全症。它让我的骨密度非常的脆弱，在过去的十多年中，我经历过十多次的手术和骨折。初一那年，我的脊椎开始发生了形变，压迫到我的心脏、肺部、胃，乃至我的神经。到了最严重的那个时候，我的脊椎完全形变成了一个字母 S 状。我早上喝一点点牛奶，就会向外吐，对人说话也没有力气。上课听讲眼睛总会流泪，视线也变得非常模糊。

我的父母开始带我在全国求医。但没有一家医院能够给我做手术，我的求生欲望彻底被打破了。我的爸爸妈妈对我说，"大铭啊，你不要有任何的压力。即使你这一辈子，在这间卧室的小床上躺上几十年，爸爸妈妈也一直会陪伴你，走完生命的最后一刻"。我非常难过，我知道爸爸妈妈已经都向命运妥协了。我明白这个时候，这世界上，能够相信的只有我自己。

抱着这样的心态，我联系了在北京瓷娃娃协会一名工作的病友姐姐，她帮我联系了一个国际的医疗机构。三周之后，我收到了一封来自意大利医院的回信。医生在信中说不想为我做手术，因为风险大。然后我又急忙连夜给他写了一封回信，我在信中表达了这样一个观点：我说在这个世界上，多数人都在他们的一生中遭受着挫折，他们从未尝试过改变自己的生活，我不想这样，我想要清醒地在这世上活着，我不要白白地来世上一趟！

就因为这封信，打动了意大利的医生。2012 年的 10 月 2 号，在意大利米兰，我接受了长达 10 个半小时的脊椎重建手术。我的身体里被打进了 13 颗螺钉、两根钛合金金属杆。半年之后，我就又回到了我的高中，进行繁忙的高三复习。半年的时间，我创作完成了 17.5 万字的长篇个人自传《命运之上》，并在去年 11 月，由人民出版社向全国发行。这时候我有了一个新的愿望：我希望在明年的这个时候，我能成为剑桥大学的一名学生。

问题1：刘大铭遇到了什么挫折？他是怎样战胜挫折的？

问题2：看完刘大铭的事迹，最令你感动或印象最深刻是什么？

学生先在小组内讨论交流，后在全班交流分享。

教师总结：战胜挫折需要我们有面对困难的勇气和坚强的意志，同时并不排斥借助外力。

学生自主学习教材"方法与技能"中的增强生命韧性的方法：

1. 欣赏、培养幽默感。

2. 和自己信任的人谈一谈。

3. 考虑并接受最糟糕的结果。

4. 关心、帮助他人。

5. 培养某方面的兴趣。

…………

活动二：分享名言

学生朗读、交流、分享自己手中书签上的名人名言，从中汲取古今中外的名人应对挫折的精神力量。

（二稿）

活动一：学习榜样

多媒体播放最美孝心少年杨小婷的视频。

视频内容：

杨小婷的父母在成都市武侯区打工，一家人住在出租屋里，虽不富裕，但也普通而幸福。然而，这一切在她十岁那年遭受巨大冲击——杨小婷不幸罹患急性淋巴性白血病。

十岁的她，从此以医院为家，小小年纪便经历病痛的折磨。但生性乐观、坚强的杨小婷从未放弃过对生命的渴望，积极地面对病魔，爆发出顽强的生命力，病情也一度得到缓解。2013年杨小婷病情复发，父母生下了弟弟杨超，本以为可以用脐带血救治小婷，但配型失败。顽强而乐观的小婷强忍痛苦，坚持放疗化疗，几经复发，病情才终于得到控制。谈起自己治病的经历和家里现在的情况，杨小婷说："日子再苦，也要咬紧牙关去过呀。"

然而，厄运再度降临于这个家庭。2015年，年仅2岁的弟弟杨超被查出同样患有白血病，而且病情更为严重，必须接受骨髓移植才能活下去。14岁时，身体还没有完全恢复的杨小婷毫不迟疑，主动挑起家庭的重担，为父母分担辛劳。为了逗弟弟开心，杨小婷还掌握了一些手工技艺，不时会做些气球之类的小玩具带给弟弟及其病房里的其他孩子，深受欢迎。就像她最爱唱的歌曲——《阳光总在风雨后》一样，杨小婷总是对生命和生活充满信心和热情，为父母、为弟弟、为病友奉献自己的爱和温暖。

杨小婷的乐观和微笑、热情与努力渐渐为人所知，引来社会各界的称赞和关心。目前，在政府和慈善组织的帮助下，弟弟杨超成功移植了骨髓，医疗费用也得到了解决。对此，杨小婷常怀感恩之心。即使收入非常微薄，她还坚持为医院里贫困的小患者定期捐款。她最大希望是能够继续学习，成为一个于家于社会有用的人。

问题1：杨小婷一家人遇到了什么挫折？他们是怎样战胜挫折的？

问题2：杨小婷最令你感动或印象最深刻的是什么？

学生先在小组内讨论交流，后在全班交流分享。学生在回答问题的过程中，教师及时追问或引导，师生共同总结应对挫折方法：战胜挫折需要我们有面对困难的勇气和坚强的意志，同时并不排斥借助外力。学会向他人寻求帮助，获得他人的支持和鼓励，有助于增强我们的生命力量。

学生自主学习教材"方法与技能"中的增强生命韧性的方法：

1. 欣赏、培养幽默感。

2. 和自己信任的人谈一谈。

3. 考虑并接受最糟糕的结果。

4. 关心、帮助他人。

5. 培养某方面的兴趣。

…………

活动二：分享名言

学生朗读、交流、分享自己手中的书签上的名人名言，从中汲取古今中外的名人应对挫折的精神力量。

（定稿）

活动一：说文解字

多媒体呈现"韧"字的演变过程：

韧，篆文（韦，即"围"，皮带）（刃，砍、割），造字本义：名词，不容易被斩断的皮带。现在本意消失，词性引申为形容词，意思是柔实而有弹性的，不易被折断的。

教师和学生一起分析"韧"字的本意和引申义，引导学生理解每个人的生命是有韧性的，都蕴含着一定的承受力、自我调节和自我修复的能力，所以我们要发掘生命的力量。

活动二：同二稿活动一。

活动三：同二稿活动二。

活动四：经典欣赏

学生欣赏视频短片"传承经典"（用音乐、图片、古代经典名句合成），从中汲取传统文化的精髓，增强应对挫折的能力。

【改进思路】

本环节主要引导学生掌握一些增强生命韧性的方法，提高自己的挫折承受力。设计的初衷就是一定要展示典型人物的事例，通过榜样的力量，加深学生对增强生命韧性方法的认识。初稿选用了"玻璃娃娃"刘大铭的演讲视频，这个事例很有震撼力，视频内容符合课本知识的要求，也很吸引学生的眼球，学生从中能够总结出增强生命韧性的方法，激发了他们自觉发掘生命力量的情感。

但在试讲过程中，从部分同学的眼神中，我看到他们对于坐在轮椅上的刘大铭，好奇的感觉远远大于刘大铭带给他们的精神震撼。确实，"成骨不全症"是一种世界性的罕见疾病，学生在生活中根本就没见到过，所以才会对这类患者的生活与经历感到好奇。于是我忍痛割爱，决定换一个更接地气的事例。

在互联网的海量搜索中，我发现了杨小婷的故事，她和一家人相濡以沫抵抗病痛的经历，以及自己阳光乐观的精神，更能诠释生命力量的真谛。于是我就在二稿中换成了杨小婷的视频故事。试讲证明，学生对这个事例的感悟更深切，体会更真实，更有利于培养学生面对困难的勇气和坚强的意志。

初稿和二稿的设计中，榜样的引领解决了怎样增强生命韧性的方法的问题。但我总感觉缺少点什么，缺少一种沉甸甸的精神力量的支撑。由此我想到了传统文化，课程标准要求：要用优秀的人类文化和民族精神陶冶学生心灵，提升学生的人文素养和社会责任感。中华优秀传统文化是中华民族的重要文化软实力，能为我们的生命成长提供强大的精神力量。于是在定稿中我设计了"说文解字"环节，通过对"韧"的古今意义的演变的分析，让学生明白中国汉字有深刻的内涵，蕴含着强大的力量。既契合了本节课的主题，又自然引出了向榜样人物的学习环节。

在定稿中还增加了欣赏视频短片"传承经典"的活动（用音乐、图片、古代经典名句合成），学生在欣赏过程中了解了我国的优秀传统文化，使发掘生命力量的情感得到升华。

（三）践行

（初稿）

学以致用

中国女医药家屠呦呦获得诺贝尔科学奖，这是中国医学界迄今为止获得的最高奖项。屠呦呦从中医古籍里得到启发，在没有先进实验设备、科研条件艰苦的情况下，经历了190次失败之后终于成功提出青蒿素。在做青蒿素动物实验时和两位同事决定亲自试服，屠呦呦因此得了中毒性肝炎，但她亲自证实药物安全，才投入临床给病人服用。青蒿素可以有效降低疟疾患者的死亡率，青蒿素问世44年来，共使超过600万人逃离疟疾魔掌。

阅读屠呦呦的事迹材料，回答问题：

1. 屠呦呦在研究青蒿素的过程中遇到了哪些挫折？

2. 屠呦呦是如何面对挫折的？

教师先让学生带着问题阅读材料，再在小组内讨论交流，然后选出代表在全班分享。

（二稿）

探究与分享

结合自己遇到的挫折，进行自我反思。

我遇到的挫折：＿＿＿＿＿＿＿＿＿＿＿＿＿＿＿＿＿＿＿＿＿＿

面对挫折，我容易产生的消极念头：＿＿＿＿＿＿＿＿＿＿＿＿＿＿

如何调整自己的消极念头？＿＿＿＿＿＿＿＿＿＿＿＿＿＿＿＿＿

分析造成挫折的原因。

1. 外部原因＿＿＿＿＿＿＿＿＿＿＿＿＿＿＿＿＿＿＿＿＿＿＿＿

2. 内部原因＿＿＿＿＿＿＿＿＿＿＿＿＿＿＿＿＿＿＿＿＿＿＿＿

哪些因素是自己不能改变的？＿＿＿＿＿＿＿＿＿＿＿＿＿＿＿＿

对此，积极的做法：＿＿＿＿＿＿＿＿＿＿＿＿＿＿＿＿＿＿＿＿

哪些因素是能够改变的？＿＿＿＿＿＿＿＿＿＿＿＿＿＿＿＿＿＿

对此，积极的做法：＿＿＿＿＿＿＿＿＿＿＿＿＿＿＿＿＿＿＿＿

（定稿）

在挫折中成长

教师把"在挫折中成长"自我反思卡发给学生，学生在教师播放的《风雨同路》的乐曲中填写自我反思卡。填完后，让部分同学在全班交流分享。

在挫折中成长

我最近经历的一个挫折：

_____

我现在我从积极的角度这样想：

_____

我采取的积极做法是：

_____

【改进思路】

初稿中对屠呦呦事例的分析注重对知识的考查，有利于锻炼学生理论联系实际的能力。但人物事例距离学生的生活较远，不能让学生解决自己生活中遇到的挫折问题。

二稿中利用教材的探究与分享活动。这个活动紧密联系学生的生活实际，帮助学生及时调整自己遇到挫折时的消极行为，针对实际采取积极的做法。但这个活动涉及的内容较多，在课堂有限的时间内根本填写不完，适宜放在课下让学生完成。

在定稿中我对教材的"探究与分享"活动内容进行了删减，选取了几项重要的内容制作了自我反思卡，在课堂上让学生填写，同时播放乐曲。舒缓悠扬的乐曲使学生的身心得到放松，学生容易敞开心扉，书写自己的挫折经历和认识感悟。实践证明，学生能够积极参与这个活动，用心回顾自己的生活经历，并运用本节课学到的知识来解决自己生活中的实际问题，真正让学生感受到学习的实效性和实用性。

总结升华：

（初稿）

1. 知识总结

师生共同总结知识体系，构建思维导图：

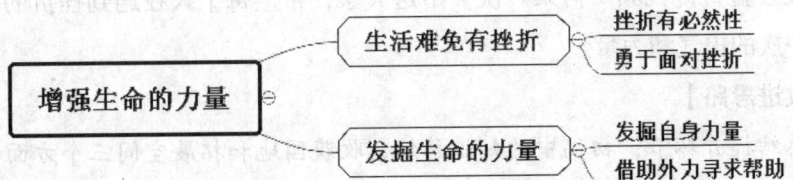

```
                                          ┌─ 挫折有必然性
                         ┌─ 生活难免有挫折 ─┤
                         │                └─ 勇于面对挫折
   增强生命的力量 ─┤
                         │                ┌─ 发掘自身力量
                         └─ 发掘生命的力量 ─┤
                                          └─ 借助外力寻求帮助
```

2.收获园地

学习本节课，你有哪些收获？

学生从知识、认识、感悟等方面交流分享自己的收获。

3.拓展空间

在历史上，你知道哪些面对挫折而自强不息的感人故事？你从中收获了什么？与同学一起分享。

（二稿）

1.知识总结同初稿。

2.收获园地同初稿。

3.拓展空间

（1）查阅资料，根据自己的实际情况，有选择地学习并整理至少一种应对挫折的方法。

（2）在历史上，你知道哪些面对挫折而自强不息的感人故事？你从中收获了什么？与同学一起分享。

4.情感升华

学生欣赏歌曲《阳光总在风雨后》。

教师寄语：同学们，阳光总在风雨后，请相信有彩虹，风风雨雨都接受。让我们在风雨中增强生命的韧性，在挫折中成长。

（定稿）

1.知识总结同初稿。

2.收获园地同初稿。

3.拓展空间同初稿。

4.礼物赠送

赠给获得书签数量最多的优胜小组"笑脸"和"爱心"。

赠送全班同学，让班长把教师制作的励志书签串成活动书籍卡，挂在班级宣传栏里，同学可以随时翻阅，从中汲取精神力量。

播放公益宣传视频《再来一次》赠送大家，希望每个人在遇到挫折的时候，有再来一次的勇气和力量。

【改进思路】

在总结提升环节，初稿中的知识总结、收获园地和拓展空间三个方面的内容是一节课中必须具备的环节，但这样设计过于生硬和死板。

在二稿中我又把拓展空间补充上了一个整理应对挫折方法的任务，目的让学生掌握并应用具体的方法来应对生活中的挫折，达到学以致用的目的。同时在课堂结束时播放歌曲《阳光总在风雨后》，歌词内容与本节课契合。在悠扬动听的旋律中，教师用简练生动的语言对本节课进行总结，让学生对发掘生命力量的情感得以升华。

在定稿的课前准备中，我增加了用励志书签奖励发言的同学和参与积极的小组的活动，在总结提升环节，我把最后一项活动调整为"赠送生命礼物"，分别赠给优胜小组、全班同学和当时在场的每一个人，包括我自己。这样，课堂活动前后照应，让励志书签这个小道具的作用发挥到了最大化，它贯穿课堂的始终，承载着传播精神力量的使命。德育教育的灵魂是触动人心灵的教育，为了让学生真正从内心认识到发掘生命力量的重要性，我把歌曲《阳光总在风雨后》换成了央视公益宣传视频《再来一次》，根据需要进行了适当的截取。实践证明，这个讲述众多平凡人在挫折中奋起的故事，真正起到了鼓舞人心、催人奋起的作用，它如京韵大鼓般余音缭绕，让人回味无穷。

板书设计：

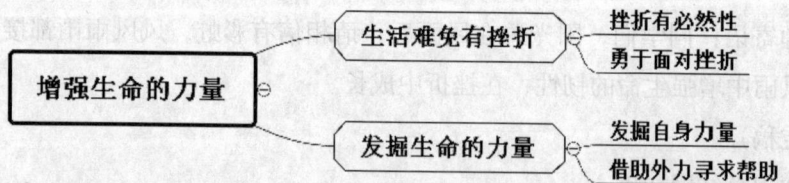

教学反思：

本节课是 2017 年 12 月参加区教学能手比赛的一节课例，从告知课题到正式讲课，仅有一周的时间。虽然时间短暂，但我在备课组教师的帮助和出谋划策下，把教学设计和课件反复打磨，几易其稿。最终我收获的不止是一个好的比赛成绩，更多的是教学设计能力和课堂驾驭能力的提升。

1. 教学设计要基于课标

我在进行教学设计时，特别注重依据课标要求，创设丰富的教育情境：如同龄人的挫折经历、马云的挫折故事、经典名句合成音画视频等，让学生在在情境中感悟、在感悟中深化思想认识；同时也给学生提供直接参与实践的机会，如弄破一张纸、鉴别不同的面团、反思自己的挫折经历等，提高学生的道德践行能力。我们在平时要学好课标、用好课标，让课标成为指引我们教学的航标。

2. 搭好探究"脚手架"

在本节课第一层次"生命难免有挫折"中，需要让学生正确认识挫折的积极影响和消极影响，学会及时调整自己，正确对待挫折。在初稿中，我只是让学生辩论"挫折是好事还是坏事"，学生虽然能阐述自己的观点，但缺少有力的事实依据的支撑，观点也难以立住脚。经过思考后，我给学生呈现了马云的挫折经历、挫折对他的影响以及他对待挫折的态度的文字材料后，再让学生理解挫折对人影响的两面性，学生的认识就水到渠成、顺理成章了。所以教师要合理设置"脚手架"，为学生搭建好思维进展的阶梯。

3. 反思，永远是进行时

课堂有终结，但对教学设计的反思与改进却永远在路上。如果现在再上《增强生命的韧性》这一节课，我会对之前的设计再进行改进。在正式讲课的课堂上，我让学生讲述自己的挫折经历和感受时，学生大多都不愿意说。原因之一可能学生对我这位陌生的教师有心理距离，另一原因就是大多数人都不愿意在开放的场合，讲述自己的失败或伤痛经历，这个环节的沉闷是我对学情考虑不周、把握不准造成的。现在我想可以这样设计：让学生课前把自己遇到的挫折经历写在纸上，教师收集起来放在烦恼箱里，在课堂上学生随机抽出其中的几份读一读，这样贴近了学生的生活，同时又可以避免学生讲述自己挫折经历的尴尬。在后续环节中还可以充分利用学生写的挫折经历，在小组合作探究环节学生抽出几份，针对这些挫折经历帮助他们找出战胜挫折的方法。这样可以充分发挥学生集体的力量，来解决成长中遇到的问题。

（青岛市西海岸新区大场初级中学　陈芳）

课例点评：

本节课的教学设计符合感悟—探究—践行三段引领式教学法的流程。

导入环节教师创设体验活动情境，让学生初步感悟事物有韧性，教师顺势引入生命韧性的话题，自然贴切，不漏痕迹。

探究环节教师基于学生的生活，创设了分析图片情境、开展挫折辩论、学习名人榜样等探究性的活动，把课内知识与现实生活中的事例相结合，使学生在实际的情境中展开有效的学习，激发学生自我思考问题的能力，调动学生学习的积极性。再从名人事例回归到自身生活，总结如何战胜挫折的方法，有助于提高学生解决问题的能力。在教学过程中教师始终以问题为导向，让学生进行独立思考、话题讨论、观点辨析，拓展了学生的思维，提高了学生应对挫折的能力。

践行环节教师设置了填写"在挫折中成长"的自我反思卡，学生在书写中反思对挫折的认识和感悟，达到了学以致用的目的。

当然，教师还需要在问题设置的梯度上进行斟酌，让学生的思维进入深度学习。

课例07：青春飞扬

课标依据：

《青春飞扬》所依据的课程标准的相应部分是"成长中的我"中的"自我认识"。具体对应的内容标准是："体会青春期的美好，学会克服青春期的烦恼。"

本课所依据的课程标准的相应部分还有"成长中的我"中的"自尊自强"。具体对应的内容标准是："养成自信自立的生活态度，体会自强不息的意义。"

教材版本：

统编《道德与法治》教材（人民教育出版社 2016 年版）七年级下册第三课第一框题。

授课时间：初稿 2018 年 3 月 19 日，二稿 2018 年 3 月 26 日，定稿 2018 年 4 月 3 日。

教学目标：

（初稿）

情感、态度和价值观目标：观看《青春修炼手册》视频并跟唱歌曲，体会青春的美好，感受青春的魅力，激发青春的热情，释放青春的活力。

能力目标：通过对青春的探究、思维的碰撞活动帮助学生辩证、理性地对待青春。

知识目标：学习无臂"达人"刘伟的青春奋斗事迹，知道自信的意义，掌握自信的方法。

（二稿）

情感、态度和价值观目标：观看《苔》视频并跟唱歌曲，感悟古典诗词的韵味，感受青春的可贵美好，把握青春，珍惜青春。

能力目标：通过辨别不同观点及学习伟人从小立志的事例，激发青春热情，树立青春梦想。通过寻找自信小达人活动及填写记录自己进步的图表，培养自信、自强的优秀品质，掌握青春飞翔的力量。

知识目标：学习榜样秦玥飞的青春奋斗事迹，知道自信的意义，掌握自信的方法。

（定稿）

情感、态度和价值观目标：同二稿。

能力目标：通过填写记录自己进步的图表及观看西海岸新区第一高级中学校友寄语的视频，学习自信、自强的优秀品质，掌握青春飞翔的力量。

知识目标：通过学习榜样宋玺的故事，寻找班级自信小达人活动，知道自信的意义，掌握自信、自强的方法。

学情分析：

青春是人生中一段极为宝贵的时光。青春有蓬勃的活力、无限的遐想，彰显着非凡的意义和价值，同时，青春也有困惑、迷茫，存在着纠结和烦恼，表现出多元的特质。青少年拥有青春的力量，也不乏对未来的憧憬和遐想，但是却缺乏放手体验的自信和勇气，更没有思考、规划的自觉和坚持梦想的毅力。他们渴望自由，渴望飞翔，但是，情绪化严重，经常喜怒无常，遇事容易冲动不计后果，我行我素。他们有抱负，有潜力，但是，由于生活经验有限，生活圈子局限，难以拥有开阔的视界和选择，不知青春该奔向何方，不知如何度过青春才有价值。所以，青春期的学生需要正确引导与调控。

教学重点：

青春飞扬需要的能力或品质。

教学难点：

增强自信的热情，树立自强的青春态度。

教学方法：

"感悟—探究—践行"三段引领式教学法。

感悟：通过观看视频《苔》，学生跟唱歌曲，感悟古诗《苔》的深刻内涵：

渺小的苔花能够像牡丹一样绽放出灿烂的花朵。引导学生学习苔花积极向上的精神品质，激发其青春热情，努力绽放自己美好的生命年华。

探究：教师创设图片情境、填写梦想卡、学习榜样力量等探究活动，以具有思维含量的问题为导向，鼓励学生积极进行探究学习，最后形成探究成果，并在组内、班内交流分享。培养学生自信、自强的优秀品质，掌握青春飞翔的力量，把握好未来成长的方向。

践行：教师联系学生的生活，设计"完成我的青春梦想及青春规划"的延伸活动，使本节课学以致用落地有声，让学生明确有梦想的青春才可能飞扬。

教学流程：

（一）感悟

（初稿）

多媒体播放充满活力的《青春修炼手册》歌曲，学生跟唱。

问题：同学们，看了刚才的视频，请联系自身生活实际谈谈你的感受。

学生畅谈感受。

教师总结：青春已经来到我们的身边，青春的我们充满活力，那么怎样让我们的青春飞扬呢？今天我们一起来探讨这个话题。

（二稿）

多媒体播放歌曲《苔》视频，学生跟唱。

问题：这首歌曲中的哪句歌词对你触动最深？

学生自由发言。

教师归纳学生观点：青春已经来到我们身边，我们要学习"苔"的精神品质：虽然像米粒一样矮小，但是却像牡丹一样勇敢地绽放，向人间奉献芬芳，展现自己的青春风采。

（定稿）

同二稿。

【改进思路】

初稿采用与学生年龄接近的中国男孩儿组合TFBOYS的演唱视频引出"青春"话题，让学生感受青春的风采。采用视频导入新课的方式，从视觉、听觉、情感上抓住学生的注意力，激发学生的热情与心理共鸣，调动学生学习新课的积极性。但在这首歌曲中除了歌曲名称与本课有关联，歌词的内容与本课主题的联系不大。

在二稿与定稿中改用视频歌曲《苔》导入新课，尤其歌词内容"白日不到处，青春恰自来。苔花如米小，也学牡丹开"。与本节课的青春主题非常贴切，能引起学生的心理共鸣，激发青春的热情，激励学生努力绽放美好的生命年华，同时也渗透了优秀传统文化教育。

（二）探究

环节一：探问青春

（初稿）

活动一：畅谈青春

教师：同学们，什么是青春？有人说，青春是泪水；有人说，青春是任性；有人说，青春是无悔……你认为哪些词语能表达你对青春的理解？请说出来，并说说理由。

学生发言：纠结、梦想、莽撞、遗憾、美好、勇气、活力四射、五彩斑斓……

教师归纳总结：青春年少的我们精力充沛，活力四射，思维活跃，反应敏捷，求知欲强，勇于探索。但是，我们有时鲁莽、叛逆、疯狂、较真，这让青春的我们纠结与困惑，我们应该走向何方呢？

学生发言：充实自己的青春生活，使自己的青春生活更有意义和价值。

教师总结：我们要把握青春年华，将青春活力化为成长中的正能量，感受青春时光的美好，用积极的行动释放青春的力量。

活动二：探究与分享

教师：你有过类似下面的想法吗？

多媒体展示：

1. 经常参加公益活动。

2. 每个月读一本名著。

3. 培养一项运动技能。

4. 利用假期走一趟海上丝绸之路。

5. 创建一所居家型养老院。

……

你还想去做哪些事情？

学生的回答如下：

1. 我想发挥我的体育特长，参加各种兴趣活动。

2. 我想每天练一张毛笔字。

……

师生分享交流感悟：青春时光是美好的，每个人对青春都有无尽的遐想。正是梦想指引我们探索充实有意义的生活，让我们在青春的路上走得更远。

活动三：思想碰撞

多媒体展示两种观点：

A：想法总归是想法，小孩子就爱胡思乱想。

B：不少人年轻时的想法最终得以实现。

问题：你怎么看待这两种观点？请说出来与同学一起讨论。

学生回答：

"想法总归是想法，小孩子就爱胡思乱想"说明了小孩子的思想，不像大人一样有那么多的条条框框约束着，总是想一些令人吃惊的问题，他们有丰富的创造力和想象力。

"不少人年轻时的想法最终得以实现"说明年轻时的想法，实际就是从小树立自己的理想与抱负，在人生成长的路上奋力拼搏，发挥自己的潜能最终实现梦想。

多媒体展示：伟人从小立志并成功实现的事例。

1. 司马迁少年时就立志编一本优秀的史书。

2. 孙中山12岁，寻求真理改良祖国的愿望。

3. 周恩来12岁，立志"为中华崛起而读书"。

4. 曼德拉9岁，萌发了寻求正义、平等的理想。

教师总结：这些伟人从小树立远大抱负，规划自己的青春路径。他们一生都是按照青春规划路径奋力拼搏，从而实现了自己的崇高事业，赢得了人们的尊重。所以，心怀梦想，志存高远，人生之梦在"规划"后得到"追寻"。

（二稿）

活动一：畅谈青春

多媒体播放情境：

什么是青春？有人说，青春是泪水；有人说，青春是任性；有人说，青春是无悔……

问题：请结合自己日常生活表现，说说哪些词语能表达你对青春的理解？并阐述理由。

学生回顾畅谈：纠结、梦想、莽撞、遗憾、美好、勇气、活力四射、五彩斑斓……

多媒体展示学生日常生活现象的照片：较真照片、冲动照片、搞怪照片、捣乱照片、冒险照片等。

问题：

1. 在日常生活中，你会有类似的行为吗？

2. 请说说生活中同学们为什么会这样做？这些行为可能产生怎样的影响？

学生思考交流。

教师归纳总结：青春年少的我们，精力充沛活力四射，反应敏捷，求知欲强，勇于探索。但是，我们有时也鲁莽、叛逆、疯狂、较真，这让青春的我们纠结与困惑，我们应该走向何方呢？

学生发言：充实自己的青春生活，使自己的青春生活更有意义和价值。

师生共同探讨，明确：青春的学生，渴望自由，渴望飞翔。但是，不知何故的喜怒哀乐，不知何为的恶作剧，不问后果的我行我素，都是青春期常见的现象，会导致许多不良后果，不能任其发展。

教师总结：我们要把握青春年华，将青春活力化为成长中的正能量，感受青春时光的美好，用积极的行动释放青春的力量。

活动二：畅谈青春梦

小记者采访：请问你的青春梦想是什么，为什么会有这个梦想？

小记者对全班同学随机采访，学生畅谈自己的梦想。

师生交流总结：同学们的梦想是丰富多彩的，有了梦想，人生就有目标，行为才有动力。

活动三：同初稿活动三。

（定稿）

活动一：畅谈青春

创设情境及问题同二稿活动一。

多媒体展示生活现象的漫画：较真图片、冲动图片、搞怪图片、捣乱图片、冒险图片等。

活动二：畅谈青春梦

教师发放梦想卡。

教师：请同学们把心中的梦想写在老师发放的卡片上，并说说梦想的初衷。

学生填写梦想卡。

师生分享交流。

师总结：同学们的梦想是丰富多彩的，有的想成为教师，和老师做同行；有的想成为救死扶伤的医生；有的想成为导演，专注乡村孩子上学的题材；还有的同学想周游世界，品尝各地美食……很好！有梦想，人生才有方向，让我们的梦想起航吧！

教师追问：同学们都有很美好的梦想。请问：世界那么大，你凭什么去看看？你有能力去看吗？

师生共同交流，明确奋斗成就梦想！

活动三：同初稿活动三。

【改进思路】

探问青春活动设计中，初稿时通过师问生答，引领学生对青春进行解读与理解，使学生明确青春意味着独立、自由、理想、信念等。但是，师问生答的形式过于简单，学生思考不能深入，思维很难打开，对于青春期的反面事例不能充分展示出来。所以，二稿设计了通过多媒体再现学生日常生活中青春另一面行为的照片，让学生直面青春困惑，通过对不恰当青春行为的解读，让学生懂得要以自我负责的态度把握青春脉搏。真实的案例很有说服力，但是，在课堂上展现学生的不良行为照片，虽然可以是假设，但总归是让人难堪的事情。所以，在定稿时改为利用漫画形式来展现青春期的另一面行为，引领学生辩证地认识青春特质，澄清和反思青春行为，从而理性调控，把握未来方向，走好青春之路。

青春时光是美好的，每个人对青春都有无尽的遐想，有许多的想法和抱负。初稿时利用教材的探究与分享来展示抱负与想法。教材中"探究与分享"与青春的探索不是很相符，所以二稿设计了小记者采访的活动，通过灵活的活动拉近与学生的距离，调动学生学习积极性，激发其学习潜能，引领学生懂得梦想是人生的方向，青少年阶段是关键时期。但是，一问一答的形式，留给学生思考的时间较少，而人生理想，是一个很大的课题，需要学生深度思考。所以，在定稿中，采用填写梦想卡的活动，老师留给学生一定的思考时间，学生有充足时间思考自己的梦想。同时，引导学生在初中阶段就要初步具有明确的人生目标，并为之奋力拼搏。

探问青春和梦想畅谈活动，旨在锻炼学生的自主、合作、探究能力及语言表达能力。学生在合作交流中明确：青少年要从小立志，坚信"心有多大舞台就有多大"的信念。在初稿中，仅仅是一个感性的认识，过于浅薄。所以，为了增强说服力，在二稿和定稿中采用伟人从小立志并成功实现梦想的事例，给学生以榜样示范的作用，让学生以伟人为榜样，从小立志，做好祖国和人民事业发展的接班人。

教师：青春的我们拥有无尽的遐想，从小树立远大抱负并不是难做的事情。但是，理想的实现不是一帆风顺的，让我们走近主人公刘伟的故事。

环节二：青春飞扬

（初稿）

多媒体播放无臂"达人"刘伟的相关视频。

视频内容：

刘伟，1987年出生于北京市。10岁时因意外触电失去双臂，12岁时开始学习游泳，并加入了北京市残疾人游泳队。14岁时在"全国残疾人游泳锦标赛"上获得了两金一银的成绩。16岁时学习用脚打字，创造了用脚打字一分钟251个英文字母的世界纪录。18岁开始学习用双脚弹钢琴，以无数的血泡和抽筋为代价用脚弹出《梦中的婚礼》。

2011年，出演个人首部电影《最长的拥抱》；同年，出版个人首本自传《活着已值得庆祝》；成立"拥抱基金志愿者服务队"，定期走进贫困山区开展帮扶助学活动，帮助社会上更多需要帮助的人。2012年获得感动中国十大人物以及"隐形翅膀"的称号。

教师：同学们，看过刘伟的视频你有什么感受？

学生自主谈感受，师小结：身残志坚的刘伟让人感动、敬佩、折服。

教师追问以下问题：

1.说说刘伟面对挫折表现出怎样的精神品质？

2.刘伟的成长离不开自强。那么，自强对于青春的成长有何重要意义呢？

学生小组合作探究后选派代表发言。

学生发言：面对挫折，刘伟没有被击倒，他不怕困难、坚持不懈、勇敢自强、努力奋斗，展现了精彩的青春之路。

师生共同总结：身残志坚的刘伟，怀抱梦想，拼命追逐梦想。不怕困难、坚持不懈、粲然自信，勇敢自强、努力奋斗，展现了精彩的人生。只要心中有阳光，脚下有力量，就能创造无愧于时代的人生。

（二稿）

多媒体播放秦玥飞的相关视频。

视频内容：

2011年，秦玥飞耶鲁大学毕业后到衡山县贺家乡任大学生村官。住进四处透风只有八九平方米的危房，换上解放鞋走街串巷了解民情，只为百姓的接纳；三年里坐着绿皮火车自筹到80万元，修了水渠，安了路灯，建了养老院，为乡村师生配备平板电脑开展信息化教学……他说："要用自己的所学所长，让自己的国家变得更好。"

秦玥飞大学毕业时，放弃国际大公司的优厚待遇，选择回祖国农村服务。三年服务期满后，谢绝组织提拔，到更偏远的白云村续聘村干部。带领村民发展山茶油产业，通过创业为当地培植可持续发展动力。第二个村干部任期满后，第三次依然选择服务农村，与校友成立黑土麦田公益项目，招募优秀人才到国家级贫困县从事精准扶贫。

问题：看过秦玥飞的视频你有什么感受？

学生自主谈感受，师小结：这位高才生秦玥飞的事迹让我们感动、敬佩、折服。

教师追问：

1. 你会被秦玥飞的哪些事迹打动？

2. 请说说你是怎样看待秦玥飞的三次选择？

学生小组合作探究，后选派代表发言。

学生：年轻的秦玥飞放弃一次一次的优越工作机会，心系祖国，把青春汗水与智慧奉献给祖国的农村，让我们感动。他热爱祖国，无私奉献的崇高品质值得我们学习。

师生总结：年轻的高才生，以祖国利益为重，脚踏泥泞，俯首躬行，对贫困山区进行精准扶贫，一路洒下青春的汗水，青春之路意义非同寻常。

（定稿）

活动一：学习榜样

多媒体展示宋玺视频。

视频内容：

上北大、拿冠军、打海盗，"90后"女兵宋玺以宝贵的奋斗青春，诠释了新时代中国年轻人的梦想与追求。要考就考最好的大学，2012年18岁的宋玺，考上了中国最顶尖学府之一的北京大学。要唱歌，就要当领唱拿冠军，2014年，宋玺作为合唱团领唱，出战拉脱维亚的第八届世界合唱比赛，为中国赢得了两枚金牌。要当就当最好的兵，2016年，大三的宋玺投笔从戎服役两年。每天坚持高负荷训练，攀爬铁丝网，五公里越野，擒拿格斗，每一个训练科目，宋玺都坚持完成别人两倍的训练量，最终被有幸选中参与亚丁湾护航。

宋玺还有很多的打算，但追求的方向将始终是可以为别人做些什么，可以为国家做些什么。这才是中国年轻人真正的模样。

问题：看过宋玺的视频你有什么感受？

学生自主谈感受，师小结：年轻阳光的宋玺让我们感动、敬佩、折服。

小组合作探究：

1. 宋玺的人生是如何规划的？

2. 宋玺的身上有哪些值得我们学习的优秀品质？

小组选派代表发言：年轻的宋玺规划自己的人生：考最好的大学，当领唱拿冠军，当最好的兵。她乐观自信、顽强拼搏、持之以恒、有责任心，热爱祖国。

师生总结：宋玺对自己的青春有明确规划，把青春之路展示得非常出色，宋玺的不辜负青春，保家卫国的青春历程，值得我们学习效仿。

活动二：寻找自信小达人

问题：宋玺一次次人生规划都取得成功，得益于她的哪一种优秀品质？

生思考交流，师生总结取得成功的首要原因——自信。

教师：请你寻找班级中的自信小达人，并模仿一下他的语言、动作和神态。

学生表演，并请当事人起立，全班同学为被称赞的同学鼓掌。

多媒体展示：自信的风采。

自信让我们充满激情；

自信让我们心怀希望；

自信让我们勇于表达；

自信让我们能够坚持；

自信让我们展示优势；

自信让我们获得机会；

……

教师：同学们，生活中部分同学认为自己与伟人、名人的自强品质有很大差距，其实只要我们不断克服自己的弱点，战胜自己、超越自己，我们就具备了自强的品质。

活动三：填写图表

	七年级上学期	现在
作业		
与同学交往		
课堂上		
做家务		
礼貌		

指导学生反思自我，并填写上表。让学生结合上表讲述自己每天的进步。

教师小结：自强不是伟人、名人的专有品质，生活中我们不断克服自己的弱点，战胜自己、超越自己，就是自强的重要内容。自强需要靠坚强的意志、进取的精神和持久的坚持作保证。自强，可以让我们更自信！自强，能够让青春奋进的步伐永不停息！

【改进思路】

本环节主要引导学生知道自信、自强对于青春成长的意义。通过典型人物的榜样示范作用，培养学生自信、自强的优秀品质。初稿选用"身残志坚的无臂钢琴师刘伟"的事例，引领学生明确自信、自强的意义，掌握青春飞翔的力量。

刘伟是残疾人的个例，好像在这种特殊的状况下特别需要凭借自信、自强战胜困难，对身体健全的学生来说是难以有切身的体会与感悟。所以在二稿中选用年轻、有为的秦玥飞的事例，引领学生把个人的青春奋斗与国家的富强、独立、自由、进步紧密联系起来，把实现个人的青春梦想上升到实现国家梦想的高度，对学生进行"社会主义"核心价值观教育，效果不错。

经过仔细揣摩发现，秦玥飞的生活轨迹与初中生还是有距离的。所以，在定稿中采用年龄接近学生"文能当北大学霸，艺能拿合唱冠军，武能维和打海盗的90后女孩宋玺"的故事，这个女孩儿阳光乐观，积极向上，热爱生活。宋玺的故事对于生活经验有限、生活圈子局限、青春迷茫的初中生有非常高的行为引领作用，容易引起学生心理上的共鸣并主动效仿，从而懂得新时代青少年如何做到自信、自强，掌握青春飞翔的力量。

通过"寻找自信小达人"和情境表演的活动，激发学生的兴趣，让学生真实感受身边自信者的风采，在生活中也容易理解、接受和学习，并且对于被赞美自信的同学来说，也是一种肯定与荣耀，从而使全体学生深切体会自信的意义，培养自信的能力。

通过填写自我反思卡，反思总结每天发生在学生身上的行为，明确抵制诱惑、战胜自我、超越自我就是自强的表现。让每位学生参与课堂，获得成功的感受，肯定自己，从而奔向美好的青春生活。

环节三：总结升华

（初稿）

1. 课堂小结

师生共同构建知识体系

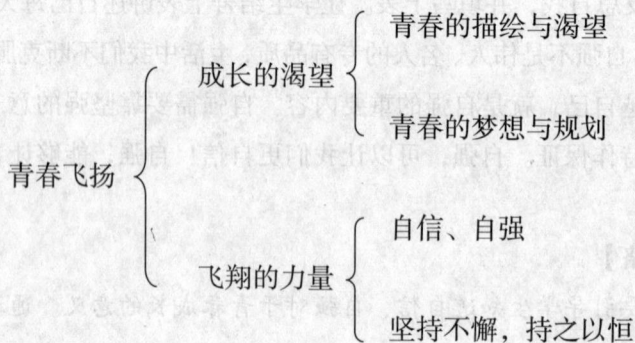

$$
\text{青春飞扬}
\begin{cases}
\text{成长的渴望}
\begin{cases}
\text{青春的描绘与渴望} \\
\text{青春的梦想与规划}
\end{cases} \\
\text{飞翔的力量}
\begin{cases}
\text{自信、自强} \\
\text{坚持不懈，持之以恒}
\end{cases}
\end{cases}
$$

2. 教师寄语：

对于青春期的我们，有很多梦想等着我们去实现，美好的未来需要我们去创造。让我们以充沛的青春活力，自信的青春热情，自强的青春态度，展翅翱翔吧！

（二稿）

多媒体展示鹰的图片。

教师：同学们，请你想象一下，自己是一只振翅欲飞的雄鹰，应该拥有怎样的羽翼才能独立飞翔？把你想到的词语写到黑板上鹰的翅膀上。

学生回顾本节课的学习内容，思考总结。

学生自主到黑板填写词语：自信、自尊、自强，坚持不懈，持之以恒等。

师生总结交流：大家写了很多词语，如自信、自尊、自强，坚持不懈、持之以恒等，这些优秀品质可以使我们展开翅膀翱翔于蓝天，描绘多彩的青春。

（定稿）

活动一：榜样风采

多媒体配乐播放本校八年级、九年级获得"新区好少年"事迹视频短片：

获得首届"新区好少年"的同学有：803班尹崇凡、809班夏璐、901班周正泰、904班徐善、806班董冲。

学生感受师哥师姐的青春风采。

教师引导学生总结：他们在学校里是好学生，品学兼优；在家里是好孩子，孝敬长辈；在社会热衷于公益活动，经常参加各类服务社会帮助他人的活动。

他们的青春是充盈的、丰富多彩的，这就是我们学习的榜样！

活动二：榜样寄语

现场播放提前录制的青岛市美德好少年吕林蔚的寄语：（背景：西海岸新区第一中学大门处）

师弟师妹们：大家好！我是你们的校友，我现在在西海岸新区第一中学读高一。我想对你们说：青春，是生命旅途中一个崭新的起点，是人生画卷最美的篇章，有很多梦想等着我们去实现。青春就是我们奋斗的资本，我们要用青春的年华握住时间的双手，让我们不负青春韶华，向着自己的梦想前进，并为此努力奋斗吧！我在这里为你加油，在这里等着你！

师生共同畅谈：从师姐吕林蔚的成长历程中我们看出，青春之路丰富多彩。当然，青春韶华，需要坚强的意志，进取的精神和持久的坚持，需要不断完善自己、超越自己，才能走向理想之路。

教师小结：同学们，未来已来，让我们以师姐为榜样，珍惜青春年华，努力学习，为自己的梦想奋斗吧！

【改进思路】

初稿通过老师课堂总结和寄语的形式对本课知识梳理，并对学生进行情感、态度与价值观的引领，这种形式过于流程化，不能深化本课主题。

二稿借助教材中"鹰"的图片，让学生在黑板总结本课知识。明确自信、自尊、自强，坚持不懈、持之以恒等优秀品质，从而使我们展开翅膀翱翔于蓝天。

但是，把聪明的人类比喻为动物，是不大合适的。所以，在定稿中选用本校刚获得"新区好少年"称号的学长学姐的典型事例，用音乐和照片制成视频让学生观看，触动心灵，激发学生内心学习动力与潜力。通过榜样示范，学生在行动中会向榜样人物看齐，使榜样的品德最终内化于心，外化于行。

为了继续深入挖掘学生的资源，实现资源的最大化，又加入一个新颖的活动"青岛市美德好少年西海岸新区第一中学吕林蔚"的寄语视频，给学生树立榜样，懂得奋斗的青春是美好充盈的，实现主题的升华。

（三）践行

（初稿）

拓展作业：

通过阅读关于青春的中外文学名著或观看经典影片，了解不同国度、不同时代、不同人的青春故事。

1. 他们的青春有哪些不同？为什么会有不同？

2. 他们的青春有哪些相同之处？

3. 他们的青春给你带来哪些启示？

教师小结：学习不同国度、不同时代、不同人的青春故事，把握自己的青春年华，怀抱梦想，努力奋斗，展现了精彩人生。

（二稿）

填写"我的青春梦想及青春规划"。

我的青春梦想：

初中时的我：＿＿＿＿＿＿＿＿＿＿＿＿＿＿＿＿＿＿＿＿＿＿

高中时的我：＿＿＿＿＿＿＿＿＿＿＿＿＿＿＿＿＿＿＿＿＿＿

大学时的我：＿＿＿＿＿＿＿＿＿＿＿＿＿＿＿＿＿＿＿＿＿＿

完成我的青春规划：

2018 年 14 岁：＿＿＿＿＿＿＿＿＿＿＿＿＿＿＿＿＿＿＿＿

2020 年 16 岁：＿＿＿＿＿＿＿＿＿＿＿＿＿＿＿＿＿＿＿＿

2022 年 18 岁：＿＿＿＿＿＿＿＿＿＿＿＿＿＿＿＿＿＿＿＿

2024 年 20 岁：＿＿＿＿＿＿＿＿＿＿＿＿＿＿＿＿＿＿＿＿

2027 年 23 岁：＿＿＿＿＿＿＿＿＿＿＿＿＿＿＿＿＿＿＿＿

2028 年 24 岁：＿＿＿＿＿＿＿＿＿＿＿＿＿＿＿＿＿＿＿＿

（定稿）

同二稿。

【改进思路】

初稿的作业布置采用教材上的"拓展空间""阅读关于青春的中外文学名著或观看经典影片"。通过文学艺术作品中的人物感受到青春的宝贵，体会到不一样的青春。这样，耗时会很长，许多学生也不一定有条件落实完成。

定稿时结合本节课探讨的"青春"话题完成"我的梦想及规划我的青春"活动，使本节课学以致用落地有声，并能够明确：有梦想的青春才可能飞扬；有规划的青春，人生之路才会走得更远更高。

板书设计：

教学反思：

本节课遵循"在活动中体验，在体验中感悟，在感悟中成长"的理念。设计了形式多样的探究活动，引领学生明确：有梦想的青春才可能飞扬，有规划的青春路径才能走好自己的青春之路。我深信"品德不是被教导的，而是被感染的""榜样的作用是无穷的"的道理。在本课的教学中我多处采用榜样的事迹引领教学，如利用孙中山等伟人引领学生从小立志；借助"90后"女孩宋玺的故事，引领学生明确精彩的青春靠奋斗；采用本校"新区好少年"的事迹，引领学生把握青春时光，努力拼搏，让青春飞扬。实现了学生"在情境中感悟，在活动中体验，在体验中成长"的教学目标。

（青岛市西海岸新区泊里初级中学　闫晓莉）

课例点评：

本节课的教学设计符合"感悟—探究—践行"三段引领式教学法的流程。

导入环节创设活动体验情境，让学生初步感受青春的可贵，老师顺势引入青春的话题，自然贴切。课堂教学充分发挥多媒体直观、形象、生动的优势，激发学生兴趣，启迪学生思维，促进师生互动。开展有效的探究性学习活动，培养学生的探究能力。深入挖掘、有效整合课内外资源，开拓学生的视野，增强学生的生活体验。课堂教学贯彻立德树人的教育理念，注重培养学生三维目标。采取多种多样的教学手段和方法，激发学生探究的兴趣，引导学生珍惜青春，善待青春，培养自信、自强的优秀品质。

践行环节设置了填写"我的青春梦想和青春规划"，从课内延伸到课外，从现在联想到未来，做到学以致用、落地有声。

第三章　理解大千世界

　　认识他人与集体，是落实初中学生正确社会观教育的落地点。引导学生正确理解亲情、友情、集体、社会以及网络，是这一部分的核心价值导向。在本部分，我们将结合 8 个课例的分析与研究，说明在社会教育过程中如何利用三段引领式教学法完成教学任务、提高教学效率。

课例01：亲情之爱

课标依据：

本课所依据的课程标准的相应部分是"我与他人和集体"中的"交往与沟通"。具体对应的内容标准是："体会父母为抚养自己付出的辛劳，孝敬父母和长辈。学会与父母平等沟通，调适'逆反'心理。增强与家人共创共享家庭美德的意识和能力。"

教材版本：

统编《道德与法治》教材（人民教育出版社2016年版）七年级上册第七课第一框题。

授课时间：初稿2018年12月5日，二稿2018年12月10日，定稿2018年12月19日。

教学目标：

（初稿）

情感、态度和价值观目标：通过感悟视频内容，领会孝亲敬长是中华民族的传统美德，也是法律规定的义务，中华优秀文化需要继承和发展。

能力目标：体会家人对我们的付出，体验家人之间亲情的温暖和爱，感受家是身心的寄居之所，是心灵的港湾。

知识目标：理解"家"的内涵，知道"家"对我们成长具有重要意义。

（二稿）

情感、态度和价值观目标：通过观看视频，领悟家和万事兴的家庭文化观念，领会孝亲敬长既是传统美德也是法律规定的义务。

能力目标：通过日常生活具体事例，体会家人在成长中的付出，感知亲情，感受家是身心的寄居之所，是心灵的港湾。

知识目标：通过写一封家书，理解"家"的内涵，知道"家"对我们成长的重要意义。

（定稿）

情感、态度和价值观目标：通过观看视频，体验家庭的温暖，关心家人。领会孝亲敬长是中华民族的传统美德，也是法律规定的义务。

能力目标：同二稿。

知识目标：同二稿。

学情分析：

初中学生逐渐进入青春期，由于特殊的生理变化、心理特点以及学业与生活的压力，既需要得到父母的呵护、关注和关爱，享受家庭的亲情，又容易与父母产生矛盾，出现逆反心理。许多初中学生在与父母沟通中出现矛盾和冲突，表现为对父母自我封闭，不愿意与父母沟通，沟通时间短，交流的内容多为父母对自己学业成绩的询问和关注。初中生对父母爱的表达方式在一定程度上不认同，不理解父母的关爱之情，不能体会父母的养育之恩，不能体谅，理解父母的苦衷。他们家庭责任意识比较淡漠，较少关心父母和家人，对于家人共同营造温馨的家庭氛围、共建共享家庭美德缺乏责任意识。对于"孝"文化认同程度低，在意识和行动上缺乏相应的教育与引导。初中学生渴望得到爱，更渴望得到理解、信任和尊重。现实却恰恰相反，一些父母在爱的旗帜下，不约而同地推行"专制"，于是就有了"矛盾冲突"。

引导学生协调与父母之间的矛盾，理顺亲子关系，学习与父母沟通交往，是帮助学生感受父母之爱、营造和谐的家庭环境、健康成长的必经之路。提高学生的家庭责任感和共建共享家庭美德的能力是初中学生健康成长的必须课，新课标指出：道德与法治课程是以初中学生生活为基础的综合性课程，紧跟时代发展步伐，以社会主义核心价值观为引导，充分体现以人为本，为学生成长服务。

教学重点：

理解中华文化中"孝"的内涵，知道中华优秀文化需要继承和发展。

教学难点：

体会父母对自己的关爱之情，养成热爱父母、孝敬父母、关爱家人的意识。

教学方法：

"感悟—探究—践行"三段引领式教学法。

感悟：情境导入，初步感悟。

通过书写学生熟悉的单词"family"直切主题，并由学生主动结合生活实际，初谈感悟"家是什么"。由生活进入课堂，课堂源于生活，使学生内心有所触动，让学生带着问题和情感进入新课的学习。课前，通过与学生交流照片背后的故事，最大限度地激起学生的情感。播放视频 *family*，提高学生兴趣，通过视频中字母随日月更迭变化，学生结合生活实际自主感悟出："家是什么"将本课的内容导入新课的学习。

探究：主题探究，知识内化。

学生结合生活经验和视频内容进行交流，教师设计问题，通过独立思考或小组讨论等形式，将探究成果展示交流分享。通过环节初设置的问题，使学生对知识体系形成一个系统的认识，再将问题细化，借助视频引导学生分析家庭的功能。并能通过讨论概括出：每一个人都来自家庭，没有家庭就没有我们的存在。小组合作激发学生借助视频《筷子》中的关键词尝试找出问题的突破点，在学生自学和合作讨论的过程中，解决本节课的重难点。贴近学生的生活实际，用鲜活的事例，培养学生归纳概括的能力，从视频和教材中提取精华。

践行：生本课堂，学以致用。

教师根据本课的重难点，结合学生的生活实际，把教材上的知识迁移到生活中加以应用。学生理论联系实际，通过写一封温暖的家书，体会父母的辛劳，学会与父母平等沟通。懂得孝亲敬长是中华民族的传统美德，也是每个公民应尽的法定义务。

教学流程：

（一）感悟

（初稿）

教师：有人说，家是一生读不完的书，只有动真情才能读懂它。家是什么？

中国人的"家"里最看重什么？本节课我们一起细细品读。

多媒体播放图片：一所房子。

学生根据图片谈感受。

教师：随着时间的推移，你一天天的长大，family 这个单词也悄然无声变化着。看到这个单词在你脑海中最先浮现的是什么？

学生：妈妈，甜蜜，回家……

教师归纳学生的答案，提出问题：为什么会想到的是这些词语？那是一个怎样的瞬间？

教师：你们说的这些词语总能让我们感到暖洋洋的。我们一起来欣赏央视公益广告，它是这样描述"家"的……

播放视频 *family*。

这则公益广告将组成 family 这个单词的每个字母都拆开，运用拟人的手法生动的将每个英文字母比喻成家庭成员的每个角色，其中"f"是爸爸，"m"是妈妈，"i"是我。视频开始是我小时候，爸爸妈妈含辛茹苦地养育我成长成人，可随着孩子的长大，孩子有了自己的主见，不断与父母发生冲突，孩子企图挣脱父母的束缚自由成长，使父母却非常伤心并流下了眼泪。后来视频中的孩子成年后，体会到生活的艰辛，才发现父亲早已驼背"f"变得弯曲，"m"的身体也变得臃肿，而"i"则在父母的关爱下越来越高，越来越强壮，于是孩子（"i"）主动承担家庭的责任变成参天大树，成为父亲贴身的拐杖，成为母亲遮阳的庇护伞。视频结束时出现：father and mother i love you 有爱就有责任。

教师：从视频中你是否捕捉到了自己成长的细节？将"家"这个单词写下来。

学生黑板拼写完成：father+and+mother+i+love+you。

教师小结多媒体出示图片并配以文字描述：家，是我们常常在不同意义上使用的字眼，一般来说，家庭是有婚姻关系、血缘关系或收养关系结合成的亲属生活组织。家是我们深信的寄居之所。每个人都有一个属于自己的家，我们的生命是父母给予的，我们的成长也离不开家庭的哺育和支持。

（二稿）

教师：有人说，家是一生读不完的书，只有动真情才能读懂它。这真情就是家人之间的情感：有温暖的牵挂、真切的关怀和守候，也有甜蜜的碰撞和不愉快的冲突……请同学们在练习本书写一个你认为最贴切的词语，这个词语代表：你眼中的家。

学生交流词语。

教师板书：family。

教师：通过你的书写和黑板上这个词语，会有什么不同的感受？

学生交流回答。

教师小结：家是我们在不同意义上使用的字眼，每个人都有属于自己的家。家，不仅仅是一所房子，最重要的是家中有浓浓的亲情。

（定稿）

教师：请同学们拿出你认为最珍贵的一张照片。为什么这张照片弥足珍贵？这张照片背后有什么样的故事？

学生交流讨论。

多媒体出示："家"图片并播放音频。

有人说，家是一生读不完的书，只有动真情才能读懂它。这真情就是家人之间的情感：有温暖的牵挂、真切的关怀和守候，也有甜蜜的碰撞和不愉快的冲突……

教师：家是我们常常在不同意义上使用的字眼，每个人都有属于自己的家。家，不仅仅是一所房子，最重要的是家中有浓浓的亲情。就像同学们手中拿着的一张张照片，大家手挽手，心连心，那种洋溢着幸福的笑容挂在每个人的脸上。

教师："家"这个字的偏旁是宝盖头，意味着遮风挡雨的屋檐，一所房子是我们全家人生活的地方，宝盖头下面这个字就代表着我们每个家族的繁衍，家庭的延续，爱的延展。一提起"家"，你最先想到的是谁？你会想起一个怎样的瞬间？

学生：我想吃的东西，妈妈从来没有吝啬过。

学生：我过生日，爸爸下班后拎着蛋糕进门的一瞬间，眼镜上全是雾水，他小心翼翼地把蛋糕放在桌子上。

学生：生病了，妈妈给我做蛋炒饭。我不舒服妈妈很紧张，自己生病了还要照顾我和爷爷奶奶。

教师：这些生活的点滴，总让我们心生暖意。我们一起来感受一段充满爱的视频，它，是这样描述"家"的……

播放视频 Family，视频内容同上。

教师：从视频中你是否捕捉到了自己成长的细节？将"家"这个单词写下来。

学生黑板拼写完成：father+and+mother+i+love+you。

教师板书：*Family*。

教师小结：视频仅仅几句话就形象勾勒出一个真实的生活故事。我们的生命是父母给予的，我们的成长也离不开家庭的哺育和支持。视频结束时 family 变成了：father and mother i love you 既有创意，又引起了我们的共鸣，有爱就有责任。

教师：身为家庭成员中的我们扮演着怎样的角色？我们应该为父母做些什么？

学生讨论回答。

教师小结：家庭作为社会的细胞，承担着多种功能。每个人在家中承担的功能各不相同，正如同学们所说有经济、抚养、情感交流等方方面面。

家，是我们常常在不同意义上使用的字眼，一般来说，家庭是有婚姻关系、血缘关系或收养关系结合成的亲属生活组织。家是我们深信的寄居之所。每个人都有一个属于自己的家，我们的生命是父母给予的，我们的成长也离不开家庭的哺育和支持。

【改进思路】

本环节重点要处理的问题是：理解"家"的内涵和功能。三稿设计的共同之处都是播放视频，通过调动学生的感官解决教学目标中的知识目标。视频播放有利于抓住学生的注意力，视频中的动作真实地反映了一个少年成长的特点和心理，激发学生共振，从多个角度抓住学生的心理。

初稿在设计时直接呈现英文单词，学生的情感激发不到位，在回答问题时不能叙述完整。视频导入与问题环节转换的过度生硬，学生没有很好地进入视频的情景中，这对后面的学习没有起到引领的作用。

二稿由学生直接进入主题，前面给学生一定的语境，授课时发现语境铺垫得不充分，显得略突兀。要求学生用词语概括家中的点点滴滴，范围涵盖较大。这一点在设计上欠缺考虑。授课与初稿相同，都是试图通过视频的方式吸引学生的注意力，激发学生的学习兴趣，引出课题。

定稿在书写单词环节前，加上由学生拿出提前准备好的照片，回忆为什么带这张照片，说出照片中的故事，并且由学生亲自动笔书写单词能休现学生的主体地位，通过这种情感激发和学生主动参与的方式更容易让学生接受新课的主题。定稿相比前两稿较为明显的改进是有意识的突出学生的回答环节，让学生大胆说、充分说，将课堂真正还给学生。

（二）探究

环节一：中国人的"家"

（初稿）

教师：同学们，家是我们身心的寄居之所，每个人都有一个属于自己的家，我们的生命是父母给予的，我们的成长也离不开家庭的哺育和支持。回想一下从小是谁教我们学本领？

学生：家人，父母，爷爷奶奶。

从小爸爸教我们人之初，性本善……妈妈教我们穿衣吃饭……

播放视频：《筷了》。

一双筷子，是爷爷对孙子的味觉启迪；一双筷子，是妈妈对女儿的传承；多双筷子，一份家庭团聚的快乐；一双筷子，妈妈对孩子的关爱；一双筷子，对逝去家人的思念；多双筷子，邻里之间的关心；一双筷子，年轻父母的爱；多双筷子，一家人幸福的团聚。一双筷子传承着孝老敬亲，一双筷子诉说着亲情之爱。

教师：同学们通过观看视频你有什么话想说吗？

学生回答。

（二稿）

教师：父亲顶天立地，母亲哺育着我们慢慢成长，一路上，父母为我们遮风挡雨，父亲教我们做人的道理，母亲教我们穿衣吃饭。

播放视频：《筷子》。

教师：小时候给你留下印象最深的一件事是什么？

学生回答。

教师：家，给予我们生活；家，使我们感到温暖；家，给我们所有的爱。正因如此，无论如何我们都要回家。

教师：同学们，家是我们身心的寄居之所，每个人都有一个属于自己的家，我们的生命是父母给予的，我们的成长也离不开家庭的哺育和支持。每个人心中都有这样一个地方，在这里做梦，从这里出发，离开又回来，这个地方叫作家。

播放视频：《老爸的谎言》。

遥远的老家有年迈的父母，他们操劳一生到了人生最后阶段，但他们仍不愿打扰子女的日常工作与生活，每次在子女打来电话的时候都谎称：不要担心，我和你妈都很好，直至老伴去世……

教师：看了这个视频你有什么感受？

学生交流讨论。

教师：父母总是为我们付出很多，而我们为父母做了什么？值得我们每个人深思。

（定稿）

教师：父亲顶天立地教我们做人的道理，母亲教我们穿衣吃饭，哺育着我们慢慢成长。成长的路上，父母为我们遮风挡雨。

播放视频：《筷子》。

教师：小时候给你留下印象最深的一件事是什么？

学生：爸爸教我学知识，妈妈教我穿衣吃饭……

教师小结：家是我们心灵的港湾。家不止是一所房子、某个领域，家里有亲人，家中有亲情。亲情，激励我们奋斗拼搏，让我们的心灵有所依靠。

教师：每个人心中都有这样一个地方，在这里做梦，从这里出发，离开又回来，这个地方叫作家。一张车票、一次远行，让回家的人归心似箭。风雨再大，路再长，也大不过回家。任何困难都阻挡不了远方游子归家的心。

播放视频：《家乡的滋味》。

家在牡丹江的小伙儿在国外务工，即使舟车劳顿也要回家，回乡路上天寒地冻车抛锚了，几个回家心切的人都下车推着载满行李的面包车，快到村头了，小伙儿选择从冰面推着行李溜回家，视频中小伙儿高兴地躺在雪地上仰天大笑，进门看到母亲正在准备儿子爱吃的饺子，小伙子给了母亲一个结实的拥抱，说了一句：妈，我想你。妈妈拭去眼角的泪光，小伙吃着那碗热情腾腾的饺子。这一生，我们都在回家的路上。

教师：回家是国人心中最热切的盼望，是血浓于水的亲情召唤，是身心灵魂的温暖回归。春运的背后彰显的正是中华民族的传统美德。

教师：通过聊天我知道咱班有很多同学家在外地，每当跟这些同学聊起家乡时，他们的话匣子好像被打开一样。有同学告诉我说，过年就能回家见到自己的弟弟妹妹了；有同学说在他的家乡过年可有年味了；还有同学说两年没回过老家很想自己的爷爷奶奶……从她们的话语中我听出了对家的喜悦和期盼。

【改进思路】

本环节主要引导学生知道"家"对我们成长的重要意义，在本课的教学中起着承上启下的作用。在设计初稿时我单纯地要求学生坐在课堂中回忆，要求学生感知成长的重要意义，学生感知理解不到位。只播放了一个视频，让学生结合视频进行体会，学生的积极性和参与度不高，并没有激发学生的情感。

在二稿我进行了调整，《老爸的谎言》这个视频选用的不恰当，不符合学生的年龄特征，理解和感知不到位，在课堂教学中没有实际效果。

定稿通过播放视频《筷子》引导学生对"家是什么"进行小组讨论由学生自由选择视频中的关键词联系自己的成长经历，或对打动自己的词语进行讨论，能使学生主动探究，从而达到理解"家"的内涵。通过播放视频《家的滋味》为了引导学生领会"春运"中国特有的社会现象，让学生理解在中华家庭文化中，家的深厚意味和丰富内涵。

（三）践行

（初稿）

教师：我们现场做统计，能说出父母生日的同学举手。看到大家零散地举起了右手。从古至今，多少文人墨客竭力渲染母爱的伟大，它赐予了我们多少不能忘却的东西，我们学会了宽容，学会了理解，学会了为他人着想。

教师：可是我们又曾为父母做过什么？其实我们能陪在父母身边就只有一张"A4纸"的时间，让我们把爱勇敢地说出来。

播放歌曲《时间都去哪儿了》，学生写家书。

教师：就让我们把爱传递给父母，今晚行动起来，把家书主动递给父母。

（二稿）

1. 播放视频：《2018年寻找最美孝心少年颁奖典礼》。

教师：百善孝为先，是中华民族的传统美德，亲情陪我们走过每一个难忘的日子。同学们，送给父母最好的礼物就是多一声问候，多一句感谢，多一次主动……也许就在昨天，一枝初叶蓓蕾的康乃馨，一张纯洁无邪的笑脸，便能让他们备感欣慰。这就是在告诉爸爸妈妈：我爱你们！

2. 让我们把爱勇敢地说出来。

教师：升入初中这么久了，压抑在内心有许多话，不妨让我们勇敢写下来，时间在流逝，我们的父母也在慢慢老去，你可曾发现他们两鬓的白发？你可曾看到他们日渐消瘦的面庞？长大了的你们，可曾拉过他们的手？

播放《时间都去哪儿了》伴奏音乐，学生写"家书"。

大家能主动地拿起笔，勇敢地写下心中的那些话，今晚行动起来，把家书主动递交给父母。

（定稿）

1.播放视频：《最美孝心少年颁奖典礼》。

视频内容：

中央电视台"众里寻你——寻找最美孝心少年"大型公益活动颁奖典礼录制现场，都安瑶族自治县拉烈镇崇业村弄后屯蓝晓萍和蓝云萍姐妹荣获"最美孝心少年"。妈妈去世后，刚刚在崇业村小学读3年级的蓝婉屏就和爸爸蓝启站一起承担起家庭的重担。爸爸外出打工的时候，蓝婉屏就要为年迈的爷爷蓝志生和8岁的晓萍、5岁的云萍做饭、洗衣。2013年秋季姐姐蓝婉屏到离家7千米外的尚育小学读书，每周只能周五下午回家，周日下午又要返回学校，已经10岁的蓝晓萍就从姐姐手中接过照顾爷爷和妹妹日常生活的担子。随着爸爸、爷爷先后病倒，这个贫困家庭失去了顶梁柱，家庭担子需要三姐妹共同来面对。

思考：反省自身，我们的孝心距离孝行还有多远?

学生交流讨论，回答。

2.爱的表达。

教师：升入初中这么久了，压抑在内心有许多话，不妨写下来，时间在流逝，父母也在慢慢老去。其实我们陪在父母身边的时间只有"A4纸"这么短的时间。

播放《时间都去哪了》音乐，学生写"家书"。

勇敢地写下心中那些温暖的话，今晚让我们行动起来，把家书主动递给父母。

【改进思路】

通过典型的同龄人事例，通过榜样的力量熏陶和感染学生，加深学生对"家"的体会。初稿中师总结升华的较多，分散了学生的思路，继而对二稿进行了调整。为了突出学生主动的践行，引导学生主动交流。在交流时发现学生羞于表达，在定稿中通过视频引导学生反省自身。在最后书写家书时我给学生播放歌曲《时间都去哪了》，通过将所学的知识迁移到生活中加以应用，真正让学生感受亲情的美好。

总结收获：师生共建知识体系思维导图。

教师：作为家庭中的一员，我们享受着家里的温暖，更要有责任，我们通过自己的努力形成一股暖流，让我们的小家相亲相爱到永远。

教学板书：

（初稿）

Family

亲情　感恩

孝亲敬长

（定稿）

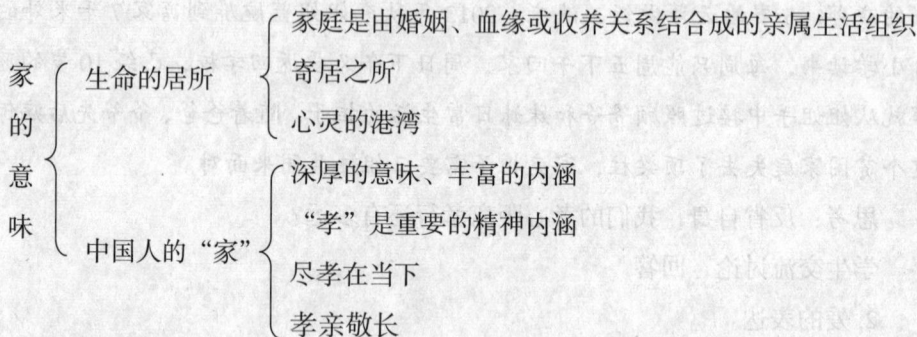

家
的
意
味
　生命的居所
　　家庭是由婚姻、血缘或收养关系结合成的亲属生活组织
　　寄居之所
　　心灵的港湾

　中国人的"家"
　　深厚的意味、丰富的内涵
　　"孝"是重要的精神内涵
　　尽孝在当下
　　孝亲敬长

教学反思：

在教学中，选用贴近学生生活的教学资源，采用视频播放、情感共鸣、学生交流的形式鼓励学生主动参与课堂，在感悟中成长。在掌握基础知识后，提升学生分析问题、解决问题的能力，整堂课努力培养学生这方面的能力，但由于教学时间的限制，在这一环节我急于求成。后续教学中应充分地相信学生，把课堂时间交给学生。

本节课围绕教材安排的板块"生命的居所""中国人的家"两部分内容，通过视频串联播放的形式突出本节课的主题："孝亲敬长"。紧扣新课标，从学情出发，避免了给家庭有变故学生带来的心理负担，又增进了学生与父母之间浓厚的亲情。结合视频，引导学生思考使学生从孝敬父母的感性上升到孝亲敬长的理性，本节课采用小组讨论次数较多，体现师生互动、生生互动、生本互动的课堂探究意识。初中生的年龄特征在教学时尤其要注意关注内向学生的心理变化，通过观看视频触及内心，懂得了感恩父母，重新在思想意识中建立家的概念，帮助学生做更好的自己，把孝亲敬长变成生活中的良好习惯，增强学生对正确行为的认同，做到知行合一。

在教学初预设的生成性问题不够，教学应该是一种双边的创造性活动。在感悟环节，有意识结合学生的生活实际，让学生感同身受。但在整课堂的教学中还是干预过多，需要我在教学中不断地反思改进。

（青岛西海岸新区凤凰岛初级中学　宋滟洁）

课例点评：

本节课的教学设计符合"感悟—探究—践行"三段引领式教学法。在感悟环节借助学生的生活经验激发学生对"家"这个词的情感体验，引入本节课的教学中。学生通过视频中英文单词的变化情感产生共鸣，顺势引导学生思考：为什么"家是一生读不完的书"调动学生课堂参与度，同时巧妙地避开了内向学生以及单亲家庭学生内心的自卑心理。探究环节通过《筷子》视频将学生从小到大的成长经历串联起来，引发学生对家的内涵和意义的思考。践行环节应是本节课的亮点，理论联系实际是道德与法治课堂的教学原则，对时政材料与课堂教学结合把握和设计的张弛有度，将一封有温度的家书带回家，达到学以致用的目的。

当然，老师还需要在环节的创设上进行斟酌调整，让学生主动参与，真正把学生变成课堂的主人，使学生想说，能说，会说。在课堂中随机生成一些新的教学资源。

课例 02：和朋友在一起

课标依据：

本课所依据的课程标准的相应部分是"我与他人和集体"中的"交往与沟通"和"在集体中成长"。具体对应的内容标准是"积极与同学、朋友交往，体会交往和友谊对生命成长的意义，学会用恰当的方式与同龄人交往，建立同学间的真诚友谊"。

教材版本：

统编《道德与法治》教材（人民教育出版社 2016 年版）七年级上册第四课第一框题。

授课时间：初稿 2017 年 9 月 11 日，二稿 2017 年 9 月 21 日，定稿 2017 年 9 月 27 日。

教学目标：

（初稿）

情感、态度和价值观目标：学会交友，形成正确的交友价值观，在与朋友交往中不断提高自己的道德素质。

能力目标：运用小组合作探究法、故事感染法、创设问题法，使学生懂得朋友圈的变化以及朋友对我们的影响，学会珍惜益友，处理交友中遇到的各种问题。

知识目标：通过本节课的学习，认识到随着年龄的增长，我们的朋友圈是不断发生变化的，朋友对我们的影响是非常大的，我们要结交益友，不交损友。

（二稿）

情感、态度和价值观目标：认识到朋友对我们的影响，懂得朋友对我们是很重要的，要珍惜朋友之间的友谊。

能力目标：运用小组合作探究法、故事感染法、创设问题法，使学生懂得朋友圈的变化以及朋友对我们的影响，学会珍惜益友。

知识目标：同初稿。

（定稿）

情感、态度和价值观目标：通过填写"我的朋友"图，认识到随着年龄的增长和环境的变化，我们的朋友圈不断扩大，学会反思自己的交友现状，学会处理与朋友交往过程中遇到的问题。感受友谊带给自己的影响，体会友谊的力量；感恩身边的朋友，形成积极向上的友谊观。

能力目标：通过填写"朋友影响力"图，分析同龄人的事例，能觉察、反思自己的人际交往状况，觉察自己对友谊的期待；认识朋友的影响，学会结交益友，不交损友，逐步提升处理交友问题的能力。

知识目标：通过填写"我的朋友"图、"朋友影响力"图，分析同龄人的事例，引用名人名言，认识朋友圈的变化和友谊的力量，懂得朋友的重要性，珍惜、结交对自己有良好影响的朋友。

学情分析：

在青少年时期，学生逐步离开父母的怀抱，开始更多地寻求同龄人的认同，从同龄人的眼睛里寻找自己，与同龄人密切交往、建立真挚的友情迫切地成为内心需要。让学生看到自己和他人对友谊的渴望，可以帮助学生更加深刻地理解自己和他人交往的动机和交往行为，从而促进彼此的关系。

同伴交往和友谊对学生成长的意义重大，青少年时期的同伴关系对学生社会性和情感发展具有独特的、成人不可替代的作用，与同伴交往的经验是发展成功的社会交往所需要的重要条件，同样，对亲密感的获得以及自我概念的发展也具有重要的作用。对朋友在生命中的重要性，学生只有一些模糊的体验，把学生的情感体验上升到理性认识，可以帮学生进一步感受友谊的力量，明确友谊在成长中的价值和意义，从而珍惜友情，善待朋友。

教学重点：

认识朋友对自己的影响，懂得朋友的重要性。

教学难点：

学会谨慎交友，珍惜良友。

教学方法：

"感悟—探究—践行"三段引领式教学法。

感悟：通过教师与学生谈话，学生观看视频，带着对友谊的初步感悟进入本节课的学习。

探究：教师分享在不同时期好朋友的照片，激发学生的学习兴趣，拉近与学生的距离。学生填写"我的朋友"图和"朋友影响力"图，来认识朋友圈是如何变化的以及朋友对"我"的影响。分析同龄人的故事，引用孔子名言和展示的调查资料明确要结交益友。

践行：学生观看班级集体照片，填写并赠送友谊卡片，升华情感。

教学流程：

（一）感悟

（初稿）

教师：同学们，你们认为友谊是什么？

学生：友谊是好朋友之间的情谊。

学生：友谊是朋友之间的亲密关系。

教师：友谊是一股甜甜的泉水，使不幸的人忘记生活的苦涩；友谊是一首动听的歌谣，使生活枯燥的人感到生活的乐趣。这节课让我们带着对友谊的憧憬，探寻友谊的真谛，缔结真挚的友情。

出示课题：和朋友在一起。

（二稿）

教师：同学们，老师准备了一段视频，这段视频演绎着幸福和美好。

多媒体播放视频：学生和好朋友在一起的照片，配《友谊地久天长》音乐。

教师：可以看出来同学们在观看视频的时候，脸上洋溢着幸福的微笑，这节课就让我们走进友谊的天空，来分享和朋友在一起的那些美好的故事。

出示课题：和朋友在一起。

（定稿）

教师：同学们，什么是友谊？

学生：友谊是好朋友之间的情谊。

学生：友谊是朋友之间的亲密关系。

教师：有人说，友谊是一股甜甜的泉水，使不幸的人忘记生活的苦涩；友谊是一首动听的歌谣，使生活枯燥的人感到生活的乐趣。现在让我们观看一段视频，感受友谊的美好。

多媒体播放视频：学生和好朋友在一起的照片，配《友谊地久天长》音乐。

教师：可以看出同学们在观看视频的时候，脸上洋溢着幸福的微笑，这节课让我们走进友谊的天空，来分享和朋友在一起的那些美好的故事。

【改进思路】

初稿用谈话方式导入，提出问题什么是友谊，学生回答。这一设计过于平淡，不能激发学生的兴趣，课堂效果不理想。

二稿中通过观看视频，导入新课，视频的内容是学生和好朋友的照片，渲染了情感，激发学生的学习兴趣。

定稿中，引用一段描述友谊的排比句来回答什么是友谊，让学生知道本节课的主题是友谊，带着对友谊的憧憬再观看视频，更好地激发学生对友谊的感悟。

（二）探究

环节一：我的朋友圈

（初稿）

1.展示课前做的调查问卷：在我们的周围，有父母，有教师，有同伴，还有其他人。这些人都可能是我们生活中的朋友，那当你有心事时你会选择向谁诉说？（选择其中一项在后面的括号里打上"√"）父母（　　），教师（　　），朋友（　　），兄弟姐妹（　　），其他人（　　），不说（　　）。

出示统计结果：选择和朋友诉说的同学占48%，向兄弟姐妹诉说的占14%，向父母诉说的占13%，向教师诉说的占4%，向其他人诉说的占8%，选择不说的占13%。

教师：同学们，通过调查问卷的这些数据结果你发现了什么？

学生：选择向朋友诉说的同学最多。

学生：选择向朋友诉说的同学大约占一半。

教师小结：当我们有心事的时候，大多数同学选择向朋友诉说，更愿意寻求他们的帮助，这说明朋友成为我们生命中的重要组成部分。

2. 正确认识朋友圈的新变化。

学生填写"我的朋友"图。

教师：在成长的岁月里，有哪些好朋友陪伴着你？通过你的"朋友图"你发现了什么？

学生：幼儿园交的朋友是最多的，小学的时候交的朋友变少了，到了初中就几个好朋友了。

学生：从幼儿园到小学到初中，认识的朋友不断增多。幼儿园和小学交的朋友基本上就是在一起玩，上初中后交的朋友除了一块玩，更多的是在一起学习，还在一起谈心。

教师小结：通过同学们幼儿园、小学、初中的好朋友数量和远近关系的对比可以得出：

交往范围扩大了，朋友圈扩大了，交往内容更丰富。朋友圈比以前变小了，交往更加深入，与朋友关系更密切。

3. 分享教师与朋友的故事"青春岁月，感谢有你们"。

教师小结：人的一生离不开朋友，朋友是永恒的主题，我们要学会梳理自己的朋友圈。

（二稿）

1. 展示课前做的调查问卷：内容同初稿。问卷的结果数据以表格形式呈现。

调查内容	当你有心事时你会选择向谁诉说					
诉说对象	朋友	兄弟姐妹	父母	教师	其他人	不说
调查结果（%）	48	14	13	4	8	13

教师：同学们，通过调查问卷的结果数据你发现了什么？

学生回答问题（同初稿）。

教师总结（同初稿）。

2. 正确认识朋友圈的新变化。

指导学生完成"我的朋友"图。

在成长的岁月里，有哪些好朋友陪伴着你？请把他们的名字写在相应的位置。

明确填写表格的要求："我的朋友"图横轴表示时间，竖轴表示朋友与你关系的远近，如果你和朋友的关系非常好，就把他的名字写在靠近横轴的位置，如果只是一般朋友，就把名字写在离横轴远一些的位置。

思考：教师：在成长的岁月里，有哪些好朋友陪伴着你？通过你的"朋友图"你发现了什么？

学生回答。

教师小结：同初稿。

3. 同初稿。

（定稿）

1. 展示课前做的调查问卷：内容同初稿、二稿，根据问卷的结果数据制作柱状图。

调查结果（%）

单位：人

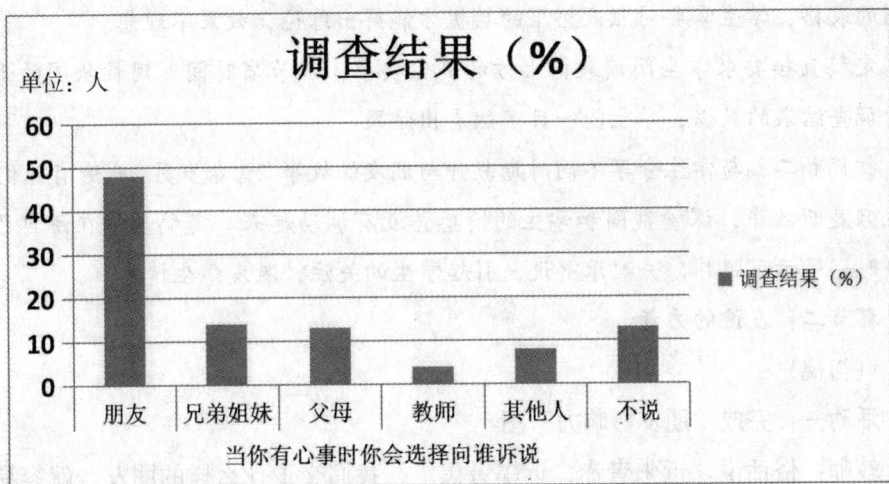

当你有心事时你会选择向谁诉说

教师：同学们，通过调查问卷的这些结果数据你发现了什么？

学生回答问题。

教师小结：同初稿。

2. 分享不同时期教师与朋友的故事"青春岁月，感谢有你们"。展示图片，配乐解说。

小学时的照片解说：美好的童年里少不了好朋友的陪伴，有她们在，我的童年绚丽多彩。

初中时的照片解说：在学习最苦最累的时候，有她们的一句"加油""我们一起努力"就足以让我坚持下去。

大学时的照片解说：这是我上大学时的好朋友，她们当中有我的舍友，有我参加社团时认识的好朋友。在最美丽的青春年华，是她们陪我一起走过。

与同事的照片解说：参加工作后，是他们在我人生的又一转折点上，给我帮助，给我支持，从而成就了今天的我。

感谢在我的青春岁月，有他们的陪伴。

教师小结：人的一生离不开朋友，朋友是永恒的主题，我们要学会梳理自己的朋友圈。

【改进思路】

初稿在填写表格前，没有指导学生如何填写，部分学生没有阅读，导致了部分学生乱填，浪费了课堂时间。问卷的结果展示直接用的数据，学生看起来比较麻烦。

二稿指导学生明确填写要求，避免部分学生不知怎样正确填写。问卷结果展示用的表格，学生需要对照表格里的数据才能得出结论，效果不理想。

定稿直接要求学生阅读表格上方的具体要求，以节省时间。用柱状图的形式展示调查结果的数据，学生能一目了然看出结果。

初稿和二稿与学生分享不同时期教师与朋友的故事"青春岁月，感谢有你们"，学生只是听故事，课堂氛围和学生的情感并没有调动起来。定稿教师在讲自己的故事时，展示了照片，并配乐解说，引起学生的关注，激发学生情感。

环节二：友谊的力量

（初稿）

活动一：完成"朋友影响力"图

教师：俗话说"近朱者赤，近墨者黑"，我们交了什么样的朋友，就容易受朋友的影响成为什么样的人，这就是朋友的影响力。同学们，你的朋友对你有哪些影响？完成"朋友影响力"图。

学生完成的"朋友影响力"图。

教师：同学们，分享朋友对你们产生影响的小故事吧。

学生：我的好朋友小明，他的英语口语很好，我们在一起玩的时候他经常会说英语，我的英语口语水平也有很大提高。

学生：我的好朋友小亮，他很喜欢打篮球，渐渐地我也喜欢上打篮球。

学生：我的好朋友小红，她是我们班的文艺委员，她活泼开朗，很喜欢帮助同学，同学们都叫她"小帮手"，我和她成为好朋友后，由寡言少语变得越来越爱说爱笑了，也经常和她一起帮助同学。

教师小结：朋友对一个人的影响很大。我们的言谈举止、兴趣爱好甚至性格等都或多或少地受到朋友的影响。

活动二：聊聊你和朋友的故事

教师：同学们聊聊你和朋友的故事，并谈谈对你的影响。

学生回答。

教师小结：朋友，见证了我们一起走过的成长历程，我们需要真诚友善的朋友。

教师："益友"的标准是什么？

学生：能让我们进步的朋友是益友。

学生：善良，诚实，乐于助人的朋友是益友。

学生：在有困难的时候能伸出援助之手的朋友是益友。

多媒体展示孔子名言。

孔子曰："益者三友，损者三友：友直，友谅，友多闻，益矣；友便辟，友善柔，友便佞，损矣。"——《论语·季氏》

教师小结：孔子说："有益的朋友有三种，有害的朋友有三种。结交正直的朋友，诚信的朋友，知识广博的朋友，是有益的。结交谄媚逢迎的人，表面奉承而背后诽谤人的人，善于花言巧语的人，是有害的。"与正直、诚信和见识广的人交朋友，是有益的，与邪恶、狡猾和奸诈的人交朋友，是有害的。我们交友一定要谨慎，要结交益友，不交损友。

（二稿）

活动一：完成"朋友影响力"图

同初稿。

活动二：分享故事"遇到你是我的幸福"

教师：刚才同学们和老师分享了你们和朋友的故事，认识到朋友对我们的影响很大，现在，老师也和你们分享我与自己好朋友的故事——"遇到你是我的幸福"。

在上初中时因为自己的声音像男生很自卑，不愿意和同学交往，我没有朋友，我的学习成绩也不好。她是我们班的学习委员，当时她主动在学习上帮助我，班主任把我们调为同桌，我们相处的时间更多了。渐渐地我们成了无话不谈的好朋友，约定要考上高中，经过努力，我们都考上了高中。之后我们又考入了同一所大学，共同度过了大学四年时光。现在我们都参加工作了，由于工作的繁忙，见面的机会少了，但逢年过节的时候，还是会聚在一起。她就像我的姐姐一样，成了我生命中的不可或缺。现在，我们的孩子也成了好朋友，希望友谊在他们身上延续下去。在我人生的道路上，有这样一位朋友，我是幸福的，是幸运的。

活动三：聊聊你和朋友的故事

同初稿活动二。

（定稿）

活动一、活动二、活动三同二稿。

活动四：同龄人的故事

事例一：王明，七年级二班的学生，内向，独来独往，学习成绩不理想，在课堂上听讲不专注，课余时间也不和同学们一起玩。班主任李老师了解了王明的情况后，就把性格开朗，学习成绩优秀的李龙同学调到和他同位，李龙经常帮王明解答学习上的难题，还经常叫他和同学们一起打篮球。渐渐地王明的学习成绩进步了，也愿意主动和同学交流了。

事例二：赵川是七年级三班的学生，学习成绩差，调皮贪玩，特别喜欢玩网络游戏，他经常跟他的好朋友李刚分享玩游戏的乐趣，李刚渐渐地也对游戏产生了兴趣，他们俩经常放学后一起去网吧玩游戏，赵川也因为沉迷游戏成绩越来越差。

教师：事例中王明和李刚发生了哪些变化？给他们带来变化的原因是什么？

学生：王明和李龙成为朋友后，由内向变得愿意主动和同学交流了。李刚受赵川的影响沉迷网络，导致学习成绩越来越差。

学生：给他们带来不同变化的原因是交的朋友给他们带来不同的影响。

教师小结：由此我们可以看出交的朋友不同，就会带来不同的影响。同学们想一想什么样的朋友对我们产生积极影响？什么样的朋友对我们产生消极影响？

学生回答。

引用孔子名言同初稿。

教师小结：益友就是能帮助自己上进的朋友。

多媒体展示：一项青少年犯罪调查显示：男生因交友不慎犯罪占青少年犯罪的83%，女生占73%。九成青少年涉毒因交友不慎。

教师小结：与正直、诚信和见识广的人交朋友，是有益的；与邪恶、狡猾和奸诈的人交朋友，是有害的。我们交友一定要谨慎，要交益友，不交损友。

【改进思路】

初稿中学生完成"朋友影响力"图，结合自身的生活实际讲自己与朋友的故事，来认识朋友对自己的影响，会深刻地感受到朋友的影响力。

二稿中补充教师讲述自己的故事，激发学生的学习兴趣，现身说法，更能走进学生的心灵，产生情感上的共鸣，传递给学生积极向上的精神力量，密切师生之间的关系。

初稿和二稿中只引用了孔子的名言来认识益友和损友，过于生硬，学生对此只是有了字面上的认识，与学生的生活实际相脱离，效果不理想。定稿中引用同龄人的故事感受朋友对我们好与坏的影响，贴近学生的生活实际，有利于学生认识益友和损友。

（三）践行

（初稿）

学生做随堂练习题。

（二稿）

聆听歌曲《朋友》。

朋友

这些年一个人，风也过雨也走，有过泪有过错，还记得坚持什么，

真爱过才会懂，会寂寞会回首，终有梦终有你在心中，

朋友不曾孤单过一声朋友你会懂，还有伤还有痛，还要走还有我，

这些年一个人，风也过雨也走，有过泪有过错，还记得坚持什么，

真爱过才会懂，会寂寞会回首，终有梦终有你在心中，

朋友一生一起走，那些日子不再有，一句话一辈子，一生情一杯酒，

朋友不曾孤单过，一声朋友你会懂，还有伤还有痛，还要走还有我。

教师："人生如歌，友谊是乐曲中最动听的乐章。"真正的朋友能带给我们温暖、支持和力量，能帮助我们不断进步，让我们感受到生活的美好。祝愿各位同学在人生的旅途中，与朋友相伴同行，让友谊照亮我们的生活之路。

（定稿）

1. 播放学生的照片，配轻音乐。

学生参加集体活动的照片，课堂上小组合作的照片，和教师在一起的照片，团体活动获得的奖状照片等。

2. 朋友我想对你说。

教师：把你想对朋友说的话写在友谊卡片上，送给你的朋友。

学生写完后，送给自己的朋友，给自己的好朋友一个深情的拥抱，真诚地说一声谢谢。

教师：希望同学们在班级这个大家庭里相亲相爱，互帮互助，更多地结交朋友。希望同学们好好珍惜身边的朋友，珍惜这份幸福和幸运。

【改进思路】

初稿中设计了随堂练习题，学生只是照知识点完成练习题，不能通过践行提高学生珍惜友谊的意识和缔结友情的能力。

二稿中设计了学生欣赏并跟唱《朋友》这首歌，学生参与度高，情感得到升华，但这一环节只设计欣赏跟唱歌曲，脱离学生的生活实际，不能通过践行感恩身边的朋友。

定稿中展示班级的各种集体照片，配音乐，进行情感升华，设计填写友谊卡片，让学生把想对好朋友说的话写下来，在送给好朋友的时候并给朋友一个拥抱，对朋友真诚地说一声谢谢，以此增进朋友间的友谊，懂得要珍惜身边的朋友。

教学板书：

（初稿）

和朋友在一起

一、我的朋友圈

1.变大：交往范围扩大，朋友圈扩大了，内容更丰富了；

变小：朋友圈比以前变小了，交往更加深入，关系更密切。

2.从广度、深度上，我们都在发展自己的朋友圈，人际关系在逐步拓展。

二、友谊的力量（朋友的影响）

1.朋友对一个人的影响很大。

2.朋友见证了我们一起走过的成长历程。

3.交友讲原则，善交益友，不交损友。

（二稿）

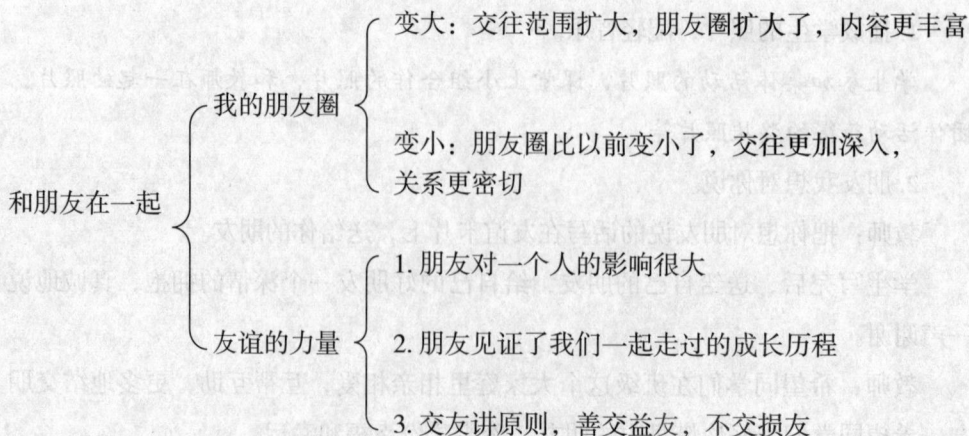

和朋友在一起

我的朋友圈
变大：交往范围扩大，朋友圈扩大了，内容更丰富
变小：朋友圈比以前变小了，交往更加深入，关系更密切

友谊的力量
1.朋友对一个人的影响很大
2.朋友见证了我们一起走过的成长历程
3.交友讲原则，善交益友，不交损友

（定稿）

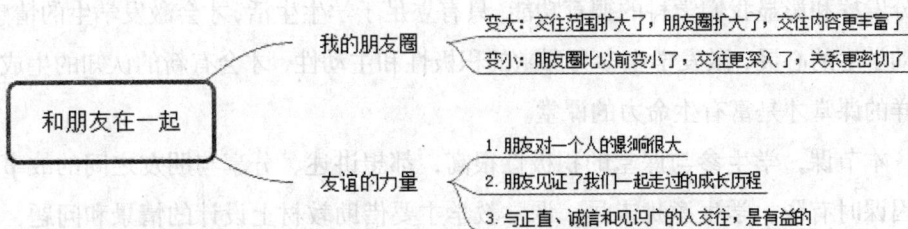

【改进思路】

初稿中只是分条罗列了知识点，学生明确了本节课所学的问题，但没有将内容形成知识体系，不利于学生准确地把握知识点。

二稿中把知识点以知识体系的形式呈现出来，学生能系统理解和把握本节课所学的内容。

定稿中运用了思维导图，科学艺术地将知识点系统地展现出来，使知识体系变得生动活泼，更有利于吸引学生的注意力。

教学反思：

本节课运用"感悟—探究—践行"三段引领式教学法，通过教学设计的修改打磨，我有以下几点收获：

一、课堂衔接要有度，避免硬性拔高。

在课堂教学中，为实现情感渲染的作用，课堂的提升很有必要。恰当的提升能够凸显教学高度，成为教学亮点，但过渡要顺畅，衔接要自然，且点到为止，不可盲目联系，硬性拔高。如在本节课讲到"与正直、诚信和见识广的人交朋友，是有益的，与邪恶、狡猾和奸诈的人交朋友，是有害的"，刚开始直接引用了孔子名言，因为是文言文，学生理解起来有很大困难，硬性拔高，过度生硬，会给学生突兀的感觉，虽然高度有了，但落脚点没找好，达到的课堂效果就不理想。

二、课堂师生共同探讨，都要现身说法。

在学习"朋友的力量"时，我设计了师生共同分享与朋友的故事，用故事感染法来达到情感的体验。师生之间的心灵对话，在情感深处引发共鸣，最终在平等的基础上实现心灵和情感上的互动，达到育人的目标。

三、课堂要联系现实生活，促进情感生成。

本节课在探究"我的朋友圈"和"友谊的力量"过程中都联系学生的生活实际，讲自己的故事，我们的课堂教学要以学生的生活作为立足点和出发点，这样才能充分发挥和彰显我们学科的德育功能。只有立足于学生生活，才会激发学生的情感，触动学生的心灵，激发学生参与课堂的积极性和主动性，才会有新的认知的生成，这样的课堂才是富有生命力的课堂。

本节课，学生参与课堂的积极性很高，都想讲述、分享与朋友之间的故事，但因课时有限，学生意犹未尽。课堂教学主要借助教材上设计的情景和问题，忽略了学生本身的课程资源，在课堂上应把更多的时间交给学生，把课堂由教堂变成学堂，更多地体现学生的主体地位。

（青岛西海岸新区弘德学校　夏凤）

课例点评：

本节课采用了"感悟—探究—践行"三段引领式教学法，体现了以学生为主体的教学理念。在感悟环节，本着从学生的生活实际出发，设计了观看视频环节，学生通过欣赏视频，体会友谊的美好，带着美好的友谊进入了本节课的学习，这样更能提高学生的学习兴趣，让学生更容易理解本节课的主题。在探究环节，依据教材所呈现的"我的朋友"图，通过填写朋友图来察觉交友的特点和认识朋友圈的变化。教师与学生分享了自己与好朋友的照片，激发学生的学习兴趣，拉近与学生的距离。依据教材呈现填写"我的朋友"图，来探究朋友的影响。展示同龄人的故事，来探究朋友的影响，学生在思想认识上更能引起共识。引用孔子名言和展示调查资料来探究交友的原则，要交益友，不交损友。在践行环节中，播放班级的集体照片，升华学生感情，设计填写友谊卡片，增强对美好友谊的感知，懂得要珍惜身边的朋友。

课例03：我与集体共成长

课标依据：

本课所依据的课程标准的相应部分一是"我与他人和集体"中的"在集体中成长"部分。"正确认识个人与集体的关系，主动参加班级和学校活动，并发挥积极作用。有团队意识和集体荣誉感，感受学校生活的幸福，体会团结的力量。"

本课所依据的课程标准的相应部分二是"我与国家与社会"中"积极适应社会的发展"部分"知道责任的社会基础，体会承担责任的意义，懂得承担责任可能需要付出的代价，知道不承担责任的后果，努力做一个负责任的公民"。

教材版本：

统编《道德与法治》教材（人民教育出版社2016年版）七年级下册第八课第二框题。

授课时间：初稿2018年5月17日，二稿2018年5月21日，定稿2018年5月25日。

教学目标：

（初稿）

情感、态度和价值观目标：通过视频体会集体力量来自团结，提高学生集体生活能力；通过队列队形比赛视频增强集体观念，激发集体荣誉感；通过对班级生活情境的呈现、现场采访等活动，感受尽责担当的快乐。

能力目标：通过探究比赛成功的原因和在班级中承担责任的图片分析，学会勇于对集体承担责任，能够为建设美好集体贡献自己的力量。

知识目标：通过对队列队形比赛成功原因的分析，明确创建美好集体需要每个成员的共同努力；通过对班级生活情境的分析，认识承担责任对于集体发展和个人发展的重要作用。

（二稿）

情感、态度和价值观目标：通过汤石的故事体会集体力量来自团结，提高学生集体生活能力；通过班级共建增强集体观念，激发集体荣誉感；通过《老木匠》的故事培养主人翁意识，感受尽责担当的快乐。

能力目标：通过探究班级的目标、名称、口号和管理条例等，提高参与班级建设的能力。

知识目标：通过汤石故事的分析，明确创建美好集体需要每个成员的共同努力；通过对班级生活情境的呈现，认识承担责任对于集体发展和个人发展的重要作用。

（定稿）

情感、态度和价值观目标：通过班级共建过程，体会集体建设需要每个人的共同努力，提高集体生活能力；通过班级情景剧和图片展示，学会承担责任，增强集体荣誉感。

能力目标：通过"说一说：我为集体做过什么事，自己的感受和其他人的评价"活动和拓展延伸活动"我的集体我做主"，知道可以在哪些方面、如何为集体建设贡献力量，培养主人翁意识，感受尽责担当的快乐；提高为班级出力的能力。

知识目标：通过商定班级名称和口号，修改班级管理条例等活动，知道在共建中尽责；通过运动会筹备的情景剧和经验分享，知道勇于对集体承担责任，能够为建设美好集体贡献自己的力量。

学情分析：

青春期的学生富有热情，但也有部分学生对一些事情有心尽责而无力尽责，其责任感强过其责任能力，不能把正确选择付之行动。个别学生个人意识较强，国家、社会意识较弱。在利益关系上表现为以"我"为中心，凡事从"我"出发，往往忽视他人和集体的存在，不能将维护集体利益上升为一种自觉的行为。

学生在共同建设美好集体的过程中，能够感受个人对集体发展的作用，能够积极参加集体的共同活动，遵守集体的行为规范，明确所承担的责任，这对学生日后立足于社会、获得事业成功与家庭幸福至关重要。

教学重点：

如何为集体建设贡献力量。

教学难点：

明确承担责任的意义。

教学方法：

"感悟—探究—践行"三段引领式教学法。

感悟：通过播放记录学生军训、队列队形比赛、运动会、日常值日等瞬间的《班级相册》，引领学生初步感悟自己与班级的密切关系，为自己对班级的贡献而自豪，增强主人翁责任感。怎样为班级出力，建设更加美好的班集体？学生带着问题和情感进入新课学习中。

探究：教师提出班级建设的探究任务，让学生共同设计班级的名字、口号，完善《班级管理条例》，引导学生参与班级建设；以具有思维含量的问题为导向，引领学生进行独立思考或小组探讨，最后对探究成果进行展示、交流、分享；以校园情景剧为载体，折射学生中存在的问题，使学生学会承担责任，做有担当的人。

践行：教师联系学生的生活，设计"我的班级我做主"活动，让学生运用所学知识为班级或学校建设提建议，达到学以致用的目的。

教学流程：

（一）感悟

（初稿）

播放视频：*It's smarter to travel in groups*

依靠集体的力量，螃蟹战胜了海鸟；蚂蚁战胜了食蚁兽；企鹅战胜了鲨鱼。

思考：集体生活对个人成长有什么重要意义？

学生回答：个人的生存、发展离不开集体，集体对于我们有重要作用等。

教师点拨：个人离不开集体，同样，集体建设也离不开每个成员的共同努力，让我们一起探讨《我与集体共成长》。

（二稿）

故事导入：汤石的故事

有一个魔术师来到一个村庄，他对村里的人们说：

"我有一颗神奇的汤石，把它放进烧开的水中，会变出美味的汤来，让我现在就煮给你们喝吧！"

于是，有人就找来大锅，有人提来水倒进去，架上柴烧起来，魔术师从怀里掏出一颗石头放进沸腾的水里，然后用汤匙尝了一口，兴奋地说："太美味了！要是再加一点洋葱就更好了。"立即有人冲回家拿了一堆洋葱来，魔术师又尝了一口："太棒了！要是再放一点肉就无与伦比了！"又有人拿来一些肉，就这样，在魔术师的建议下，有人拿来调料和盐，有人拿来其他的材料，都放进去煮起来……

当最后汤煮好了，大家你一碗我一碗地在那里享用时，发现这真是天底下最美味儿的汤了。

思考：这锅汤为何如此美味？

学生回答：因为人们往汤里添加了东西。

教师点拨：汤石不过是陌生人在路边随手捡到的一颗石头，但因为很多人贡献了食材，它就变成了一锅美味的汤。其实汤石就在我们心中，只要我们每个人都贡献自己的一分力量，就能建设美好集体。

（定稿）

播放视频：《班级相册》，记录同学们在班级生活中的美好瞬间。

思考讨论：请你说说看完视频的感受，并从优势、不足两方面评价我们的班级。

学生回答：班级同学团结，师生关系融洽，但个别同学纪律不好，需要严格管理等。

教师点拨：班级就是我们的家，集体建设离不开每个成员的共同努力，这一节课让我们一起探讨《我与集体共成长》。

【改进思路】

初稿：引用视频激发学生兴趣，使学生直观地感受到集体力量的伟大，起到承上启下的作用，但与本节课内容的联系不够直接，没有突出"我与集体共成长"的主题。

二稿运用《汤石的故事》故事导入，使学生认识到：只要每个人都贡献自己的一份力量，石头也能变成美味的汤，班级建设也同样需要我们每个人的共同努力。但感觉与学生的体验仍有距离，与课本知识联系不够紧密。

定稿改为播放《班级相册》，记录学生班级生活的点点滴滴，使学生体验到班级生活的美好，激发学生的兴趣，更直观地感受到自己与班级的关系。通过对班级的评价，特别是班级建设中的不足，为以后的探究活动做了铺垫。

（二）探究

环节一：在共建中尽责

（初稿）

播放视频：班级队列队形比赛

回顾我们参加比赛的过程，思考并讨论：

1. 为什么我们能拿到第一名的好成绩？（可从班级目标、口号的商议过程、同学们的自律、努力等方面思考）

2. 我们应该怎样在班级共建中尽责？

学生思考、交流。

教师点拨：在共建中尽责，有赖于每一个成员的自觉愿望和自主行动；要共同确定愿景和目标；共同商定集体的规则与制度内容；发扬"自治"精神；共同创造良好的集体氛围。

（二稿）

怎样让班级更美好，更能凝聚同学们的力量呢？

活动一：多媒体展示名言

没有一定的目标，智慧就会丧失；哪儿都是目标，哪儿就都没有目标。——蒙田

这句名言强调了什么？我们班的愿景和目标是什么？（近期、长期）

学生思考、交流。

教师点拨：目标是灯塔，指引我们前进的方向。在同学们的共同努力下，我们班形成了自己的愿景和目标，激励着全体同学不断进步。有了目标，还要有制度、规则作保障。

活动二：多媒体展示《班级管理条例》

思考：我们的《班级管理条例》还有哪些方面需要补充完善？为了让我们班级更有凝聚力，结合学校的要求，请同学们为我们班起一个响亮的名字并设计班级口号。

学生思考、交流。

教师点拨：在全体同学的共同努力下，我们班有了自己的名字、口号，形成了比较完备的管理制度。

活动三：多媒体展示《天堂与地狱》的故事

一位行善的基督徒，临终后想知道天堂与地狱究竟有何差异，于是天使就先

带他到地狱去参观。到了地狱，在他们面前出现一张很大的餐桌，桌上摆满了丰盛的佳肴。"地狱的生活看起来还不错嘛"，"不用急，你再继续看下去"。

过了一会儿，用餐的时间到了，只见一群骨瘦如柴的饿鬼鱼贯地入座。每个人手上拿着一双长十几尺的筷子。可是由于筷子实在是太长了，最后每个人都夹得到、吃不到。"你真觉得很悲惨吗？我再带你到天堂看看。"

到了天堂，同样的情景，同样的满桌佳肴，每个人同样用一双长十几尺的长筷子。不同的是，围着餐桌吃饭的可爱的人们，他们也用同样的筷子夹菜，不同的是，他们喂对面的人吃菜。而对方也喂他吃，因此每个人都吃得很愉快。

思考：故事中的天堂与地狱有何区别？给我们什么启示？

学生思考、交流。

教师点拨：共同创造良好的集体氛围。一个集体的成长过程，也是正气和凝聚力形成的过程。良好的人际关系、健康的舆论氛围、积极的精神气息，离不开每个人的努力。

（定稿）

同学们指出了我们班的不足之处，那怎样让班级更美好，更能凝聚同学们的力量呢？

活动一：我的班级我做主

共同设计我们班的名字和口号，制定班级建设的目标。

学生讨论、交流。

教师点拨：在同学们的共同努力下，我们班形成了有自己的特色，有自己的愿景和目标，激励着全体同学不断进步。

活动二：多媒体展示《班级管理条例》

我们的《班级管理条例》还有哪些方面需要补充完善？

学生思考、交流。

教师点拨：在全体同学的共同努力下，我们形成了比较完备的管理制度，怎样让制度落到实处？

活动三：他山之石

多媒体展示：潍坊某中学学生申请"无人监考"的图片和文字说明。

思考讨论：同学们为什么要申请"无人监考"？我们还可以在哪些方面实行"自治"？

学生思考、交流。

教师小结："自治"表现为每个成员主动参与集体建设，积极参加集体活动，自觉维护集体利益。同学们提出的建议都很好，课后再整理完善一下，我们可以在班级实行或向学校提出建议。

活动四：展示图片

良好的人际关系、健康的舆论氛围、积极的精神气息。

思考并讨论：看了这些图片，你认为形成良好的班集体还需具备哪些条件？

学生思考、交流。

教师总结：一个集体成长的过程，也是正气和凝聚力形成的过程。良好的人际关系、健康的舆论氛围、积极的精神气息，离不开每个人的努力。

【改进思路】

初稿以多媒体展示学生共同经历过的队列队形比赛视频为载体，引导学生回顾总结在共建中尽责的五个知识点，能够激发学生兴趣，但设问比较笼统，全靠教师引导，有生拉硬拽之感。另外，视频为过去发生的事，与"我与集体共成长"的主题不太相符。

二稿改为探究集体的愿景及共同制定班级的名字和口号，既能具体体现知识点，也对现实中班级的发展有指导意义。同时，学生在探究过程中，能体验到为集体建设出力的主人翁意识，增强参与班级建设的自觉性。在探究"共创良好集体的氛围"时，引用《天堂与地狱》的故事，能够激发学生兴趣，但学生的答案比较分散，不确定性太强，不好把握。

定稿时突出"共建"主题，共同设计班级的名字和口号，共商管理制度，问题和活动更有针对性、前瞻性。同时，突出了学生"自治"的内容，让学生感受到自己不仅是规则的制定者，而且是遵守者和执行者，从而树立主人翁的责任感，实现班级管理质的飞跃。

环节二：在担当中成长

（初稿）

活动一：说一说在集体建设过程中，你为集体做了什么？你的感受如何？

学生思考、交流。

教师点拨：集体的建设需要每个人的智慧和力量。集体的事务需要每个人去分担，每个人都是集体的主人。

活动二：八仙过海，各显神通的我们

多媒体展示图片：认真值日、擦黑板、出黑板报、收作业、为同学讲题、参

加学校运动会、参加大扫除活动、

思考：这些图片告诉我们作为班级的主人，应该怎么做？

学生思考、交流。

教师点拨：为集体出力，需要每个人的智慧和力量；需要每个人从实际情况出发，各尽其能，发挥所长；需要共同维护集体荣誉。

活动三：现场采访

采访班长、课代表、值日生的履职感受、困扰等。

思考：通过本次采访活动，你有什么感受？

学生思考、交流。

教师点拨：建设集体需要每个人的行动，需要每个人都主动去建设和管理，需要每个人都承担起自己的责任。

思考：为什么要勇担责任呢？承担责任体现在哪些方面？

教师点拨：

承担责任既是个人有所成就的基础，也是集体发展的必要前提。勇于担责，体现在实际行动中，落实到具体的事情中。

（二稿）

活动一：木匠的故事

一位优秀的老木匠打算退休，老板舍不得他走，请求他再建最后一座房子，老木匠应允了。但是大家都看得出来，老木匠已经不像从前那么精益求精地工作了，他用的是软料，出的是粗活。房子建好那天，老板把大门的钥匙递给了他说："嘿，老伙计，你跟着我干了大半辈子，这房子算是送给你的礼物吧。"接过钥匙，老木匠羞愧得无地自容，如果他早知道是在给自己建房子，他又怎么会这样粗略应付呢？但人生没有"如果"，命运不相信"假设"，现在他只得住进这幢由自己打造的粗制滥造的房子里了！

分组讨论：

1. 木匠为什么会羞愧？

2. 在班级建设中，你是否也有木匠的心态？

3. 结合教材内容，你打算怎样为班级出力？

教师点拨：集体建设需要我们有主人翁意识。集体的建设需要每个人的智慧和力量；为集体出力，需要每个人从实际情况出发，各尽其能，发挥所长；集体荣誉是我们共同的利益和荣誉，需要我们细心呵护。

活动二：班级卫生我有责

播放学生主动打扫班级卫生的视频。

思考、讨论：如何理解勇于担责？

教师点拨：承担责任既是个人有所成就的基础，也是集体发展的必要前提。在集体生活中学会承担责任，是自我磨砺的过程。有助于我们学会正确做事，提高能力，获得他人的认可与尊重，扩大自我成长的空间。勇于担责，体现在实际行动中，落实于具体的事情里。

（定稿）

活动一：情景剧

运动会各个项目都报满了，只有男子1500米项目没有人报。

体育委员：还有谁跑得快还没报项目的？

小智：小瑞跑得快，他小学时400米还获奖来！

小瑞：去你的，我不跑，那么累，谁愿意跑？

体育委员：给班级挣分呢，你报吧。

小瑞：关我什么事？你怎么不报？

体育委员：我已经报两项了，这个我实在跑不了了。

小楠：我报吧，我耐力还行，但速度不行，有可能拿不到名次。

体育委员：别人还有没有报的？没有，那就小楠你吧。

1.怎样评价小瑞和小楠的言行？

2.集体中的事与我们有关吗？我们应当怎样承担责任？

学生思考、交流：小瑞缺乏主人翁意识，小楠勇于担当，承担责任。

教师点拨：班级建设需要我们共同努力，集体荣誉需要我们细心呵护．我们要承担责任，落实行动。

活动二：经验分享

剧中的"小楠"就是我们班的哪位同学？虽然在运动会上没有获得名次，但他坚持下来了，他就是我们心目中的英雄。请他和我们分享一下自己的心路历程。

思考交流：从他身上我们学到什么品质？怎样理解这种品质？

教师点拨：在集体生活中，学会接纳他人，理解和包容他人；学会关爱他人，互相帮助；学会参与，学会担当，这些是我们走向社会的"必修课"。

承担责任既是个人有所成就的基础，也是集体发展的必要前提。勇于担责，体现在实际行动中，落实到具体的事情中。

活动三：八仙过海，各显神通的我们

多媒体展示图片：认真值日、擦黑板、出黑板报、收作业、为同学讲题、参加学校运动会、参加大扫除活动。

思考：这些图片告诉我们作为班级的主人，应该怎么做？

学生思考、交流。

教师点拨：为集体出力，需要每个人的智慧和力量；需要每个人从实际情况出发，各尽其能，发挥所长；需要共同维护集体荣誉。

【改进思路】

初稿以学生自身的事例、图片、现场采访等活动激发学生的兴趣，让学生体会个人与集体的关系，理解建设集体需要每个人的行动并承担起自己的责任。但活动内容重复。

二稿换成《木匠的故事》，突出主人翁意识，加强了材料与教材的联系，引发学生的思考。播放学生主动打扫班级卫生的视频，让学生明确承担责任的重要性和做法，但形式比较单一，学生容易疲劳。

定稿改成学生表演情景剧，并进行经验分享，有一定的连续性，情景剧取材于学生身边的真实故事，能够激发学生探究的兴趣，让学生有话可说。图片展示让学生意识到承担责任离我们并不遥远，我们都能做到，将课本知识内化为自觉认识，落实到实践中。

（三）践行

（初稿）

1. 拓展延伸："我的集体我做主"。

请结合本节课内容为班级或学校管理提建议。

2. 寻找与自己志同道合的师长和伙伴，尝试创建一个社团，体会在共建集体过程中的感受。

（选择一个去做）

（二稿）

播放马云的演讲视频《责任心有多大，舞台就有多大》。

宣读班级共建誓词。

（定稿）

播放马云的演讲视频《责任心有多大，舞台就有多大》。

承担责任，共建美好班集体，需要我们每个人的共同努力，请填写你的"践行卡"：

- 我发现班级中存在的问题是：
- 我的建议：
- 我的行动：

【改进思路】

初稿中活动一是探讨班级建设的问题，活动二尝试建立社团，这对学生要求都比较高，且形式都比较严肃，缺少感情的升华。

二稿改成马云的演讲和班级誓词，能升华情感，引起共鸣，但又缺少实践环节。

定稿把二者结合起来，用马云的演讲升华情感，"践行卡"落实行动，既能锻炼学生的能力，又让学生主动参与到班级建设中来。

板书设计：

（初稿）

第八课　美好集体有我在

二、我与集体共成长

（一）在共建中尽责

1. 集体建设需要自主建设、自我管理

2. 认同共同愿景和目标

3. 共同参与民主管理

4. 集体建设需要"自治"精神

（二）在担当中成长

1. 集体建设需要个人力量

2. 对集体事务要各尽其能

3. 对集体荣誉要悉心呵护

4. 勇于担责的意义

5. 共同创造良好集体氛围

（定稿）

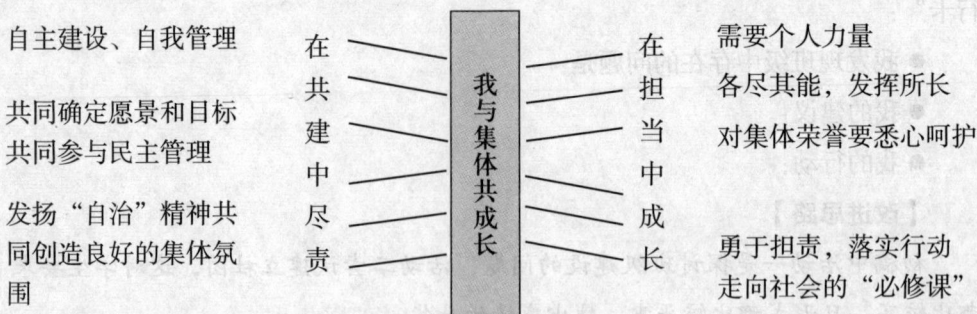

自主建设、自我管理

共同确定愿景和目标
共同参与民主管理

发扬"自治"精神共
同创造良好的集体氛
围

需要个人力量

各尽其能，发挥所长

对集体荣誉要悉心呵护

勇于担责，落实行动
走向社会的"必修课"

【改进思路】

初稿板书呈现了知识点，使学生对知识点一目了然。

定稿板书在初稿的基础上运用思维导图，更直观、形象，逻辑性层次性更加清晰，能引起学生兴趣，更有利于学生理解、记忆。

教学反思：

本节课是"我与集体"知识教学，学生对于集体相对来说比较熟悉，课本内容易于理解，但现实生活中普遍存在对班级工作漠不关心、"事不关己高高挂起"的现象，正所谓"知易行难"。所以授课时以"学生参与班级建设"为主线，以有趣的故事、小品激发学生探究的兴趣，同时选取与学生有关的相册、视频等，引导学生回顾自己在集体建设过程中所做的贡献，思考个人贡献与集体成长的关系，培养担当意识，学会承担责任，为集体建设贡献自己的力量，做到知行统一。整节课以学生的感受、体验和探究活动为主，充分发挥了学生的主体作用，但在时间的控制和对学生回答问题的点评方面仍有欠缺，需继续努力。

（青岛西海岸新区博文初级中学　张慧珍）

课例点评：

本节课的优点：

1.本节课的教学设计采用"感悟—探究—践行"三段引领式教学法，从学生的学习情况出发，充分发挥学生的主体作用，让学生在活动中互助合作，共同提高，体验学习的快乐。

2.精心创设教学情境，结合学生在班级中的体验，让学生在情境中感悟、探究、体验，营造出积极愉悦的课堂氛围。学生积极参与课堂，快乐学习，有效地提高了学生的学习效率。在学生主动参与知识形成的过程中，落实了本节课的德育目标，达到了道德与法治这门学科的教学意图。

3.采用"小组合作学习""分组竞争"的方法，给课堂注入了活力，它不仅充分发挥了师生间、生生间的相互交流、协作功能，还培养了学生的合作意识、团队精神，让学生由被动变为主动，激发了学习热情，使学生在相互补充、相互促进中共同提高。

4.多样化的评价方式极大地调动了学生的学习积极性，大大提高了课堂教学的实效。

5.教师驾驭课堂能力极强，能灵活有效地对学生的回答进行评价、引导，注意课堂的生成性资源，及时地调整教学思路，充分反映了教师良好的课堂机智，这节课本身也成为一节怎样建设班级的生成性的课。

6.重视学生课下的知识搜集和实践活动，使课堂不仅局限于教室里的知识传授，而且扩展到学生的生活实践，发挥了道德与法治课的德育功能，做到了知行统一。

不足之处：

1.语言要进一步锤炼，在表述的准确、精练上下功夫。

2.进一步提高评价艺术，在生成性资源的引导、挖掘、利用上仍有较大的提升空间。

课例04：网上交友新时空

课标依据：

《网上交友新时空》所依据的课程标准的相应部分是"我与他人和集体"中的"交往与沟通"。具体对应的内容标准是："学会用恰当的方式与同龄人交往，建立同学间的真诚友谊。"

本课所依据的课程标准的相应部分还有"我与国家和社会"中的"积极适应社会的发展"。具体对应的内容标准是："合理利用互联网等传播媒介，学会理性利用现代媒介参与社会生活。"

教材版本：

统编《道德与法治》教材（人民教育出版社2016年版）七年级上册第五课第二框题。

授课时间：初稿2018年10月18日，二稿2018年10月23日，定稿2018年10月26日。

教学目标：

（初稿）

情感、态度和价值观目标：通过分析典型材料，让学生树立恰当运用网络进行交往的意识，体会网络交友的优势与劣势，增强对现实生活中交友的认同感。

能力目标：通过学生参与活动、分析典型材料，树立安全防范意识，提高辨别觉察能力，理性进行网络交友，学会在网络交往中更好地保护自己。

知识目标：通过分析吴凡的档案、360搜索截图以及参加辩论赛活动，了解网络交友的特点和利与弊，懂得在网络交往中慎重选择网友，掌握网络交往的自我保护方法。

（二稿）

情感、态度和价值观目标：同初稿。

能力目标：通过分析典型案例，提高学生网络交往的安全防范意识，增强自我保护能力。通过参加辩论赛活动，充分认识网络交往的影响。

知识目标：通过分析吴凡的档案和吴凡的网上交友故事以及参加辩论赛活动，了解网络交友的特点和利与弊，懂得在网络交往中慎重选择网友，掌握网络交往的自我保护方法。

（定稿）

情感、态度和价值观目标：通过分析典型案例，增强网络交友的安全防范意识。

能力目标：通过合作探究"加不加""晒不晒""见不见"等网络交友问题，提高学生网络交友的辨别是非能力和自我保护能力。

知识目标：通过分析吴凡的档案和吴凡的网上交友故事，了解网上交友的特点，充分认识网络交友的利与弊，懂得网络交友须谨慎，要理性对待网络交友。

学情分析：

随着互联网的发展与普及，人们的网络生活日新月异。但网络交友环境复杂、多变，对于涉世未深的七年级学生来说，他们由于生活阅历少、自我保护知识匮乏等原因，并不能正确认识网络交往的利与弊，缺乏自我保护意识，也不能正确处理网络交友中可能遇到的困境和危机。因此，要引导学生理性上网，安全交友。

教学重点：

引导学生树立慎重结交网友的意识。

教学难点：

对网上交友利与弊的分析与理解。

教学方法：

"感悟—探究—践行"三段引领式教学法。

感悟：教师通过播放同龄人加网络好友的邀请函视频，让学生初步感悟网络交往的独特魅力，激发学生探究的欲望，调动学生学习积极性，从而引入新课。

探究：教师创设"线上的收获""加不加""晒不晒""见不见""线下的困惑"等活动情境，引导学生进行合作探究并交流分享，最后形成探究成果，达成教学目标。

践行：教师结合学生的学习、生活实际，设计"小调查"活动，让课堂延伸到生活，既拓展了教学内容，又提高了学生的践行能力。

教学流程：

（一）感悟

（初稿）

播放视频　导入新课

多媒体播放视频：移动互联网——方寸之间天地无限

视频内容：

如今，中国的手机网民人数从 4.2 亿猛增到 7.24 亿，成了世界第一。

不知不觉中，我们的生活都因为手机而发生改变。

每天早高峰，在全国，平均每分钟有 4 万份手机叫车的订单等待着司机的响应。手机外卖也由少变多，用户达到了 2.74 亿，今天的中国，每 100 个手机网民中，就有 69 个在用手机支付，是 2012 年底的五倍多。

中国网购人群数量和网络购物的交易额都是全球首位，中国人一年移动支付的金额就超过了 208 万亿。

高铁、网购、移动支付、共享单车，外国人评出的中国新四大发明中，有三个与移动互联产业息息相关。

如今的中国人可以放心地过上无现金生活，千里之外轻轻按一下，就可以控制家中的一切，即便是家人的健康情况，也可以通过手机轻松掌握。

今年年初，中国的手机应用程序就突破了 400 万，是五年前的八倍。下一代移动网络 5G 也在今年启动了基础研发试验，预计 2020 年正式商用运行。

教师：这段视频介绍了移动互联网的发展和成就，功能强大的互联网，给我们的生活带来了巨大的变化。同学们，平时你们经常上网吗？一周上网时间是多少？你们利用网络做什么？

学生分享自己的网络使用情况。

教师：有网友的同学请举手。请分享一下你的交友经历？

学生分享自己的网上交友经历，教师及时点评并导入新课。

（二稿）

同初稿。

（定稿）

视频邀请　导入新课

多媒体呈现视频：青岛西海岸新区泊里初级中学 708 班的学生介绍自己的兴趣爱好，并邀请胶州市瑞华实验初级中学在上课现场的同学加为好友。

内容：

全班同学：我们来自青岛西海岸新区泊里初级中学。一生说，我喜欢旅游，我要走遍祖国的大好河山，还要去看世界的美丽风景，加我为好友，一起分享旅游的快乐吧。一生说，我加入了网上义工联盟，活动很有意义，大家一起来做公益吧。一生说，我在网上有一个自己的博客，加我为好友，和我一起分享美文吧。

齐声：我们做个朋友吧！

教师：同学们，你们愿意和泊里初级中学 708 班的学生做朋友吗？

学生回答。

教师追问：你们怎样超越距离的限制成为好朋友呢？

学生：我们可以添加微信、QQ 好友，还可以互相关注微博……

教师追问：你的微信或 QQ 好友里都有谁？

学生：家人、亲戚、同学、老师还有网友。

教师追问：你和网友是怎么认识的？

学生回答：

学生 1：我是在网上打游戏时认识的。

学生 2：我是在一个英语学习社群里认识的。

学生 3：我是在一个公益社群里认识的。

学生 4：我是通过微信"摇一摇"认识的。

学生 5：我是通过微信"查找附近的人"认识的。

…… ……

教师追问：你和网友见过面吗？如果见过，能和同学们一起分享一下你会见网友的感受吗？

学生：今年暑假，我和爸爸回黑龙江老家，在家长的陪同下，在辽宁省沈阳市和网友见了一面，见面后，我和网友都很兴奋，现在，我们继续做好朋友。

教师及时点评并引导：在互联网时代，只要你愿意，你总可以在网络上找到与你志趣相投的朋友，时间、空间都不能阻碍你，但我想到了一句话"网络交友提供了一切可能，也提供了一切问题的可能"。网上交友还会给我们的成长带来什么？我们该如何面对网上交友？今天我们就跟随同龄人吴凡，走进今天的道德与法治大课堂，学习第五课第二框《网上交友新时空》。

【改进思路】

从教学经验来看，学生对视频资料的关注度很高，这种集声音、影像于一体的视频导入方式，能渲染课堂气氛，激发学生学习的欲望，使学生的学习热情高涨。因此，初稿和二稿都呈现视频资料：《移动互联网——方寸之间天地无限》，展示了社会和生活的方方面面随之发生的翻天覆地的变化，让学生感受我们的生活、学习等越来越离不开互联网。但这段视频资料缺乏针对性，关注的是移动互联网的发展，与本课网上交往的主题关联不大。

定稿采用播放邀请函视频引入新课，突出了网络交友的课程内容。这种感悟方式让学生觉得亲切、具体，吸引了学生的注意力，拉近了学生与课堂的距离，扩大了学生的参与面，让学生都能主动参与到学习中去，预热了课堂，从而引入新课。

（二）探究

环节一：吴凡的档案

（初稿）

多媒体展示吴凡的档案：

档案一：在网上，吴凡扮演成各种身份，在多个论坛游逛，发发帖子，晒晒生活。因此，他获得一众粉丝，很多素不相识的人想加他为好友，很快，他拥有多个网友。虽然有谈的来的朋友会突然消失，令他很难过，但他善于调整自己，很快能和其他网友建立亲密友情。

档案二：在生活中，13岁的吴凡生性内向、腼腆。在人际交往中容易出现怯懦心理，他不善于主动和同学交流，心中有话不敢跟父母和老师说，无论在学校还是家里话都不多，容易被集体忽视。他渴望与同伴建立友谊，但始终走不出心中的牢笼。

教师：网络中的你和现实中的你会像吴凡一样有差别吗？为什么会有差别？

学生分小组讨论，教师巡视指导。

小组代表发言：在网络空间里，人们彼此都不认识，因此可以虚拟另一个自己，以崭新的面孔展现在他人面前。正因为网络交往具有虚拟、平等、自主的特点，让我们有更多的机会结交新的伙伴，拓展交往圈。

多媒体播放视频。

视频简介：迈克有三百多个网友，但仍然感到孤单和寂寞……

教师：该视频资料说明了什么？

学生：网络交往固然精彩，但永远代替不了现实交往的美好。

教师小结：网络交往有利也有弊。互联网开启了通往世界的窗口，但是，有时却关闭了与他人沟通的心灵之门，我们应理性对待网络交友。

（二稿）

同初稿。

（定稿）

多媒体展示吴凡的档案：

档案一：姓名：吴凡，性别：男，年龄：13，住址：青岛市，个性签名：我宅，我有理。

档案二：昵称：╲★☆あ帥の 性别：男，年龄：85，住址：火星，个性签名：逍遥江湖客　广交八方友。

学生思考交流：你更愿意和哪个档案里的吴凡交往？为什么？

学生：档案一中的吴凡沉默、内向、不善交流，档案二中的吴凡乐于交流，更容易让人接近。我们更愿意和档案二中的吴凡交往。

教师追问：请运用网络交友的知识，谈谈吴凡为什么可以有两张不同的面孔？

学生分小组讨论，教师巡视指导。

教师小结：在网络交往中，吴凡可以隐藏真实的自己，自由的选择各行各业、各种身份、各个年龄阶段的人交往，自由地释放个性、展现自我。在网络和现实中，吴凡展现的自我形象有差异，这些差异充分体现了网络交友自主、虚拟、平等的特点。

【改进思路】

初稿让学生分析吴凡的详细档案和观看视频，明白网络交往的特点和消极影响，为学习慎重结交网友奠定知识基础。但吴凡的档案内容详细有余，灵动不足，不能紧扣学生心弦。通过一位外国人多位网友，但感到孤单寂寞的视频资料，引导学生探究网络交往的弊端，但这段视频资料影像不清晰，主角又是一个外国人（学生觉得离自己很遥远），学生关注度不高，又因为网络交往的弊端这一知识点与这节课后面所要讲述的慎重对待网友的内容相重复，所以在定稿中进行了删除。

在二稿和定稿中，对吴凡"线上""线下"的形象进行了提炼和加工，形成了两个极具特色的档案。修改后的吴凡档案更容易引起学生的心理共鸣，学习效果更好。

环节二："线上"的收获

（初稿）

多媒体呈现辩题：

正方观点：网络交往利大于弊

反方观点：网络交往弊大于利

学生辩论。

正方代表总结发言：网络交友有利于开阔眼界，增长见识；学习到很多书本以外的知识；与不同年龄、不同身份、不同地域的人交流；毫无顾忌地与网友聊天，倾吐心事，缓解压力；不看别人脸色；打破自己生活的小圈子。

反方代表总结发言：别有用心者会打着交友的旗号图谋不轨；青少年年少单纯，容易上当受骗；使自己沉溺社交网站，不思进取；网络环境复杂多变，网络信息良莠不齐；等等。

教师小结：网络交往可以满足我们的一些心理需要，并且不必承担现实交往中那么多的压力和责任。但是虚拟世界的交往，带有很多的不确定因素，我们应理性对待网上交往，趋利避害。

（二稿）

同初稿。

（定稿）

多媒体展示吴凡的故事（一）：

升入初中，吴凡学习英语有点吃力，在同学刘刚的邀请下加入"V1加州国际英语口语跟读社群"。在群里，来自天南海北的网友分享学习经验。吴凡受益匪浅。

吴凡和美国学生汤姆在"跟读社群"里认识，汤姆辅导吴凡学习英语，吴凡辅导汤姆学习汉语，两人的外语能力都得到了很大的提高。吴凡和汤姆也成了无话不谈的好朋友。

问题：1. 吴凡加入"跟读社群"受益匪浅，请分析一下原因？

2. 吴凡的经历，给他的网上交友带来哪些影响？

教师鼓励学生踊跃发言。

教师根据学生回答总结：在"跟读社群"里，吴凡和网友互帮互助、共同学习、共同提高。吴凡找到了像汤姆这样志趣相投的好朋友。网上交往可以超越时空的限制，把天涯海角、素不相识的人连在一起，开辟了人际交往的新渠道，让我们有更多的机会结交新的伙伴，拓展交往圈。

多媒体展示图片。

图片简介：

1.老师通过春雨公益微信群和网友相约做公益的照片。

2.网友跟随西海岸新区泊里初级中学苏蒙老师建立的国学经典吟诵群学习的图片。

学生谈感受，教师引导：希望同学们遵循学习和提高的原则，加入充满正能量的社交群体，多结交积极向上的网友。

【改进思路】

网络交往的影响是本课的教学难点，为突破这一难点，初稿和二稿都采用了辩论赛活动，引导学生明确网上交友带来的影响。但是，由于学生课前准备不充分，学生的辩论观点和论据很少，学生无话可说，辩论效果不佳。

在定稿中选取了吴凡参加"V1加州国际英语口语跟读社群"受益匪浅的情境资料，在书本知识与现实之间架起一座贯通的桥梁，使课堂更具生机和活力，达到充分认识网络交往积极影响的目的。接着又展示授课老师和网友相约一起做公益的照片以及泊里初级中学苏蒙老师建立的学习社群的图片资料，进一步从思想上引起学生的认同感，引领学生在网络生活中要加入充满正能量的社群组织，结交积极向上的网友。

环节三：加不加

（初稿）

多媒体展示材料：

有调查显示，微信被很多青少年视为"交友利器"，不少人还喜欢使用微信寻找陌生人的"摇一摇"功能。于是，微信也就同时被一些不法分子盯上了，出现了不少利用微信实施诈骗、抢劫、盗窃等犯罪案件。微信几乎成了"危信"。

小组合作探究：谈谈你对上述材料的理解。

小组选出代表发言：青少年使用微信"摇一摇"功能，加陌生人为好友的做法是危险的，容易遇到不法分子。

教师追问：在微信朋友圈如果有陌生人想加你为好友，你有哪些防止上当受骗的措施？

学生回答：

1. 弄清楚陌生人加好友的目的是什么。

2. 慎用微信中"附近的人"和"摇一摇"功能。

教师总结：虚拟世界的交往，带有很多不确定的因素，我们要有一定的自我保护意识，对陌生人的邀请，不轻易接受，也不能轻易加陌生人为好友。如果不小心加上了损友，要及时从联系人中删除。

（二稿）

同初稿。

（定稿）

多媒体展示吴凡的故事（二）：

"V1 加州国际英语口语跟读社群"里的很多人想加吴凡为微信好友。"看到这么多好友邀请，吴凡既欣喜又犹豫。

（为增加情景的真实性，多媒体展示微信通信录里的新朋友邀请截图。）

教师：如果你是吴凡，你会做出怎样的选择？为什么？

学生分小组讨论，教师巡回指导。

教师：同意"加"的同学请阐明理由。

小组派代表发言：先观察几天，如果网友语言粗俗，不积极向上，果断屏蔽并删除他。如果网友是真正探讨学习和生活疑难问题的人，就继续做虚拟世界的好朋友。

教师及时评价。

教师：同意"不加"的同学请说出原因。

学生谈原因：我的微信朋友都是自己认识的同学、朋友和亲人，彼此都了解、熟悉。对于不认识的人，我一般不加，防止上当受骗。

教师追问：你或身边的人有通过微信"摇一摇"和"附近的人"程序结交网友的吗？对此你怎么看？

学生讨论，小组代表发言：慎用微信"摇一摇"和"附近的人"程序结交网友。网络世界是虚拟的，有不可预知性，不要随便加陌生人为好友，要提高自我保护的意识，增强自我保护的能力。

教师小结：没有谁一生下来就有许多朋友，很多朋友都是从陌生人开始的，直到成为好朋友，在网络上加陌生人为好友无可厚非，但我们很难判断"线上朋友"的真实情况，要有防范意识，不要随便加陌生人为好友。如果不小心加上了损友，要及时从联系人中删除。

【改进思路】

慎重结交网友是本节课的教学重点，"加不加"是突破这一重点的第一个环节。初稿和二稿出示了一段调查资料让学生分析。但这段材料过多地强调网络交友的消极影响，否定加陌生人为好友，不利于学生辨证地认识网络交友。

定稿把学生置身于吴凡"加不加"的情景中，这也是学生自己在网络生活中常遇到的事情，因此学生积极参与课堂讨论，为吴凡想办法、找对策，学习氛围浓厚，在为吴凡解决问题的同时也潜移默化影响了自己的行为，懂得网络环境复杂多变，要有安全防范意识。

环节四：晒不晒

（初稿）

多媒体展示：测测你的安全保护意识

1. 你的微信昵称用真实的姓名吗？头像是自己的照片吗？

2. 你的微信、QQ 有没有开启个人定位功能？

3. 你随便扫二维码吗？

4. 你的朋友圈有设置朋友权限吗？

5. 你经常蹭免费的 WiFi 吗？

学生交流分享。

教师追问：这些问题中的行为会带来哪些潜在的危险？

学生讨论回答：会泄露个人隐私；一旦被不法分子利用会使自己的人身、财产遭受损失；害人之心不可有，防人之心不可无。

教师小结：在网络生活中，我们要多了解网络安全知识，不轻易泄露个人资料，提高自己的安全防范意识。

（二稿）

多媒体展示视频：济南网友被"照骗"

视频内容：

2018 年 3 月，济南市市中区七贤派出所接到市民赵女士的报警，赵女士称其去年 3 月，通过网络直播平台认识一名叫关某的男子。两人你一言我一语逐渐建立起了感情，相识后九个月内，关某以还房贷、还车贷等借口陆续诈骗其 28 万余元。

赵女士要求关某还钱时，关某找寻各种借口和理由，后又从网络上把自己PS成残疾人的假身份证和照片发给赵女士博取同情，拖延还钱的时间。

最后，当赵女士发现被骗报警时，距离她第一次给关某打款已经过去了一年半的时间。民警通过调查取证，锁定了犯罪嫌疑人的身份信息。

最终，于今年4月在烟台将其抓获归案。经民警调查，关某发给赵某的身份证、照片均为网络上PS的假照片，其骗取的钱财全部用于网络赌博。现关某因涉嫌诈骗罪已被警方刑事拘留。

小组合作探究：

1. 看完济南网友被"照骗"这件事，你有什么感受？

2. 在朋友圈里"晒生活"应该注意哪些问题？

小组交流分享选派代表发言，教师小结：在网络生活中，要具备基本的素质：诚实守信，不违法，注意保护自己的隐私，不能伤害别人。

（定稿）

多媒体展示吴凡的故事（三）：

在"跟读社群"里，吴凡加了一个叫"清风明月"的网友，网友"清风明月"提出："我们认识这么长时间了，还不知道你长什么样子，很想看到你的庐山真面目。"吴凡左右为难：晒，还是不晒呢？

问题：

1. 如果你是吴凡，你会做出怎样的决定？学生答。

教师追问：

2. 你会将家庭住址、经济状况、联系方式等告诉不熟悉的网友吗？在朋友圈，我们如何"晒生活"才不会泄露一些重要的信息呢？

教师鼓励学生踊跃发言。

小组合作探究：在朋友圈"晒生活"有何利弊？

教师及时点评。

多媒体展示视频：朋友圈晒照片

视频内容：

你知道吗？有一些照片是不能发朋友圈的，现在很多人吃饭要发照片，出去玩也要发照片，在朋友圈晒照片已经成为他们生活中的一部分。但是，你知道吗？有一些照片是不能随意发的，如你的飞机票、火车票、护照、车牌、家门钥匙甚至你常去的地点等，泄露这些个人信息，会被不法分子盗取利用。除此之外，写了名字的家人照片也是不能晒的，容易被不法分子利用实施诈骗。

教师总结：在网络这个虚拟世界里，我们要增强安全防范意识，保护自己的隐私，防患于未然。

【改进思路】

随着科技的不断进步和发展，人们的生活越来越离不开互联网。个人信息的泄露带来十分严重的后果，极大地影响了网民的生活。为提高学生的网络安全意识，初稿通过开展"测测你的安全保护意识"活动，引导学生讨论日常生活中学生容易忽略的网络安全问题。但本活动涉及的网络安全问题过于宽泛，针对性不强。

在朋友圈里"晒生活"已经成为人们表达生活一种新方式，但这关系个人隐私问题，处理不好，容易上当受骗。所以，二稿采用"济南网友被'照骗'"这一真实的案例，但这个案例距离学生生活较远。

定稿继续用同龄人吴凡的网上交友故事来完成本环节的教学任务。所以定稿修改为通过合作探讨"吴凡是否晒照片"的问题，知道朋友圈里晒生活的利与弊，懂得在网络生活中如何保护自己的隐私，避免受到伤害。又通过展示"朋友圈晒生活"的视频资料，强化学生的认知，引起学生的重视，对学生的实际生活具有指导和教育意义。

环节五：见不见

（初稿）

多媒体展示360搜索截图：中学生见网友被骗

小组合作探究：中学生因会见网友受到伤害，这对我们网上交友有什么启示？

小组选出代表发言，学生观点如下：网友都是大骗子，不能网上交友。网络交往有百害而无一利，拒绝网上交往。

教师小结：我们要辩证地认识网上交友，不是所有的网友都是不法分子。网络交友尽可能保持网络聊天交友，尽量避免和网友直接会面，以免危及自身安全。

小组讨论交流：会见网友时应注意什么问题？

学生回答：1. 见面地点应选择在人多的公众场合。

2. 最好有家长陪同前往，不要单独和陌生人会面。

（二稿）

同初稿。

（定稿）

活动一：

多媒体展示吴凡的故事（四）：

最近，吴凡在网上认识了一个叫小江湖的网友，两个人在网上相谈甚欢，吴凡觉得小江湖幽默风趣，很讲义气。寒假期间，小江湖热情地邀请吴凡去昆明玩，并许诺承担他的一切费用，看到网友如此慷慨，吴凡动心了……

问题：见还是不见？请你为吴凡想想对策并说明理由。

教师鼓励学生积极发表自己的真实想法。

学生1：不见。网络交友有危险，不能为了满足自己的好奇心，放弃必要的警惕。

学生2：见。不是所有的网友都是坏人，与人交往总是从陌生人开始。

教师追问：吴凡决定与网友见面。吴凡如约而至，但小江湖没出现，会是什么原因呢？

小组合作探究，教师巡视指导，小组选出代表发言。

学生1：吴凡没见到网友：一种原因是，因网聊时间太长，小江湖的父母控制了他的上网时间，吴凡发的"同意"见面的信息小江湖没看到，因此爽约。（教师强调：不能因上网聊天影响正常的学习和生活）

学生2：小江湖一直以假身份和吴凡聊天，担心见面后真相暴露，彼此都尴尬。（教师强调：网上交友需慎重）

教师继续追问：吴凡在约好的见面地点见到了小江湖，又会出现什么情况？请发挥想象力为这种情况续写可能的结尾。

学生经过讨论、分析得出下列结论：

1. 好的结果：他们真诚以待，相见恨晚，成了无话不谈的好朋友。

2. 失望的结果：小江湖留着长发，穿着怪异，谈吐举止非常粗鲁，与网上的风趣幽默大相径庭。

3. 坏的结果：小江湖露出狰狞的嘴脸，试图绑架吴凡。

多媒体呈现动画视频。

视频内容：

当网友要求见面时，我们要提高警惕，时刻牢记，尽量不要与网上认识的朋友见面，有问题尽量在网上解决。如果见面不可避免，一定要有大人陪同前往，不要一个人去。见面地点要安排在公共场所，见面时如果发现情况不对，要马上离开。见面结束后，如果网友提出去某个地方玩，要果断拒绝。独自在家时，不要答应网友找你玩，更不能和网友离家出走。

教师强调：关于网上交友，我们再次呼吁不能影响正常的学习、生活，另外要有自我保护意识，提高警惕，防患于未然。

【改进思路】

通过环节三和环节四的学习，懂得了如何处理"加不加"和"晒不晒"的网络交友问题，具备了一定的网络交友安全知识，但还有一个更大的网络交友问题没有解决，那就是"见不见"的问题。初稿和二稿通过呈现网络搜索截图，展示多个因会见网友而受伤害的案例，给学生敲响警钟：在网络交往中要有自我保护意识，不要轻易会见网友。但网络搜索截图里的"被杀""骗色"等字眼不适合呈现在学生面前，容易引起不必要的联想，起到负面作用，所以不适合呈现在课堂上。

在定稿中我继续让吴凡登场，创设小江湖邀请吴凡见面的情景，在教师层层递进的追问中，学生积极参与教学活动，自主发现问题、分析问题并解决问题。最后通过播放形象直观、极富趣味的动画片，加深学生的印象，增加学生网络交友的智慧。

环节六："线下"的困惑

（初稿）

组织学生完成教材的探究与分享：网上交往与现实交往有什么不同。

小组讨论交流，选派代表发言。

教师对学生的回答进行点评并引导：网上交往不能替代现实交往，我们应破除网上交友的神秘感，化虚拟为现实，掌握分寸，适度交友。

（二稿）

多媒体展示材料：

随着吴凡与网友互动越来越多，现实中的吴凡遇到了这样的困境：班级的活动他很少参加，他发现班里没有一个朋友，遇到心事他也不知道找谁倾诉，有时他会产生孤独感和疏离感。所以，我建议吴凡这样做：_____

_____。

学生填写对吴凡的建议并交流分享。

教师小结：我们要学会在现实中与同伴交往，增加真实而贴近的感受，为友谊奠定可靠的基础。

（定稿）

多媒体展示吴凡故事（五）：

在体育课上，吴凡不小心脚趾骨裂，行走困难，特别希望有个人安慰一下自己。回家后，他给网友杰克发了一条微信，杰克敷衍吴凡，吴凡非常伤心难过。吴凡信心满满地认为网友会安慰一下自己，结果希望越大失望越大。于是，他打开书包，想用写作业来调整心情，突然一张纸条映入眼帘，他打开纸条，上面是熟悉的字体：好好养伤，我和同学们会帮助你的。在学校，有的同学背着吴凡上下楼梯，有的同学帮他买午餐。在同学们的帮助下，吴凡深受感动，同时，他也陷入深深的思考之中……

问题：吴凡在思考什么？

学生回答。

多媒体展示视频。

视频内容：多少个美好的时光匆匆的从手机里溜走，放下手机，让爱回到生活的轨迹……

学生谈感受，教师补充：互联网开启了通往世界的窗口，实现了古人"天涯若比邻"的梦想。通过网络我们认识了很多志趣相投的朋友，但我们不可能只停留在虚拟世界中，要学会在现实中与同伴交往。生活中，要多拥抱身边的朋友。

多媒体播放《雨中漫步》的乐曲，营造感人氛围。在《雨中漫步》的轻音乐声中，学生在班内找自己的好朋友拥抱一下，谢谢他（她）们对自己生活、学习的帮助和支持。

【改进思路】

在网络时代，网上交往无可厚非，但如果热衷于网络交往而忽视现实交往，就会影响自己的学习和生活，影响身心健康发展。因此，初稿通过完成教材上的"探究与分享"：网上交往和现实交往的不同，让学生明白网上交往有利有弊，虚拟的交往难以触摸到生活中的真实。

因初稿中的活动用时较长，因此，二稿创设了"吴凡因重视网上交友，在现实中很孤独"的情境，引发学生思考，调动学生学习的积极性和主动性。但故事不够具体，不足以打动学生。

在定稿中，我对吴凡的故事进行了充实，创设了吴凡受伤、寻求网友安慰、网友敷衍、同学热心帮助这一情境，学生通过对情境的分析得出：虽然网络交往很精彩，但虚拟的网络世界永远代替不了现实生活的美好。这一情境详细而具体，能引起学生的深度思考,实现本节课知识的内化。最后,在《雨中漫步》的乐曲声中,引导学生拥抱身边的朋友,感谢他(她)们的帮助。这个感人的小活动,能直击学生心灵,使情感得到升华。

（三）践行

（初稿）

拓展训练:材料分析题(略)

教师先让学生带着问题阅读材料,再在小组内讨论交流,然后选出代表在全班交流分享。

（定稿）

课后小调查,了解中学生网上交友的普遍程度、动机、标准、方式、时间、影响等,并写出一份简单的调查报告。

【改进思路】

拓展训练题对实现教学目的和要求、巩固教学观点起着重要作用。因此,初稿设置了一道拓展训练题,让学生尝试运用所学知识解决生活中的实际问题,把课本上的理论知识迁移到生活中加以应用,提高学生理论联系实际的能力。但本设计与探究环节里的内容有雷同,失去了探究的价值。

二稿和定稿设计了课后小调查活动,促使学生将理论知识与现实生活联系起来,加深对教材的理解与掌握,达到了对知识学以致用的目的,增强了本节课的教育和教学效果。

板书设计:

（定稿）

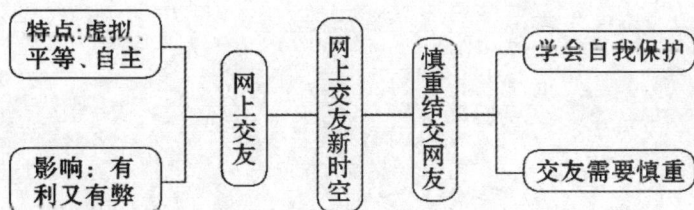

教学反思:

本节课遵循"在活动中体验,在体验中感悟,在感悟中成长"的理念。恰当的视频导入方式让课堂一下子"热"起来,教师顺势引入网上交友的话题,自然、顺畅地开启了学生积极思维的闸门。探究环节选用同龄人吴凡的网上交友故事开展探究活动，这个活动贴合学生的生活实际，学生认为分析的不是问题，能够解决自己遇到的网上交友困惑，他们会积极动脑寻找解决问题的策略，在探究与分享中学到了真正的知识和本领。践行环节教师设置了课后调查活动，学生在调查、整理、总结的过程中综合运用所学知识，实现了网上交友智慧的提升。

如果感悟环节采用视频连线的方式导入新课，更能激发学生探究的热情，课堂效果会更好。

（青岛西海岸新区泊里初级中学　潘广文）

课例点评：

本节课的教学设计符合"感悟—探究—践行"三段引领式教学法的流程。

本节课的特色在于围绕学生的真实生活而展开，选取同龄人吴凡的网上交友经历，一例到底，不断推进情境进行引导分析。同龄人的事例，学生感到亲切、新鲜、易接受，他们积极参与到活动中来，积极去发现问题、分析问题、解决问题，学生的主体地位得到很好的体现，达到了很好的教育效果。

本课创设了"线上的收获""加不加""晒不晒""见不见""线下的困惑"等活动来提高学生的注意力，激发学生探究的积极性。在教师创设的活动中，学生积极想办法、找路子，解决同龄人吴凡在网上交往中出现的问题。学生经过自己设身处地地理解、思考、交流，自主得出的结论，也更容易接受和内化，对指导学生的网络交往很有意义。

课例 05：合理利用网络

课标依据：

本课所依据的课程标准的相应部分是"我与国家和社会"中的"积极适应社会的发展"。具体对应的内容标准是："合理利用互联网等传播媒介，初步养成积极的媒介批评能力，学会理性利用现代媒介参与社会公共生活""积极参与公共生活、公益活动"。

教材版本：

统编《道德与法治》教材（人民教育出版社 2016 年版）八年级上册第二课第二框题。

授课时间：初稿 2018 年 9 月 30 日，二稿 2018 年 10 月 8 日，定稿 2018 年 10 月 10 日。

教学目标：

（初稿）

情感、态度和价值观目标：通过对情境材料的分析讨论，培养对网络生活的正确态度，积极利用网络传播正能量。

能力目标：通过对生活情境的分析，提升辨识、取舍信息的能力，提高媒介素养，增强合理利用网络的能力。

知识目标：通过对图片和材料的分析，知道网络给人们的生活带来极大的便利。

（二稿）

情感、态度和价值观目标：通过对社会现象的理性分析，培养对网络生活的正确态度，积极利用网络传播正能量。

能力目标：同初稿。

知识目标：通过对观点的辨析感悟，懂得网络是一把双刃剑，知道要理性参与网络生活。

（定稿）

情感、态度和价值观目标：通过对"冰花男孩儿"的故事分析，懂得要积极传播网络正能量，形成正确的网络生活意识和习惯，树立遵守网络规则，净化网络环境的责任意识。

能力目标：通过课前调查和小组交流分享，正确认识互联网带来的高效便利和存在的弊端。学会理性参与网络生活，提升辨识、取舍信息的能力，提高媒介素养，能够在网络交往中恪守道德、遵守法律。

知识目标：通过对视频的感悟，知道网络生活有规则。通过对小明系列生活故事的情境分析，知道合理利用网络的具体要求。

学情分析：

八年级的学生是伴随着网络的发展而长大并逐渐成熟的一代，网络与他们的生活、学习密切相关。他们日常的学习、交友、娱乐，都可以在网络上完成。可以说，现在的中学生，对网络有天生的亲近感。"亲近感"不意味着"理智"。网络信息良莠不齐，网络世界充满诱惑，这对自控力、辨别力相对较弱的学生来说是实际问题与现实挑战。

教学重点：

学会"信息节食"，懂得传播网络正能量。

教学难点：

学会辨析网络信息，提高媒介素养。

教学方法：

"感悟—探究—践行"三段引领式教学法。

感悟：教师播放"王者荣耀"游戏限制时间的视频，让学生思考为什么要限制游戏时间的问题，学生通过思考，初步感悟到网络生活有规则。教师进一步提问：那么我们应该怎样合理利用网络呢？学生带着探究问题进入新课学习中。

探究：教师通过问卷调查、图片情境、辨析观点、社会热点、学习榜样等探究活动，以问题为导向，让学生进行合作探究讨论，最后对探究成果进行展示交流分享。

践行：教师联系学生的生活，设计课下问卷调查的研究性学习活动，培养学生的分析归纳能力，提高学生理性对待网络的能力。

教学流程：

（一）感悟

（初稿）

观察图片　导入新课

多媒体展示关于正确运用网络的图片。

教师：同学们观察这几幅图片，对你有什么启发？

学生回答后，教师总结：通过上一课时的学习，我们知道网络有利也有弊，这几幅图片告诉我们要学会正确运用网络，今天我们就学习《合理利用网络》。

（二稿）

观点辨析　导入新课

阅读教材中"运用你的经验"。

奶奶：孩子们回家后不是玩手机就是看电脑，网络彻底把孩子们从大人身边夺走了。

爸爸：有了网络，在公交车上也可以看新闻，发邮件，在线学习，可以充分利用时间。

问题：你如何看待奶奶和爸爸的观点？

根据学生的回答，教师总结：我们要正确认识网络的两面性，用其所长、避其所短，发挥网络交往对生活的积极作用，享受健康交往带来的乐趣。下面，让我们进入《合理利用网络》的学习中。

（定稿）

观看视频　导入新课

课前准备：教师对学生进行问卷调查。

调查内容：

1. 你每天上网的时长是多少？

2. 你上网主要做什么活动？

3.互联网带给你哪些影响？

4.你了解网瘾吗？

5.你知道哪些防治网瘾的办法？

学生填完后上交，教师进行数据汇总。

多媒体播放视频：腾讯推出健康游戏防沉迷系统

视频内容：

2017年7月2日，腾讯对外宣布，为保障未成年人健康成长，经过将近一个月的调试和内测，将于7月4日以《王者荣耀》为试点，率先推出健康游戏防沉迷系统的"三板斧"：限制未成年人每天登录时长、升级成长守护平台、强化实名认证体系。

据了解，《王者荣耀》将基于游戏累计时长或单次时长对玩家进行相应提醒、下线等操作，实现防止沉迷游戏的目的。其中，12周岁以下（含12周岁）未成年人每天限玩1小时，并计划上线晚上9时以后禁止登录功能；12周岁以上未成年人每天限玩2小时。超出时间的玩家将被游戏强制下线。

除此之外，《王者荣耀》将陆续增加"未成年人消费限额"功能，与现有的成长守护平台双管齐下，限制未成年人的非理性消费。

问题：王者荣耀的管理者为什么要这么做？

教师根据学生的回答总结：互联网让我们的生活丰富多彩，给我们的生活带来了极大的便利；互联网也同样给我们的生活带来这样那样的问题和困扰。面对丰富多彩的网络，我们要学会合理利用网络，理智参与网络生活。今天我们一起来学习《合理利用网络》。

【改进思路】

初稿通过展示关于正确运用网络的图片，能够吸引学生的注意力，让课题引出更加自然。但图片内容单一，没有兼顾网络的利与弊。

二稿采用教材栏目"运用你的经验"，通过对如何看待奶奶和爸爸的观点，如何利用网络问题的思考，让学生感悟到网络是把双刃剑，为本节课《合理利用网络》的学习做了铺垫。

定稿改为观看视频，这段视频拉近了与学生的距离，激发了学生探究的兴趣，弥补了二稿中情境缺乏生动性的不足。学生通过对"王者荣耀的管理者对游戏时间限制"做法原因的探讨，自然能感悟到网络要合理利用的道理，顺势引出课题。

（二）探究

环节一：理性参与网络生活

（初稿）

活动一：观点辨析

学生阅读教材中"运用你的经验"：

1.你如何看待奶奶和爸爸的观点？

2.我们应该如何利用网络？

学生先独立思考，然后在班级交流分享。

根据学生回答，教师总结：奶奶和爸爸的观点带有片面性。网络具有两面性，有利有弊。我们要正确认识网络的两面性，用其所长、避其所短，积极利用网络获取新知识，完善自我。

活动二：探究分享

教师让学生观察教材"探究与分享"中的图片：

图片1：没时间看书。

图片2：忘记打篮球。

图片3：没时间写作业。

问题：你有没有遇到过图片中的问题？网络还给你带来哪些问题？

根据学生回答，教师总结：互联网上有无限的信息，而我们的时间和精力是有限的。我们要注意浏览、寻找与学习和工作有关的信息，不应在无关信息面前停留，不应在无聊信息上浪费精力，更不可沉溺于网络，要学会"信息节食"。

活动三：分析图片

多媒体出示两幅散布谣言的图片。

学生在小组内讨论交流分享，再在全班交流。

问题：

1.这两幅图片说明了什么？

2.面对网络谣言，我们应该怎样做？

3.如何辨别网络谣言？

根据学生回答，教师总结：我们要学会辨别网络信息，让谣言止于智者，自觉抵制暴力、色情、恐怖等不良信息。

活动四：探究分享

多媒体展示材料：

某中学的贴吧内，一个网名叫"天龙"的学生，发布了大量小林同学的照片，其中有的照片明显丑化小林。照片发布后，引发了一些嘲讽小林的跟帖。

问题：

1. 你怎么看待贴吧里的这种现象？

2. 如果你是小林，你会"以其人之道还治其人之身"吗？为什么？

学生先独立思考问题，然后在全班交流分享。

根据学生回答，教师总结：网络无限，自由有界。恪守道德、遵守法律是网络生活的基本准则。每个人都应该对自己的网络言论负责，不制造和传播谣言，不泄露他人隐私，不恶意攻击他人，不宣泄负面情绪……只有自觉遵守道德和法律，才能做一名负责的网络参与者。

师生共同总结理性参与网络生活要做到：提高媒介素养，利用网络获取新知识，完善自我；使用网络要节制；学会辨别网络信息；要恪守道德、遵守法律。

（二稿）

活动一：情境探究

多媒体展示材料：

小明放学回到家，按照道德与法治教师的要求，浏览了当天的时事新闻，又认真写完各科作业，并将今天的作业完成情况在微信群向班主任做了汇报。发完微信，一则新闻网页弹了出来，还是自己喜欢的篮球明星，小明忍不住打开了网页；看完明星，又发现了一个好玩的视频；看完了视频，又去浏览旅游信息，还有各种美食信息……这么多信息让小明应接不暇。

阅读材料，思考问题：

1. 请你评价小明的行为。

2. 小明的事例给我们什么启示？

要求：学生在小组内交流分享，再在全班交流。

学生观点如下：

小明利用网络了解新闻、将作业发到微信群是在合理运用网络，有利于获得新知，加强沟通与交流。小明无限制地浏览网络信息，是沉迷于网络的行为，浪费了时间和精力，不利于学习和成长。

教师总结：网络上的信息是无限的，但我们的时间和精力是有限的，要合理利用网络提高媒介素养，积极利用网络获取新知、完善自我；要注意浏览促进学习和工作的信息，不在无关信息前停留，更不可沉溺于网络，学会信息节食。

活动二：案例分析

教师出示案例材料：

2018 年 5 月中旬，很多城市的中小学生家长，都在家长微信群里看到这样一则消息：放学时，有开轿车的司机向学生问路，让小孩儿上车带路，并拿出 100 元感谢费，让小孩儿上车带路。请各位家长教育孩子注意安全，千万不要上车，防止被骗。据反映，今天 ×× 街道也碰到这种情况，估计这伙人最近正在活动，大家警惕！！！

这样一条信息在家长群中引起一定的恐慌。随后，警方出面澄清，表示并未接过相关警情。类似谣言早在 2016 年就已在全国多地出现过，这次只是换了街道名称又传播扩散，属于典型的"旧谣新炒"。

警方提醒市民，要提高明辨信息真伪的能力。转发信息时，一定要先核实真伪，做到不信谣、不传谣！对于恶意编造、传播谣言，扰乱社会秩序、影响社会安定的不法行为，公安机关将依法查处！

问题：

1. 你或你的家人经历过类似的事件吗？

2. 如果你看到这样的信息，你会怎样做？

3. 案例给了我们哪些启示？

学生先独立思考问题，然后再在全班交流分享。

根据学生回答，教师总结：我们要学会辨别网络信息，自觉抵制暴力、色情、恐怖等不良信息。不制造和传播谣言，做一名负责任的网络参与者。

教师追问：远离"谣言"，你有什么好方法？

要求：学生在小组内交流分享，再在全班交流。

师生共同小结：远离谣言小方法

※ 注意信息出处，核查权威网站；

※ 多方验证信息，多个途径了解；

※ 理智辨别内容，多想想可能性；

※ 问他人辨真伪，向专家寻帮助；

※ 暴力色情恐怖，不听不信不传；

※ 依法行使权利，规范自身言行。

（定稿）

活动一：问卷调查

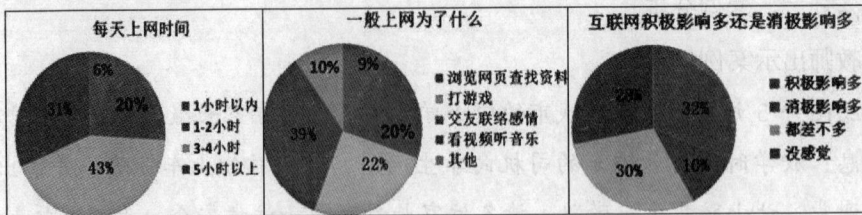

问题：根据调查结果，你发现同学们在网络使用上还存在哪些不合理的现象？

学生回答，教师引导：我们要学会理性参与网络生活。

活动二：情境探究

小明的网络生活片段（一）

同二稿活动一。

小明的网络生活片段（二）

最近小明开始犯愁了，自己一点开 QQ 空间和朋友圈，都是在转发各类消息，转发就送礼物，转发就送 Q 币，转发锦鲤就有好运。小明动心了，就替微信圈里的朋友王海转发了一则所在城市马上就要地震的红色警报消息后，发现并未收到转发奖励，小明就在朋友圈发布了辱骂王海的言论，并且将王海的照片刻意丑化后发布在互联网上。

问题：你怎样评价小明的行为？小明的做法对你有什么启示？

要求：学生在小组内交流分享，再在全班交流。

根据学生回答，教师总结：我们要学会辨析网络信息，让谣言止于智者，自觉抵制暴力、色情、恐怖等不良信息。恪守道德、遵守法律是网络生活的基本准则。每个人都应该对自己的网络言论负责，自觉遵守道德和法律，做一名负责的网络参与者。

【改进思路】

初稿依据教材，设计了 4 个小活动。学生针对问题，开展小组讨论，层层深入，多角度思考问题，不仅活跃了课堂氛围，而且调动了学生参与的积极性，又符合教学目标中提高媒介素养、学会信息节食、辨析网络谣言的要求。每个小活动解决一个方面的知识，有利于学生充分利用教材素材，对知识点理解透彻掌握扎实。

二稿对初稿活动过多进行了精减，用小明的生活和一则案例创设情境，设计问题。通过对小明的网络生活的分析思考，让学生知道互联网已经成为重要的学习工具和交往平台。我们要提高媒介素养，积极利用互联网获取新知、促进沟通、完善自我。通过对网络谣言案例的分析，激发学生思考：网络世界是不是法外之地？通过补充相关资料，帮助学生认识参与网络生活要学会辨析网络信息，谣言止于智者；恪守道德、遵守法律是网络生活的基本准则。进一步把"知"推到"行"，帮助学生从"了解"到"行动"。

定稿中在课前对学生进行问卷调查，上课公布调查数据结果，设计这个课前调查小活动贴近学生生活，贴近教材，贴近实际，让学生更真切地了解当下自己的网络生活状态，为后面的学习做了铺垫，也为探究分析提供了依据。

在定稿中我把教学内容和中学生的实际生活结合起来，从日常的生活小事出发，以小明的日常网络生活为线索一例贯之，弥补了二稿中材料零散的不足，通过学生自主学习材料，提升学生分析问题和解决问题的能力，懂得合理利用网络。

环节二：传播网络正能量

（初稿）

活动一：观察图片 体会道理

多媒体展示 4 幅利用网络建言献策的图片。

问题：图片说明了什么？

学生思考回答：为社会发展建言献策。

教师追问：如何为社会发展建言献策？

根据学生回答，教师总结：我们可以通过网络平台针对身边的一些公共事务向有关部门积极提出意见和建议，表达我们的诉求，为决策科学化、民主化贡献自己的力量，让网络成为汇聚民智、促进社会和谐与发展的重要渠道。

活动二：阅读材料 合作探究

学生阅读教材材料。

某单位职工因患病走失，该单位官方微博发布寻找该职工的信息，协助家人寻找。信息发布后很快在各网络平台上被大量转发，一场寻找该职工的爱心接力活动在线上线下同时展开。两万多份寻人启事、千余人次搜寻，无数充满爱心的网友参与寻人活动。在社会各界热心人士的共同努力下，走失的职工终于被找到。

问题：你还知道哪些类似的网络公益行动？对我们的网络生活有什么指导意义？

学生回答：我们要在网络上传播正能量。

教师追问：如何在网上传播正能量？

学生讨论后回答，教师总结：我们要践行社会主义核心价值观，不断提高网络媒介素养，让网络公共空间充满正能量。

师生共同总结：传播网络正能量要积极为社会发展建言献策，要在网上传播正能量。

（二稿）

活动一：建言献策

多媒体展示材料：

2017年4月12日，太原市试点建设的首个专为老百姓排忧解难的互联网平台——迎泽区服务群众工作信息系统正式上线，这意味着迎泽区在城市和社会管理方面向"互联网＋"迈进了一大步。过去市民跑腿才能解决的小事儿，如今通过电脑网页、微信、QQ、手机App、电话等方式就能立即反映到网络平台，使之得到快速解决。

问题：

1. 材料反映了什么现象？

2. 这一现象对于我们利用网络有什么启示？

学生在小组内交流分享，再在全班交流。

教师根据学生回答补充：材料反映了太原市发挥互联网的作用，利用网络给老百姓开通了解决困难的平台。启示我们要合理利用网络，积极利用网络为社会发展建言献策。我们可以通过网络平台对身边的一些公共事务向有关部门积极提出意见和建议，表达我们的诉求，为决策科学化、民主化贡献自己的力量。

活动二：网络助力

多媒体出示材料：

张远坤大学毕业后，来到新疆喀什地区疏附县塔什米里克乡库纳巴扎小学支教。当他看到学生们在严寒的冬天还在接自来水管的凉水喝，冬装只是把四件夏装穿在身上时，就想到通过网络募捐得到社会爱心人士的帮助。短短三天时间，爱心人士送来了约70公斤的物资。第一次活动就收到了这么好的效果，出乎张远坤和学校的意料。随后，张远坤把目光投向了学校的运动场地。希望通过网络募捐的方式，将募集到的善款建一个运动场，并购买篮球架、单双杠、球类等体育器材，丰富学校的体育运动。

问题：张远坤的事例带给我们哪些启示？

学生回答，教师总结：张远坤利用网络募捐，解决所在学校学生的困难，传递了网络正能量。我们要在网络传播正能量，践行社会主义核心价值观，不断提升网络媒介素养，共同培养积极健康、向上向善的网络文化，让网络公共空间充满正能量，高扬社会良好风气的主旋律。

师生共同总结传播网络正能量要积极为社会发展建言献策，要在网上传播正能量。

（定稿）

活动一：关注热点

多媒体展示材料：

在2017年"两会"召开前夕，民众就自己关心的话题纷纷在"我对总理说句话"栏目留言。据新华网调查的数据显示："两会"热点前十名分别是"收入分配""环境保护""房价调控""社会保障""反腐倡廉""教育公平""依法治国""食药安全""从严治党"以及"退休政策"。而据人民网网络调查，2017年网民关心的前三名分别是"反腐倡廉""社会保障""医疗改革"，之后是"就业和收入""教育公平""住房""环境保护""公共安全""依法治国""脱贫攻坚"。

问题：

1. 中国政府网站、新华网、人民网为什么要开设"我对总理说句话"栏目？

2. 民众纷纷针对自己关注的问题在网站留言说明了什么？

3. 民众的行为对我们有什么启示？

学生阅读思考，参与小组讨论交流，并达成共识，最后参与班级展示分享。

根据学生回答教师补充：民众通过网络平台针对自己关心的问题向政府积极建言献策，向总理表达心声，有利于政府了解民情、倾听民意；有利于政府决策的科学化、民主化；有利于加强对政府工作的监督，推动社会主义民主政治的发展。

师生共同总结：我们要充分利用网络平台为社会发展建言献策。我们可以通过网络平台针对身边的一些公共事务向有关部门积极提出意见和建议，表达我们的诉求，为决策科学化、民主化贡献自己的力量，让网络成为汇聚民智、促进社会和谐与发展的重要渠道。

活动二：学习榜样

多媒体播放"冰花男孩"视频。

视频内容：

2018年1月8日早晨，王福满穿着一件不太厚的外衣走进教室，由于天气太冷，一路赶来上学的他，头发、睫毛上沾满了冰霜，像顶着一丛雾凇，脸蛋也冻得通红，眼神中却透着乐观调皮；一双脏脏的、红肿的小手已经起了冻疮。他站在教室里，萌萌的样子逗得同学们哈哈大笑。教师拍下了这一瞬间。照片传到网上后，引起众多网友关注，当天就刷屏了，王福满被网友们取名"冰花男孩儿"。

王福满是云南昭通市鲁甸县新街镇转山包小学三年级学生，他家离学校有 4.5 公里，每天都自己步行上学。1 月 7 日夜间起，受强冷空气影响，昭通市迎来入冬以来的最强降温，多个县区的高海拔地区都下起了小到中雪。尽管天气寒冷，但王福满一如既往，天没亮就赶往学校，这天是期末考试的第一天。

王福满的妈妈两年前外出打工，至今没回来过，他和姐姐是留守儿童，与奶奶一起生活。姐弟俩平时放学回家后都要帮奶奶做家务，王福满最拿手的是蛋炒饭。王福满的父亲王刚奎介绍说，平时在家中，他们通过柴火取暖，但学校没有供暖设备，有点冷。

对于这条艰辛的上学路，王福满表示："上学冷，但不辛苦！"

王福满对记者表示，自己的新年愿望是："找钱，还要好好读书。因为奶奶生病了，有钱才能给她治病。"记者问小福满："有没有到外面看看？"他表示："没有，我连镇上都没去过，没有走出过村里。我最想去北京，我想去看看那里的学生是怎么读书的。"

"冰花男孩儿"的故事感动了许多网友。

问题：

1. "冰花男孩儿"故事最令你感动的是什么？

2. "冰花男孩儿"的愿望是什么？他的愿望能实现吗？

学生回答自己的感受后，教师出示网友为"冰花男孩儿"的爱心接力情况：

2018 年 1 月 9 日，冰花男孩儿头顶风霜上学的照片在网上引起广泛关注。照片迅速经过网络转发、传播。

2018 年 1 月 10 日，云南省政府为鲁甸县新街镇转山包小学及附近高寒山区学校，送去了首批 10 万元爱心捐款。关爱资金还给在校的 81 名学生发放了每人 500 元的第一批"暖冬补助"。

2018 年 1 月 19 日下午，8 岁的"冰花男孩儿"王福满和家人飞抵北京。去天安门看了升旗、参观了公安大学、爬了长城……三天的圆梦之旅。

短短半个月，腾讯公益众筹、新浪微公益众筹等方式已面向全社会筹集暖冬爱心善款共计 30 万余元

2018 年 5 月，"冰花男孩儿"所在的新街镇转山包小学完成学生宿舍改造，目前已有 73 名学生顺利入住新宿舍。

问题：关爱"冰花男孩儿"的网络接力说明了什么？

学生小组交流后，再在全班交流分享。

教师根据学生回答总结：我们要在网上传播正能量。践行社会主义核心价值观，不断提高网络媒介素养，培育积极健康、向上向善的网络文化，让网络公共空间充满正能量，高扬良好社会风气的主旋律。

师生共同总结传播网络正能量要积极为社会发展建言献策，要在网上传播正能量。

【改进思路】

初稿利用教材材料创设问题，让学生合作探究分析，启发学生多角度思考问题，学会正确利用网络弘扬文化，丰富了素材的内容，让青少年更好地服务社会，实现自身价值。

二稿中利用具体详实的文字材料创设情境，丰富了素材内容，比初稿更有利于开拓学生的视野。

定稿中进一步对材料进行优化，选择了当年的时事热点，而且改变了单一的文字呈现方式。通过播放"冰花男孩儿"视频，调动了学生的积极性，对学生具有很大教育作用。学生通过分析讨论，明白我们要为正能量点赞，要在网上传播正能量，要践行社会主义核心价值观，不断提高媒介素养，共同培育积极向上的网络文化，让网络公共空间充满正能量，弘扬社会主旋律。

（三）践行

（初稿）

教师要求学生结合自己在课前的"网络使用情况调查"问卷结果，思考以下问题：

1. 自己玩手机的时候，妈妈就像防贼似的，一会儿问这，一会儿问那，妈妈担心什么？

2. 怎样利用网络才能让妈妈放心呢？

学生回答，教师总结：

随着经济全球化和社会信息化的发展，互联网成为人类不可分割的一部分，人类要想成为互联网的主人，就要学会扬长避短，充分发挥网络的积极作用：利用网络获取新知、促进沟通、完善自我，为社会发展建言献策，践行社会主义核心价值观，培育积极健康、向上向善的网络文化。避免其消极影响，不沉溺网络，不浏览不良信息，不制造或传播网络谣言，不结交坏朋友。合理利用互联网，让互联网更好地为人类服务。

（二稿）

全体学生在教师的带领下朗读《全国青少年网络文明公约》：

> 要善于网上学习，不浏览不良信息。
>
> 要诚信友好交流，不侮辱欺诈他人。
>
> 要增强自护意识，不随意约会网友。
>
> 要维护网络安全，不破坏网络秩序。
>
> 要有益身心健康，不沉溺虚拟时空。

阅读教材"拓展空间"：

中国互联网网络信息中心发布的报告显示：截至 2016 年 12 月，中国网民规模达 7.31 亿，互联网普及率达到 53.2%。青少年学生是我国网民的重要组成部分，也往往是不合理使用网络的主要群体。

要求：请你就网龄、使用网络的目的和内容、每周使用网络时长等内容，设计一份调查问卷，开展调查，了解班级同学使用网络的情况，并就存在的问题提出改进建议。

（定稿）

同二稿。

【改进思路】

初稿教师对本节课进行总结，使课堂结构完整顺畅。但这样结束新课过于平铺直叙，不能更好地实现情感、态度和价值观目标。

二稿和定稿设计了朗读文明公约和课外拓展活动。有利于加深学生对知识的理解和应用。朗诵的设置不仅仅是课堂的一项活动，更有利于三维目标的实现，有利于学生将合理利用网络的知识内化于心，外化于行。

板书设计：

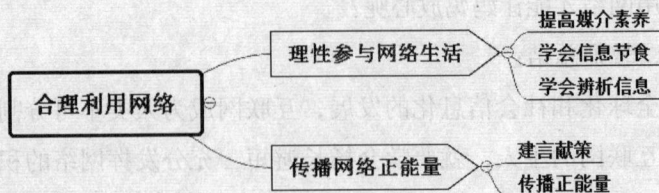

教学反思：

本节课主要是学生通过对网络内容的了解，学会正确运用网络，从而树立正确使用网络观念。教案设计符合学生的需求，贴近教材，正确处理了教学重点，合理突破了教学难点，较好地实现了教学目标。但在教学过程中，没有充分调动学生的学习积极性，学生仅仅是在现有材料的基础上了解了教材内容。因此，今后的教学过程，不仅要利用教材，更要利用现实资料和学生的自身实践，更大限度地实现教学任务。

（青岛西海岸新区大场初级中学 庄凤美）

课例点评：

本节课从播放"王者荣耀"游戏受时间限制的视频导入新课，让学生感悟到生活中要合理利用网络。

在探究环节中，教师立足于学生的现实生活和当下时政热点，设计问卷调查，创设系列生活情境、运用"冰花男孩儿"典型事例，设计真问题，引发真思考。在师生互动、生生互动、生本互动中学生深入学习了提高网络媒介素养，理性参与网络生活，掌握正确传递网络正能量的方法。学生的生活经验得到重视，学生的个人见解得到尊重，学生的参与得到鼓励，激发学生思维碰撞的平台得到有效搭建，教学相长的民主和谐氛围得到有效营造。

践行环节教师设计了课下问卷调查，注重行为的践行和情感的升华，有利于培养学生发现问题、分析问题的能力，启迪学生如何理性做一个网络人，传播网络正能量。

课例06：我对谁负责　谁对我负责

课标依据：

本课所依据课程标准的相应部分是"我与国家和社会"中的"积极适应社会的发展"。具体对应的内容标准是："知道责任的社会基础，体会承担责任的意义，懂得承担责任可能需要付出的代价，知道不承担责任的后果，努力做一个负责任的公民。"

教材版本：

统编《道德与法治》教材（人民教育出版社 2017 年版）八年级上册第六课第一框题。

授课时间：初稿 2018 年 10 月 15 日，二稿 2018 年 10 月 19 日，定稿 2018 年 10 月 26 日。

教学目标：

（初稿）

情感、态度和价值观目标：联系生活实际，引导学生感恩他人和社会对我们的付出，增强其责任感，鼓励学生对自己行为负责的同时传递温暖、对他人和社会负责。

能力目标：通过引导学生思考日常生活中"我"的不同身份，从教师自身实际出发探讨各种身份承担的不同的社会责任。引导学生懂得，不同的身份承担不同的责任，能够努力平衡不同角色间的责任，在生活中主动承担自身的责任。

知识目标：通过青岛暴雨中的暖心行动，了解责任的含义、明确来源，知道每个人有多个角色，并承担不同的责任。

（二稿）

情感、态度和价值观目标：同初稿。

能力目标：通过"海因茨偷药"道德两难情境，引导学生认识到，不同身份承担不同的社会责任并能尽量平衡多种角色间不同责任，在生活中主动承担责任。

知识目标：通过视频《一场暴雨温暖一座城》，让学生更直观地认识责任的含义及来源，知道每个人有多个角色，并承担不同的责任。

（定稿）

情感、态度和价值观目标：同初稿。

能力目标：同二稿。

知识目标：通过黄岛初级中学微信公众号《记录一场有温度的放学》中，在暴风雨面前老师、家长、同学等不同人群的表现，引导学生了解认识到责任的含义及来源，知道每个人有多个角色，并承担不同的责任。

学情分析：

初中学生已经具备一定的责任意识，初步认识到不同的场合、不同的角色需要承担不同的责任，知道承担责任需要付出一定的代价，初步体会到承担责任的快乐。大部分学生能够积极参加学校组织的社会实践活动，从中感受自己对社会的责任，对勇于承担责任的人能够表现出喜爱和敬佩的情感，对不负责任的人产生讨厌、憎恶的情感。但是，受认知水平和生活阅历所限，初中学生的责任意识还不够强，意志还不够坚定，情感还不够牢固。有的学生只强调社会和他人对自己的责任，没有看到自己对社会和他人也需要承担相应的责任。还有个别学生的思想存在偏差，视负责任的人为固执，不能正确看待他人的付出，甚至嘲讽为他人和社会奉献出自己一切的优秀人物。

教学重点：

我的角色，我的责任。

教学难点：

我的角色，我的责任。

教学方法:

"感悟—探究—践行"三段引领式教学法。

感悟:教师通过创设"海因茨偷药"道德两难情境等活动,让学生初步感悟责任与角色的关系。

探究:教师通过引导学生观看公众号文章《记录一场有温度的放学》,以具有思维深度的问题为导向,学生进行独立思考或小组探讨并展示交流。

践行:教师联系学生的生活实际,通过设计"我想大声告诉你""悄悄告诉自己"等活动,学生运用所学知识,达到学以致用的目的。

教学流程:

(一)感悟

(初稿)

课前准备:在班级中,以"我心中最负责任的同学"做无记名投票。

上课:根据学生的投票情况,多媒体展示获奖同学平时对班级做贡献的图片,让学生猜想这是哪位同学。最后公布课前对班级进行的"我心中最负责任的同学"的投票结果。

有请三位同学上台发表获奖感言并介绍他们当选为"最负责任的同学"的秘诀。

(定稿)

展示:科尔伯格著名的道德两难情境"海因茨偷药"。

欧洲有个妇女患了癌症,生命垂危。医生认为只有本城有个药剂师新研制的药能治好她。配制这种药的成本为200元,但售价却要2000元。病妇的丈夫海因茨到处借钱,可最终只凑了1000元。海因茨恳求药剂师,他妻子快要死了,能否将药便宜点卖给他,或者允许他赊账。药剂师不仅没答应,还说:"我研制这种药,就是为了赚钱。"

思考:在这个情景下,海因茨应不应该趁夜晚药房没人的时候,偷走这种救命药?为什么?

学生发表观点。

教师:可以看到大家在努力平衡海因茨不同角色间的责任,但是很难,因为选择不同,所以我们的生活才具有无限的可能。下面,让我们一起走进"责任",了解一下,在生活中我们都有哪些责任?

【改进思路】

初稿以学生评比"我心中最负责任的同学"的活动入手，试图吸引学生的注意力，使学生迅速融入课堂，激发学生学习的兴趣，并通过对学生猜想最负责任的同学和获奖选手发表获奖感言的形式，引导学生初步感悟责任。课堂活跃，学生参与度高，但是该方式缺少思辨性。

定稿以科尔伯格著名的道德两难情境"海因茨偷药"导入。海因茨一方面承担着对妻子的责任，另一方面还承担公民的责任，很好地诠释了责任的内涵。通过情景，引导学生思考责任问题，让学生形成"一个人有多个不同角色"的初步认识。同时，为学生在后面理解生活中我们面临的责任做好铺垫。

（二）探究

环节一：我的角色　我的责任

（初稿）

1.学习责任先锋

教师：通过选出的"最负责任同学"的获奖感言，你发现了他们都有什么共同点？

学生：认真履行班干部的职责；热爱班集体，有集体荣誉感；乐于助人；答应别人的事都能做到；把自己应该做的事都能做好……

展示成果：责任是一个人分内应该做的事。

问题：想一想，日常生活中"我"有哪些角色？这些角色需要我们做哪些事情？你对谁负责了？

学生独立思考并回答。

展示成果：每个人有不同的角色，每一种角色承担不同的责任。角色不同，责任不同。

2.生活情景剧

马上要上课了，老师接到家里电话说，我的孩子生病发烧了，我选择……

学生发表观点。

教师总结：角色虽小，责任无边，伴随着我们视野的扩大，本领和智慧的增长，我们承担的责任也会越来越多。让我们不断努力，在责任和担当中共同成长。

3.一座城市的温暖

播放视频《一座城市的温暖》。

视频主要讲述，暴风雨中各行各业的人各司其职，乐于助人的感人故事。

问题：看完视频有何感受？

学生回答自己的感受。

展示成果：责任来自法律规定、职业要求、道德规范、对他人的承诺等。

（二稿）

1.结合"海因茨偷药"道德两难情境引导学生思考：海因茨是否有更好的解决方式？

学生们思考并回答。

教师总结：因为海因茨作为丈夫和公民的双重身份，使他陷入两难境地。每种身份都有各自不同的责任。而不承担责任，则要承担相应的后果。

教师引导学生总结归纳：什么是责任。

展示成果：责任的含义，进一步分析责任的两层内涵：一是分内应该做的事，二是因没有做好分内应做的事，而应当承担的过失。

2.一场暴雨温暖一座城

播放视频《一场暴雨温暖一座城》。

视频主要讲述，暴风雨中各行各业的人各司其职，乐于助人的感人故事。

观看视频时，学生思考：视频中的哪件事让你印象最为深刻？

学生回答。

教师追问：他们为什么要这么做？可不可以不做？

学生思考并回答。

教师总结：责任来自职业要求、道德规范、法律规定。不同角色承担不同的责任。

教师追问：暴风雨来的时候你在哪里？有没有人帮助过你，给你带来一份温暖？

学生思考并回答。

教师总结：每个人扮演着不同的角色，每一种角色承担不同的责任。

教师升华：感恩为我们的成长和幸福生活承担着责任的人。千万人的行动，凝聚成我们的城市精神、民族精神、国家精神，这是我们的国家给予我们最深沉的爱。

（定稿）

1.结合"海因茨偷药"道德两难情境引导学生思考：海因茨是否有更好的解决方式？他的选择会带来什么后果？

学生们思考并回答。

教师：因为海因茨作为丈夫和公民的双重身份，使他陷入了两难境地。每种身份都有各自不同的责任。而不承担责任，则要承担相应的后果。

教师引导学生总结归纳：什么是责任。

展示成果：责任的含义，进一步分析责任的两层内涵：一是分内应该做的事，二是因没有做好分内应做的事，而应当承担的过失。

2. 我的角色

设问：想一想，日常生活中我有哪些角色？

追问：这些角色需要我们做哪些事情？你对谁负责了？

展示成果：每个人有不同的角色，每一种角色承担不同的责任。角色不同，责任不同。

教师：还记得上次暴风雨给我们带来的感动吗？他们分别担任什么角色？又承担了什么责任？

3. 我们的骄傲

展示黄岛初级中学公众号文章《记录一场有温度的放学》。

放学时间，恰逢暴雨，老师、执勤干部、班主任、门卫、执勤家长、同学甚至陌生人的表现。

问题：文章中的哪个图片或片段让你印象最为深刻？

教师引导学生思考不同角色的责任，以及责任的来源。

教师总结：责任来自职业要求、道德规范、法律规定。不同角色承担不同的责任。这让我们印象深刻的一幕幕，之所以触动我们内心最柔软的地方，是因为他们的行为大多出于对他人、对社会的爱，而非法律的规定或单纯的职业要求。

教师追问：暴风雨来的时候你在哪里？有没有人帮助过你，给你带来一份温暖？

学生思考并回答。

教师升华：感恩为我们的成长和幸福生活承担着责任的人。

【改进思路】

初稿以三名同学获奖感言引导学生认识到责任是一个人分内应该做的事，进而引导学生思考"我"都有哪些角色，做了哪些事？对谁负责？以层层递进的设问方式，引导学生不断深入思考，并认识到：每个人有不同的角色，每一种角色承担不同的责任，角色不同，责任不同，同时为对他人和社会负责做好情感铺垫。

接着通过情景剧，老师的一个电话，让学生认识到：角色虽小，责任无边，伴随着我们视野的扩大，本领和智慧的增长，我们承担的责任也会越来越多。让我们不断努力，在责任和担当中共同成长。但教师角色所承担的责任，与学生生活有一点距离，课堂开展该环节时略显生硬。最后播放视频《一座城市的温暖》，通过我们身边切实发生的事情，感知责任的力量，探究责任的来源，分析不同角色承担的不同的责任。引导学生在生活中追求更高的道德境界，不断提高对他人负责、对社会负责的意识，以感恩之心，传递温暖。但设问不够科学。

二稿先结合"海因茨偷药"道德两难情境，引导学生深入思考并设问：海因茨是否有更好的解决方式？鼓励学生利用发散思维来解决问题，从而引导学生认识到一个人的多重身份及对应的不同责任。接着播放视频《一场暴雨温暖一座城》，学生观看视频时思考：视频中的哪件事让你印象最为深刻？设问更具体，更有利于将学到的知识与自身实践相结合，在情感、态度和价值观目标升华的同时，实现能力目标的提升。情感升华环节，让学生感受来自身边的人或陌生人承担责任带给我们的温暖和幸福，为自身回报他人和社会铺垫情感基础。同时用发展的观点来看待责任，立足当下，树立梦想，挖掘学生的发展内驱力，推动学生发展。

定稿先结合"海因茨偷药"道德两难情境引导学生。除了设问：海因茨是否有更好的解决方式？又增加了他的选择会带来什么后果？通过引导学生引申思考，鼓励学生发散思维解决问题，并指出所有选择都会带来一定的结果，引导学生认识到一个人的多重身份对应的不同责任，及是否承担责任都会带来一定的影响。接着通过设问：想一想，日常生活中我有哪些角色？追问：这些角色需要我们做哪些事情？你对谁负责了？让学生明确，自己履行责任是对他人负责，如果能说出对自己负责更好。同时对履行责任有更全面的认识，我们会面临不同的选择，而如何成为一个有担当的人是个人走向成熟的标志之一。最后展示本校公众号文章《记录一场有温度的放学》。这件事是学生亲身经历的，较二稿更能激发学生情感共鸣。教师引导学生深入思考不同角色的责任，以及责任的来源。既能够用身边事让学生感知责任的力量，又能引导学生在生活中追求更高的道德境界，不断提高对他人负责、对社会负责的意识，以感恩之心传递温暖，还能够增强学生的学校认同感和自豪感。

环节二：责任你我他

（初稿）

1.《一座城市的温暖》情境

学生思考：暴风雨中在马路上拖拽树枝的这个学生，可不可以不这么做？你会用哪些词来描述这名学生？

学生独立思考并回答。

教师总结：我们在帮助和服务他人、社会的过程中，体验对他人负责的快乐和幸福！这名中学生是在这场大雨中，无数奉献与付出的人的一个缩影，那时的你在哪里？有没有也像他一样，温暖一个人或一群人回家的路？

学生独立思考并发表观点。

教师总结：我们要对他人负责，主动关心、帮助和服务他人，奉献社会！同时，我们在做任何决定之前，首先要保证自身的安全，做到对自己负责。

2.名人寄语

展示费尔巴哈名言"你的第一责任是使你自己幸福，你也就能使别人幸福"。

设问：在成长过程中对自己负责，需要我们做哪些事？

教师总结：只有对自己负责，才能使自己的潜能得到充分挖掘和发挥。

3.知识小结

通过本课，你学到了什么？

学生谈收获，教师总结。

（二稿）

1.《一场暴雨温暖一座城》情境

再次呈现青岛某中学生拖树枝清理道路的 10 秒钟视频。

学生思考：他可不可以不做这件事？你会用哪些词来描述这名学生？

学生回答。

教师总结：我们在帮助和服务他人、社会的过程中，体验对他人负责的快乐和幸福！这名中学生是在这场大雨中无数奉献与付出的人的一个缩影，那时的你在哪里？有没有也像他一样温暖一个人或一群人回家的路？

学生回答。

教师总结：我们要对他人负责，主动关心、帮助和服务他人，奉献社会！有人说暴雨中的男生没有做到对自己负责，你怎么看？当然，同学们平安顺利地回到了家，实现了对自己负责。

2. 我的责任感

活动：列举在你成长过程中，富有责任感的行为并展示。

教师在学生展示时，提出两难问题，"期末考试前，你的好朋友约你去网吧打游戏""你同学想抄你的作业"你怎么办？

学生回答。

教师总结：我们每个人要对自己负责，只有对自己负责，才能使自己的潜能得到充分挖掘和发挥。

3. 知识小结同初稿。

（定稿）

1. 他温暖着我们

多媒体展示：暴雨期间，我班学生冒雨返校，给素不相识的同校同学送雨伞的图片；我校学生，清早来学校清扫落叶的视频。

采访：现场采访冒雨返校送雨伞的同学。

教师：下暴雨的时候你害怕吗？为什么会选择回来送雨伞？往回走的路上，你都想到了什么？

学生回答。

教师总结：我们要对他人负责，主动关心、帮助和服务他人，奉献社会！我们在帮助和服务他人、社会的过程中，体验对他人负责的快乐和幸福！

2. 我温暖了他人

内容同二稿"我的责任感"。

3. 学海拾贝

通过本课，你学到了什么？

学生谈收获，教师总结。最后师生共同总结知识体系，构建思维导图。

【改进思路】

初稿通过青岛某中学生，暴雨期间拖树枝清理道路的视频，引导学生向他学习，积极对社会负责。同时指出我们对社会负责的前提是保证自身人身安全，对自己负责。接着再通过展示费尔巴哈名言"你的第一责任是使你自己幸福，你也就能使别人幸福。"让学生进一步思考：在成长过程中，对自己负责需要我们做哪些事？得出：只有对自己负责，才能使自己的潜能得到充分挖掘和发挥。知识小结，通过引导学生谈收获，教师总结。总体环节，稍显生硬，学生参与度不高。

二稿同样利用青岛某中学生，暴雨期间拖树枝清理道路学生的视频，引发学生讨论，引导学生向他学习。与一稿不同的是，二稿通过增加设问"有人说，暴雨中的男生没有做到对自己负责？你怎么看？"较初稿更容易让学生明确什么叫作对自己负责。接着通过活动：列举在你成长过程中，富有责任感的行为并展示。追问：在展示时提出两难问题"期末考试前，你的好朋友约你去网吧打游戏。""你同学想抄你的作业。"你怎么办？最后展示成果：我们每个人要对自己负责，只有对自己负责，才能使自己的潜能得到充分挖掘和发挥。这个改变较初稿更能激发学生思考，在对他人负责的过程中实现对自己负责。同时让学生明确每个人承担的不同责任间可能存在冲突，引导学生既要有海因茨的勇气，更需要有智慧，在法律范围内去追求更高的道德目标。知识小结同初稿。

定稿首先通过现场采访，暴雨中从家里返回学校给同学送伞的学生。通过该生的回答，引导学生认识到我们要对他人负责，主动关心、帮助和服务他人，奉献社会！我们在帮助和服务他人、社会的过程中，体验对他人负责的快乐和幸福！同时也让学生认识到榜样在身边，并自觉像榜样看齐。学海拾贝环节，除了二稿的学生谈体会，教师总结外，又增加一项构建思维导图环节，有利于学生构建知识体系。

（三）践行

（初稿）

1. 赞一赞

赞一赞我们身边认真履行责任的感人事迹。组内交流，并推选代表全班分享。

2. 守卫国家 我能行

《康熙字典》中记载国字原作"或"，字形像以"戈"守卫"口"，后来在字的周围加方框表示疆域，构成"国"字。

学生思考：你手中的"戈"是什么？守卫国家需要我们怎样做？

3. 情感升华

多媒体展示图片，教师伴音乐解读。

你见过凌晨四点钟城市的样子吗？他们一定见过，正是因为有了他们，才有了我们上班上学路上的第一班车、第一口早餐，以及第一眼干净整洁的环境，向每一位坚守岗位的劳动者们致敬！

上个月，我们青岛成功承办了上合峰会，得到了全世界的高度认可和一致好评。正是因为我们每位市民的主人翁意识和无私的奉献精神，才有了井然有序的道路交通、清新整洁的市容环境、优质高效的服务保障、喜庆祥和的氛围。

他们是拥有独立知识产权的中国创造们的总设计师，正是因为他们几十年如一日的坚守与研发，才有了今天中国实现现代化以及傲立世界舞台的自信。

正因为有为青蒿素而生的屠呦呦，才挽救了上百万人的性命，将过去15年疟疾的致死率降低了一半，为全世界送上中国的中医药。

正是因为以习近平同志为核心的党中央清晰擘画的两个一百年目标，才有我们助推8000万人口脱贫的精准扶贫计划和绿水青山就是金山银山的守护。

习近平主席叮嘱我们，新时代青年要乘新时代春风，在祖国的万里长空放飞青春梦想，以社会主义建设者和接班人的使命担当，为全面建成小康社会、全面建设社会主义现代化强国而努力奋斗，让中华民族伟大复兴在我们的奋斗中梦想成真！

4. 课后作业

寻找我们身边负责任的人及其事迹，以研究性学习小组为单位，制作一期以"责任"为主题的手抄报，在班级和校园展区进行展示。

（二稿）

1. 我大声地对你说

夸夸我的同学、朋友，在他们身上有哪些"有责任感"的表现。

小组讨论交流并整理发言，看哪个小组找出的榜样最多。

2. 我悄悄地对自己说

我哪些方面没有做到对自己行为负责，请同学们静静地、悄悄地反思一下，找一找自身的不足。

3. 课后作业

发现我们身边或者我们国家负责任的人及其事迹，以研究性学习小组为单位，制作一期以"责任"为主题的手抄报，在班级和校园展区进行展示。

4. 教师寄语

《少年中国说》

少年智则国智；少年富则国富；

少年强则国强；少年独立则国独立；

少年自由则国自由；少年进步则国进步；

少年胜于欧洲，则国胜于欧洲；少年雄于地球，则国雄于地球。

少年负责则国负责。壮哉我中国少年，与国无疆！

让我们插上理想的翅膀，乘着新时代的春风，承担责任，为自己更好地发展、为中国梦地实现、为国家的复兴贡献自己的力量。

（定稿）

1. 我大声地对你说

夸夸我的同学、朋友，在他们身上有哪些"有责任感"的表现。

小组讨论交流，整理发言，看哪个小组找出的榜样最多。

2. 我悄悄地对自己说

我哪些方面没有做到对自己行为负责，请同学们静静地、悄悄地反思一下，找一找自身的不足。

3. 真情告白，送上我的歉意

或许因为你没有认真做好自己应该做的事，或许你做了不该做的事，或许你做了错事不敢面对，曾经给他人带来一些伤害。这里给你提供一个倾诉的平台，让你表达一下心中的歉意。

4. 拓展空间

（1）发现我们身边或者我们国家负责任的人及其事迹，以研究性学习小组为单位，制作一期以"责任"为主题的手抄报，在班级和校园展区进行展示。

（2）我校拟与"小雨点公益"共同组织同学们利用周末时间慰问环卫工人。你是否会报名？为什么？如果报名，你会开展哪几项工作，做哪些准备？

5. 教师寄语同二稿。

【改进思路】

初稿中鼓励学生赞一赞身边负责任的人和事，用身边的榜样引领学生，将对自己负责、对他人负责落到行动上。"守卫国家我能行"环节是基于中学生是国家的希望和未来，应增强其主人翁意识，以及责任担当意识，但这一项有点脱离学生生活，学生认识得不够深刻。课后作业是以"责任"为主题的手抄报，让学生积极发现身边负责任的人和事。能够完成教学任务，但是学生参与积极性不高。而且仅仅是学生身边负责任的人和事，存在局限性。

二稿中回归学生生活，引导学生发现生活中有责任感的人和事，反思自身的不足。这项活动能引发学生思考，课后发现有学生反思很好，为之前所做的不负责的事道歉，所以定稿中直接引入课堂，引导学生送上自己的歉意。一开始担心学生好面子，道歉活动开展不了，事实上正是给学生一个悔过的机会，教育效果显著。二稿的课后作业是以"责任"为主题的手抄报，让学生积极发现身边和我们国家负责任的人和事，这样学生可以利用课后时间搜索我国负责任的模范和典型，潜移默化中向模范学习。最后以《少年中国说》作为教师寄语，对学生进行情感升华。

定稿中除了增加"真情告白，送上我的歉意"环节，拓展空间还加了一项践行作业：我校拟与"小雨点公益"组织同学们利用周末时间慰问环卫工人。你是否会报名？为什么？如果报名，你会开展哪几项工作，做哪些准备？既能够夯实基础，又真正将理论与实践相结合，给学生一个奉献社会，对他们负责的机会。

教学板书：

我对谁负责　谁对我负责

一、我的角色 我的责任 { 责任的内涵 / 角色不同，责任不同

二、责任你我他 { 对自己负责 / 很多人对我们负责，我们应该？

教学反思：

本课在感悟环节一开始选用评选最负责任的同学，虽然热闹但思辨性不够，最后确定利用海因茨的道德两难情境，引导学生初步感悟一个人的不同身份承担的不同责任，也能够体会到生活的不易。而本课最大的亮点是在探究环节中，从《一场暴雨温暖一座城》到《记录一场有温度的放学》案例，两个案例都是学生身边真实发生的事情，都贴近学生生活。但相比较而言《记录一场有温度的放学》是学生亲身经历的，更容易引发情感共鸣。通过本案例的思考、讨论、追问等方法，做到事理综合，提高学生分析问题、解决问题的能力，真正落实知行统一的教学原则。从学生的生活中来，最后通过践行环节又落实到学生的行动中去。在践行环节，"我想大声告诉你""我想悄悄告诉自己""真情告白，送上我的歉意"等环节，都是引导学生反思自己和他人的行为是否做到了对自己和他人负责。在课后作业环节，以"责任"为主题，选用学生身边负责任的人和事，思维存在局限性。定稿中鼓励学生参加公益活动，事实也证明，学生们非常乐意参加该活动，这些都充分体现学生的主体地位，有利于学生核心素养的培养，更好地落实课程标准。而且学生通过参加公益活动，感受到了关心、帮助和服务他人，对他人负责的快

乐和幸福。这是仅仅依靠课堂上很难收获到的情感体验。

当然,本节课也存在着很多值得商榷的地方,师生的互动怎样才能更好地呼应,设问如何设计才更有思辨性。在以后的教学中,我将继续深入探索,力求全面提高。

(青岛西海岸新区黄岛初级中学 吴鹏程)

课例点评:

该课的教学设计符合"感悟—探究—践行"三段引领式教学法的理念。导入环节创设两难情境,让学生初步感悟每个人的不同角色对应的不同责任。教师顺势引入责任话题,自然贴切,不漏痕迹。探究环节,教师基于学生的生活,引用视频或文章还原真实情境,以问题为导向,让学生进行独立思考、话题讨论、观点辨析等探究活动,调动了学生参与的积极性,提高了学生对责任的理解和感知能力。践行环节,教师设置了填写"我想大声告诉你"和"我想悄悄告诉自己"等自我反思卡片,学生在书写中反思对责任的认识和感悟,达到了学以致用的目的。特别是课后作业的设计:组织学生利用周末时间慰问环卫工人,将理论与实践相结合,给学生一个对他人负责、奉献社会的机会,既符合道德与法治学科核心素养的要求,也践行了社会主义核心价值观。

本课还需要在问题设置的梯度上进行斟酌,以及如何更好地发挥学生的主体性,让学生真正成为学习的主人。

课例07：尊重他人

课标依据：

本课所依据的课程标准的相应部分是"成长中的我"中的"自尊自强"。具体对应的内容标准是："自尊、自爱，不做有损人格的事。""能够分辨是非善恶，学会在比较复杂的社会生活中做出正确选择。"

本课所依据的课程标准的相应部分还有"我与他人和集体"中的"交往与沟通"。具体对应的内容标准是："学会用恰当的方式与同龄人交往，建立同学间的真诚友谊，正确认识异性同学之间的交往与友谊，把握原则与尺度。""学会换位思考，学会理解与宽容，尊重、帮助他人，与人为善。""知道每个人在人格和法律地位上都是平等的，做到平等待人，不凌弱欺生，不以家境、身体、智能、性别等方面的差异而自傲或自卑，不歧视他人，富有正义感。"

教材版本：

统编《道德与法治》教材（人民教育出版社 2017 年版）八年级上册第四课第一框题。

授课时间：初稿 2018 年 10 月 8 日，二稿 2018 年 10 月 11 日，定稿 2018 年 10 月 15 日。

教学目标：

（初稿）

情感、态度和价值观目标：能感受尊重带来的良好心理体验，尊重每一个人。

能力目标：能列举尊重他人的实例，说明尊重他人的价值和意义；学会换位思考，欣赏他人，平等对待他人。

知识目标：知道尊重的含义，懂得尊重对个人和社会的价值和意义，知道在社会生活中如何尊重他人。

（二稿）

情感、态度和价值观目标：通过阅读戴尔·卡内基的故事，开展"为你点赞"活动，感悟如何学会并践行欣赏他人。

能力目标：通过看图辨析情景中同学的做法是否正确，思考"如果是你，你怎么做"，掌握如何尊重他人；通过"杭州图书馆对乞丐免费开放"案例，思考生活中哪些设施是为尊重他人而设立的，进一步了解如何平等对待他人；赏析最经典的心理学图片，感悟换位思考的重要性。

知识目标：通过央视著名主持人董卿采访许渊冲老先生时三次下跪的事例，感悟并了解尊重的含义。通过回音壁游戏，感受尊重带来的良好心理体验，了解尊重他人的价值和意义。

（定稿）

情感、态度和价值观目标：同二稿。

能力目标：同二稿。

知识目标：通过思维导图导入单元知识，使学生对知识框架有初步了解；通过央视著名主持人董卿采访许渊冲老先生时三次下跪的事例，感悟并了解尊重的含义。通过回音壁游戏，感受尊重带来的良好心理体验，了解尊重他人的价值和意义。

学情分析：

关于尊重的主题，小学阶段已经有所涉及，学生对尊重的基本知识有了初步了解，也知道在生活中应该尊重他人。但是，对于为什么要尊重他人，面对复杂的情境如何做到尊重他人等内容，缺乏深入的认识和理解。

八年级学生处于青春期，可能会出现一定程度的逆反心理，部分学生对遵守道德规范持消极态度，甚至通过违反道德规范来显示自己的存在。这种心理发展的阶段性特征，需要我们加强引导，从尊重道德规范的深层原因和社会价值角度给学生提供帮助，以不断克服和解决成长中面对的问题，在学生道德规范形成的关键时期加强引导。

教学重点：

尊重从我做起。

教学难点：

尊重从我做起。

教学方法：

"感悟—探究—践行"三段引领式教学法。

感悟：教师分享"董卿三次跪地采访赢得万千网友赞赏"的事例，让学生思考如何评价这一行为，学生带着问题以及对董卿的赞赏开始新课学习。

探究：教师通过游戏创设、情境感悟、案例分析等探究活动，引导学生独立思考和小组合作交流，并对探究成果进行分享。

践行：教师联系学生生活，利用信息化手段，设计"为你点赞"活动，学生通过赞美他人、体验尊重他人、欣赏他人的美好感受，达到学以致用的目的。

教学流程：

（一）感悟

（初稿）

观看视频　导入新课

教师介绍：她是央视的知名主持人，端庄、得体、大气、知性；《中国诗词大会》中，她的蕙质兰心让很多观众惊讶；《朗读者》中，作为制作人及主持人的她，又让观众看到她更多的才情。同学们猜猜她是谁？

学生回答：董卿。

学生带着问题观看《开学第一课》中，主持人董卿在采访许渊冲老先生时，三次下跪的视频。

思考：在视频中，董卿下跪了几次？她的这一举动为什么能感动万千网友？

学生：下跪了三次，因为她的这一举动是尊重他人的表现。

教师总结：董卿在节目中以"跪姿"聆听许渊冲老人讲述，获得全国观众广泛赞誉，董卿跪姿更被网友们称赞为"跪出了最美的中华骄傲"，引起了巨大的反响。三次下跪体现了董卿对许渊冲老人的尊重；董卿对老人高度尊重的这一举动，赢得了网友的尊重。

（二稿）

省略猜猜看环节，通过观看视频，教师提问"董卿的举动为什么能感动万千网友"，并在教师总结中点出尊重的含义：尊重即尊敬、重视。三次下跪体现了董卿对许渊冲老人的尊重；董卿对老人高度尊重的这一举动，赢得了网友的尊重。

（定稿）

教师呈现第二单元的思维导图，导入本节课学习。

教师介绍董卿，她是央视的知名主持人，端庄、得体、大气、知性；《中国诗词大会》中，她的蕙质兰心让很多观众惊讶；《朗读者》中，作为制作人及主持人的她，又让观众看到她更多的才情。用《开学第一课》中，董卿采访许渊冲老人时下跪的图片，引出董卿三次下跪的故事，她这一举动感动了万千网友。

教师提问：如何评价董卿跪地采访的行为？

学生：体现出对老人的尊重。

教师追问：尊重仅仅是因为尊老爱幼，因为他年纪很大吗？让学生进一步思考董卿的尊重还有对文化的尊重。

出示网友评价截图：

"董卿懂得尊重别人，是值得大家尊重的主持人。""不卑不亢、优雅谦卑、大气从容，懂得尊重他人，董卿真的好棒！""这一跪不仅是对大师的尊重，更是对文化的尊重，更是自我修养的体现啊！"

教师总结：结合网友评价，三次下跪体现了董卿对许渊冲老人的尊重。尊重即尊敬、重视。董卿对老人高度尊重的这一举动，赢得了网友的尊重。董卿跪姿更被网友们称赞为"跪出了最美的中华骄傲"。这一跪，跪出了素养，董卿是由内而外的美。

【改进思路】

初稿通过猜谜的方式，让学生先猜测故事的主人是谁，引起学生兴趣，然后通过观看董卿下跪视频来引出尊重这个话题，试图吸引学生的注意力，迅速投入课堂学习中。但一部分学生在教师说出"她是央视的知名主持人，端庄、得体、大气、知性"这句介绍后，直接就能说出主人公是董卿，达不到猜谜的效果。

二稿省略猜猜看环节，介绍完董卿的背景后直接用视频感悟，尊重的含义相对简单，并非是本课难点，所以在此环节教师总结时，点出尊重的含义，"尊重即尊敬、重视"，试图让学生感悟的同时，能够回归文本。

定稿用单元导入的方式让学生对单元知识有整体认知，并将董卿案例呈现方式换成图片形式。这是出于两方面考虑，一是董卿下跪的视频，虽然经过剪辑，但想让学生看明白也需要三分钟左右,时间较长,不利于对课堂节奏的把握;二是通过图片和教师讲述的形式,同样可以达到预期效果,所以将视频导入改为图片导入。另外加入网友对这件事的评价,让学生能多角度感知,更深刻了解尊重的含义。

（二）探究

环节一：认识尊重

（初稿）

展示两幅漫画,让学生思考漫画中的人物是否做到尊重他人?为什么?引出尊重的含义。

公交车上,一名乘客嫌弃坐在座位上的农民工,直言:"这么脏,就该走路回家。"

几个学生嘲笑一名同学,讽刺道:"他是农村来的,乡巴佬。"

（定稿）

删除此部分。

【改进思路】

本意是通过此环节引导学生了解尊重的含义。但在磨课过程中,发现学生在导入新课时通过董卿的案例,就能很好地掌握此内容,故在定稿中省略此环节,并将尊重的含义放在导入新课时讲授,这样课堂节奏更加紧凑。

环节二：游戏——回音壁

（初稿）

教师明确游戏规则,全班分为两大组,第一组先读一个句子,第二组做回音回应,以此类推,句子读完为第一轮。

共两轮两组词。第一轮:"我恨你""你真烦人""你真差",第二轮:"你好棒""真不错,谢谢你""你很有进步"。

游戏完成后,教师提问:

1.通过两轮游戏,你有什么样的感受?

2.假如生活中,我们都像第一轮一样和同学交流,社会将变成怎样的?如果换成第二轮呢?小组讨论2分钟。

学生回答:第一轮感觉心情比较郁闷,第二轮就很开心。如果生活中都像第一轮一样交流,社会就会容易出现矛盾;都像第二轮一样交流,社会就会比较和谐。

教师总结并出示尊重他人的原因:尊重他人是一个人内在修养的外在表现;

每个人都是有尊严的个体，都希望得到他人和社会的尊重；尊重使社会生活和谐融洽；尊重是维系良好人际关系的前提，是文明社会的重要特征。并用马斯洛需求层次理论进一步向学生讲述每个人都是有尊严的个体，都希望得到他人和社会的尊重。

（二稿）

此处改为环节一，并进一步细化游戏规则：

全班分为两大组，1、2、3、4、5组为第一组，6、7、8、9组为第二组。

第一轮游戏开始时，第一组同学迅速起立，从上到下读第一个句子，读完迅速坐下，第二组做回音回应（重复第一组的句子），以此类推，句子读完为第一轮。

第二轮游戏时，第二组同学起立先读，第一组回音。

游戏结束后，交流分享感受环节，删除小组讨论环节，由学生通过 Pad 进行抢答，教师总结并出示为什么要尊重他人，删除马斯洛需求层次理论的讲述。

（定稿）

对游戏规则再次细化：在老师下达"游戏开始"指令时，第一组同学迅速全体起立，从上到下读第一轮游戏第一个句子，读完迅速坐下；紧接着，第二组同学迅速全体起立，并做回音回应（重复第一组读的句子），读完迅速坐下。

将游戏中两轮词语进行调换，先做赞美的回音反映。在两组游戏中，三个词语逐一呈现，让学生有所期待。教师提问同初稿。

学生回答：在玩第一轮的时候，我越来越开心，很愉悦，很想继续玩下去。在玩第二轮时很沮丧。如果都像第一轮一样和人交流，人际关系会很和谐，班级会越来越好，如果像第二轮一样，社会将越来越混乱。

师生共同总结尊重他人的意义。

【改进思路】

教材中第一目的内容是了解尊重的含义及尊重的意义。初稿中，用回音游戏的形式，让学生感受"良言一句三冬暖，恶语伤人六月寒"，通过学生小组内讨论交流感受，教师归纳尊重他人的意义。活泼的游戏激发了学生的学习兴趣，小组讨论让学生畅所欲言，交流感受。但在第一轮上课时，由于游戏规则并不是很清晰，导致有些学生不能马上理解游戏意图，需要进一步细化游戏规则。

二稿中将游戏规则细化，并在教师提问"同学们做完两组游戏的感受"时，删除之前的小组讨论环节。主要考虑到学生在两轮游戏中就能产生直观感受，无须进行小组讨论。另外此问题较简单，所以让学生运用电子书包"抢答"并分享。

使用电子书包上课是我校教学常态，是学校将信息化教学手段与教育教学深度融合的产物，对高效课堂大有助力。在课堂教学中，老师和学生通过平板进行互动，能够充分调动学生积极性，活跃课堂气氛。初稿中设计的拓展问题马斯洛需求层次理论，考虑到前后衔接不够妥当，为让课堂教学更加流畅，故删除该环节。

定稿中，将游戏规则进一步细化，并前后调整两轮游戏内容，两组同学先用积极的语言进行"回音"，再用消极的语言进行"回音"，"从积极到消极"的这种落差，更容易让学生感悟语言的力量，学生对尊重他人意义的理解也更加透彻。

环节三：探究与分享

（初稿）

辨析观点：某图书馆规定，衣衫不整者不得入馆读书。对此，人们有不同的看法。

A：图书馆是社会公共资源，每个人都可以进馆阅读。

B：图书馆是文明学习的场所，衣冠不整是对其他读者的不尊重。

C：穿着是个人的自由，图书馆不应该规定读者的着装。

提出问题：你如何看待以上观点？

学生回答略。

教师总结，用图片引出杭州图书馆对乞丐免费开放获称赞的案例，出示杭州市图书馆馆长褚树青的一句话"我无权拒绝他们入内读书，但您有权选择离开"。引导学生思考对这句话的看法。

学生回答略。

教师总结：知识面前人人平等；弱势群体的权利需要尊重；关注弱势群体是社会进步的表现。乞丐也有读书的权利。尊重是文明社会的重要特征。

教师再次追问：除了图书馆，生活中还有哪些公共设施是为了尊重弱势群体而设立。

学生回答略。

教师出示城市盲道、公共场所残疾人通道、母婴室等为尊重弱势群体设置的公共设施，引导学生感悟，我们的社会关注弱势群体、关心弱势群体。

（二稿）

与初稿大致相同，将"探究与分享"活动后移，放至在环节二"践行尊重"后，与"经典再现"环节一起设置为环节三，并将杭州图书馆的案例改成视频方式呈现。

（定稿）

同二稿，但更加优化了过渡语的上下衔接。

【改进思路】

初稿在设计之初，抛出观点让学生辨析，并引出杭州图书馆的案例，通过让学生畅谈对楮树青馆长话语的思考，让他们更深刻认识"平等对待他人"。

二稿将此活动后移，遵循了先总后分的原则，通过首先让学生整体认知"如何践行尊重"，然后在分重点进一步了解认识。此处也是本节课的重难点，这种处理方式更加符合学生的认识规律，利于学生对知识的掌握，以及情感、态度和价值观的提升。该处还将杭州图书馆事例改成视频形式呈现，让学生更深刻、更直观的了解事情经过，以及更容易接受视频中的点评观点。

定稿中对过渡语的优化，让此处的过渡更加自然流畅。许多同学对"A、B、C"三个观点看法不一，教师用"一千个人眼中有一千个哈姆雷特"初步总结，并鼓励学生大胆阐述自己的观点，允许学生观点的思辨，只要言之成理即可。

（三）践行

环节一：践行尊重

活动一：情景再现

（初稿）

我们该怎样尊重他人？请同学们结合课本知识，从下面的四个情景去思考并阐述理由，小组讨论2分钟。

A：小明的同班同学兴致勃勃地谈论前一天看过的电影，小明却并不感兴趣……

B：环卫工人和政府官员，谁更值得尊重……

C：公交车上人很多，一位乘客不小心踩了你一脚……

D：小组讨论时，同学和你的观点不一致……

学生阐述理由后，教师出示并归纳如何尊重他人。

（定稿）

将此处和初稿的环节五"照镜子"合并，设置为环节二。通过"照镜子"环节让学生充分讨论，并归纳出如何尊重他人。此处用平板推送给学生，并让学生思考当遇到此类情境，该如何去做。

【改进思路】

初稿通过情境教学法，让学生思考"如果是你，你怎么做"，最终教师总结归纳出如何"践行尊重"。但在磨课中，感觉此处与初稿的环节五"照镜子"环节设置上有重复，有待改进。

定稿中将两处合并，并将此处情景体验，检查学生对知识的掌握程度。对此处位置的前置调整，也符合学生的认知规律，有从总体认知到具体认知的一个分解过程。

活动二：经典重温

（初稿）

出示两幅经典的心理学图片。

两个人在不同的角度看同一个数字，一人在一个角度看是数字6，另一人在另一个角度看是数字9。二者争执不休，都认为自己正确。

让学生思考到底谁正确？这说明了什么？

学生回答略。

教师总结：图片启发我们在交往中，要学会换位思考。

（二稿）

位置调整到环节三初稿中"探究与分享"后，作为讲解换位思考的部分。

（定稿）

同二稿。

【改进思路】

初稿设计此处是为了具体讲解学会换位思考，换位思考是尊重他人的一个做法，也是学生容易忽略的一点，通过此环节，让学生深入认识和理解，面对复杂的情境如何做到尊重他人。

二稿和定稿将此处调整到"环节三"的"活动二"，更符合逻辑，作为让学生总体认知"如何尊重他人"后的具体内容，再次强调换位思考的重要性。

活动三：为你点赞

（初稿）

带着欣赏的眼光

19世纪末，美国中部的密苏里有一个坏孩子，他偷偷地向邻居家的窗户扔石头，还把死兔子装进桶里放到学校的火炉里烧烤，弄得臭气熏天。他9岁那年，父亲娶了继母，父亲告诉她要好好注意这孩子。继母好奇地走近这个孩子。当她对孩子有了了解之后说："你错了，他不坏，而且很聪明，只是他的聪明还没有得到发挥。"继母很欣赏这个孩子，在她的引导下，这孩子的聪明找到了发挥的地方。

后来他成了美国当代著名的企业家和思想家，这个人就是戴尔·卡内基。

教师提问：你觉得卡内基的成功是因为什么？

学生回答略。

教师做个小调查：你苛责过身边的人吗？你赞美过别人吗？经常或偶尔？

进行"为你点赞"环节，教师通过 iPad 在课堂上随机抽选全班同学中的一位，让同学们赞美他，阐述他的优点。

（定稿）

主体同初稿，在阅读完材料时，向同学们介绍卡内基最著名的著作《人性的弱点》，这本书被誉为西方世界社交《圣经》，他本人被誉为 20 世纪最伟大的心灵导师。询问是否有同学读过此书。还将"为你点赞"作为环节三"探究与分享"的活动三呈现。且将赞美的对象增加到两到三位同学，人员通过 iPad 在课堂上随机选择。

【改进思路】

初稿通过阅读卡内基的故事，让学生感受：如果没有他继母的赞美和认可，也许没有卡内基的今天。让学生认识到赞美的重要性，进而在班级做个小调查，对学生平时"对他人的赞美和苛责"情况有初步了解，并进行"为你点赞"环节，通过信息化手段，用 iPad "随机"选出一名学生，其他人要说说他的优点。通过发现身边同学的闪光点，赞美他，进而让学生认识到赞美别人也是件很愉悦的事情，促进班级的和谐及人际关系的融洽，也深深地感悟尊重他人的这种美好体验。

二稿将此环节进一步优化，在介绍卡内基时简要介绍他的书《人性的弱点》，鼓励学生通过多读书，丰盈自己的灵魂。并将"为你点赞"环节延长，增加到 2~3 位同学，用同学身边的例子来育人，更具有说服力，也更让学生印象深刻。

环节二："照镜子"

（初稿）

出示四幅在尊重他人方面做得不正确的图片。

图片一：上课时，一同学回答问题，其他同学说悄悄话嘲笑："他一口外地话，真难听。"

图片二：一个人在观看音乐会时不顾别人感受，站起欢呼。

图片三：两位同学对话："志强，这道题怎么解，你帮我讲一下可以吗？""我急着去踢球呢，你不要啰嗦了好吗？"

图片四：老师说："欣月这次考了满分，值得表扬"同学在下面小声说："哼，有什么了不起，不就是考了满分吗？"

想一想：你平时在尊重他人方面做得怎么样？针对你的不足，你如何采取补救措施？

学生回答略。

教师总结。

（二稿）

与前面的情境教学合并，总体改为环节二"践行尊重"，让学生仔细观察上面几幅情景图，想一想：这几个同学做得对吗？如果是你，你打算如何做？

（定稿）

对问题和学生回答方式进一步细化：仔细观察上面四幅情景图，想一想，这几个同学做得对吗？如果是你，你打算如何做？按图片示意，分小组思考相应图片，小组讨论2分钟。

此处，将全班同学分为四个小组，1、2组思考图片一，3、4组思考图片二，5、6组思考图片三，7、8、9组思考图片四，讨论如果自己遇到这种情况的做法。

【改进思路】

初稿中用图片的形式，展示了在日常生活中学生身边常见的不尊重他人的现象。通过学生的自我分析，对照自身的行动，进行改正和优化，达成教学目标。

二稿中与其他内容合并，并作为通过具体事例总结归纳做法的引子，让学生归纳如何做到尊重他人，提高学生的归纳概括能力。

定稿中，此处作为一个呈现小组合作交流的重点环节，先让学生在小组内充分讨论，各抒己见，全员参与，后让小组代表阐述小组观点，让学生充分表达本组观点，深入理解如何尊重他人。分小组、分图片讨论能让学生的交流更充分、更高效、更有针对性。教师用身边事育人，进一步引导学生认识到"不打扰别人"也是一种尊重，小到午休时不说话，食堂打饭时不插队等身边的小举动都是"不打扰别人"。

环节三：扩展空间

（初稿）

思考：在社会生活中，我们除了要尊重他人外，我们还应该尊重什么？

出示图片：爱护动物也是尊重生命的表现，我们应尊重大自然，我们应尊重民族的历史与文化，尊重民族习俗、尊重劳动、尊重知识、尊重创造……

议一议：请你参与他们的讨论，并表达自己的观点。

（定稿）

问题前置作为课前预习的思考题，提前通过 iPad 在班级空间发布给学生，并作为本节课的拓展知识，让同学们畅所欲言，课堂进行同屏展示。

【改进思路】

初稿中，本块内容在课本上也有涉及，作为拓展空间呈现。为了拓展学生的思维，提升思维的品质及深入思考的能力，设计了本板块。

定稿中，考虑到课堂上留给学生的思考时间不够充足，思考不够深入，所以将此块内容前置到课前预习中，作为一个任务推送到学生 iPad 上的"班级空间"中，在课堂上运用信息化手段，同屏在班级空间里进行查看，学生的观点一目了然。让我很欣喜的是，学生的回答也很有深度和广度，几乎囊括了我在初稿中准备的图片中的所有内容，让我看到了学生的深入思考。

教师寄语：

学生在课堂上的优异表现，是对老师劳动的尊重，同时既是对自己的尊重，也是尊重知识的表现。尊重是一种智慧，在包容差异中实现自我超越；尊重是一种修养，在开朗豁达中赢得更多欣赏；尊重是一种美德，在平等尊重中感受更多快乐。鼓励学生从今天做起，从现在做起，甚至是从很久以前做起，做一个尊重他人的人。

板书设计：

尊重他人 $\begin{cases} 尊重是交往的起点 \\ \\ 尊重从我做起 \end{cases}$

教学反思：

本课在设计时结合"感悟—探究—践行"三段引领式教学法，以游戏、情境教学等方式让学生认识到"什么是尊重他人""为什么尊重他人"，以及"怎样尊重他人"。

在课堂上，教师能够及时对学生及小组进行评价激励，并充分将信息化与教育教学深度融合，通过信息化的手段，进行抢答、随机点赞、大数据分析等，在提高了课堂效率的同时，提升学生的思维品质和思维能力。尤其杭州图书馆案例，激发了同学们对公平等理性精神的深入思考。另在学生回答问题时，教师有意识地进行追问，也取得不错的效果。

另外，本节课还可以与传统文化、传统美德等结合，如在换位思考的内容讲述中，是否可以加入当下的热门话题，学生对父母的不理解或家长对学生的不理解，相信这个话题学生会更加感同身受，更有话语权。

在以后的教学中，也应注意教学设计不应淹没在一个个案例、活动中，课堂内在理性的逻辑脉络应更清晰，课堂上应更加注重生成性资源，少一些预设，注重抓住教育契机，这是我今后应努力的方向。

（青岛西海岸新区实验初级中学　田振）

课例点评：

本节课的教学设计符合"感悟—探究—践行"三段引领式教学法的理念。感悟环节通过案例引领，让学生初步感知尊重的含义，并在课堂中多次提到此案例，让学生更深入感知尊重的意义及做法。探究环节通过游戏、情境体验等多种方式，以问题为导向，让学生独立思考、小组合作，调动学生积极性，培养学生的思辨能力。教师还设置了"为你点赞"环节，为身边的同学点赞，学生热情参与，将课堂氛围推向高潮，教师这种从生活入手、从身边事入手的教学，给学生深刻印象，达到了学以致用的目的。另外，在践行环节，教师还进行了拓展，让学生思考除了尊重他人外，还应该尊重什么，扩展了学生的思维，培养了学生理性思考的能力。

当然，教师还需要思考如何更好地掌控课堂，在问题设置上更具梯度，注意课堂内容的内在逻辑性。

课例08：做负责任的人

课标依据：

本课所依据的课程标准相应部分是"成长中的我"中的"自尊自强"。具体对应部分内容标准是"体验行为和后果的联系，懂得每个行为都会产生一定的后果，对自己的行为负责。"

教材版本：

统编《道德与法治》教材（人民教育出版社 2016 年版）八年级上册第六课第二框题。

授课时间：初稿 2018 年 11 月 6 日，二稿 2018 年 11 月 8 日，定稿 2018 年 11 月 12 日。

教学目标：

（初稿）

情感、态度和价值观目标：在观看视频解决问题过程中，培养学生的责任意识，为自己的选择负责，做一个负责任的人。

能力目标：在帮助小青解决难题过程中，学生能够正确评估承担责任的代价和回报，做出合理的选择。能主动作为、尽职尽责，对自己和他人负责。

知识目标：使学生懂得承担责任会得到回报，但同时也要付出一定的代价；懂得有些责任即使不是自愿选择的，也应尽力承担好。

（二稿）

情感、态度和价值观目标：通过观看"宝马男孩儿"道歉新闻、帮小青出主意等活动，培养学生的责任意识，让学生有足够的勇气为自己的选择承担责任；以积极的态度承担那些不是自愿选择而应该承担的责任；崇敬那些不言代价与回报而无私奉献的人，努力做一个负责任的公民。

能力目标：在分析案例解决问题的过程中，学生正确评价承担责任的代价和回报，做出最合理的选择，能为自己的选择负责。

知识目标：在与同学的交流合作中，懂得承担责任会得到回报，但同时也要付出一定的代价；有些责任即使不是自愿选择的，也应尽力承担好；了解不计个人得失，无私奉献者的事迹。

（定稿）

情感、态度和价值观目标：通过对人物事迹、图片、名言等情境材料的感悟和交流探讨，培养学生的责任意识，让学生能够以积极的态度承担那些不是自愿选择而应该承担的责任；崇敬那些不言代价与回报而无私奉献的人，努力做一个负责任的公民。

能力目标：通过对人物系列情境的分析交流，能够正确评价承担责任的代价和回报，做出最合理的选择，能为自己的选择负责。

知识目标：通过对事例的分析交流，知道承担责任会得到回报，但同时也要付出一定的代价。懂得有些责任即使不是自愿选择的，也应尽力承担好。

学情分析：

八年级学生的"成人意识""独立意识"较之七年级的孩子更为强烈，他们独立完成事情的能力更强，应承担的责任更多，但他们更易受社会不良道德风气的影响，在负责任的时候容易做了"语言的巨人，行动的矮子"。针对学生学习生活中责任意识不强、负责任行动不力的现状，提高学生对负责任意义的认识，使学生懂得负责任不是仅仅停留在口头上，而是可以从小事开始逐步培养的。

教学重点：

为自己的选择负责，努力做一个负责任的人。

教学难点：

正确评估承担责任的代价和回报，做出合理的选择。

教学方法：

"感悟—探究—践行"三段引领式教学法。

感悟：教师展示电影《战狼2》的图片进而引出潍坊舰上的故事，引导学生感悟，军人为国家尽忠，军嫂为家庭尽孝，都是他们要承担的责任。再让自己思考：在当下自己的责任是什么？应该如何承担？让学生带着问题进入新课的学习。

探究：通过给学生发放小卡片、观看图片和视频以及续写故事等活动，以具有思维含量的问题为导向，学生进行独立思考或小组探讨，最后对探究成果进行展示交流分享。让学生在接连不断的活动中懂得什么是责任，应该如何承担责任。

实践：引导学生从自己的日常生活中发掘主动承担责任的事例，而后让同学们把上课前的小卡片拿出来，再次进行思考：现在你认为自己还可以为班级和社会做哪些事。将本课知识与学生实际联系起来，真正让学生明白生活中有许许多多的责任需要我们承担，一旦选择就无怨无悔，使孩子们成为一个负责人的人。

教学流程：

（一）感悟

（初稿）

阅读教材内容。

教师：请同学们思考下面这些案例属不属于负责任呢？

学生回答：属于。

教师总结：多为班级建设尽力、面对店主多找的零钱，及时退回、看到有人驾车撞人后逃逸，打电话报警等，这些都是负责任的表现。我们每个人都要做负责任的人，那怎么做一个负责任的人呢？进入新课的学习《做负责任的人》。

（二稿）

多媒体播放视频："道歉男孩儿"陈奕帆的事迹。

思考：为何被撞的宝马车主非但不生气，还要资助陈奕帆呢？

学生回答后，引出课题《做负责任的人》。

（定稿）

用年度爱国热片《战狼2》的图片引出潍坊舰艇上的故事。多媒体播放视频并提出问题：你从中感受到了什么？

学生思考并自由发言。

教师总结：你为国尽忠，我替你尽孝。这是军人和军嫂的担当。那我们的责任又是什么呢？引出本课的课题：做一个负责任的人。

【改进思路】

初稿运用教材中的材料能够准确地表达出责任的意义，让学生明白下面这些行为都是负责任的表现。但是学生兴趣不高，难以快速投入课堂学习。

二稿中运用"道歉男孩儿"视频能迅速抓住学生眼球，男孩与学生年龄相仿，能够引起共鸣，事情的反转能激发学生的学习热情。并由此引导学生明白要主动承担责任的道理，顺理成章引出课题。

定稿用爱国电影《战狼2》的图片能一下子抓住学生的眼球，然后讲述利比亚撤侨的真实故事，调动起学生的积极性。通过视频创设温暖人心的情境，能激发学生的兴趣和探究欲望，同时也让学生初步感悟责任意识，为本课教学奠定良好的基础。

（二）探究

环节一：代价与回报

（初稿）

多媒体展示"最美孝心少年"梁维月的故事。

5岁的时候，梁维月的妈妈不堪清贫，离家出走。不久后，弟弟因为青霉素中毒，成了聋哑儿童。又过了三年，爸爸在一次饮牲口时不慎摔下山崖，造成高位截瘫。从那时起，年仅8岁的小维月就承担起照顾家庭的重担，在她的精心照料下，已经瘫痪8年的爸爸没有肌肉萎缩，更没有生过一次褥疮。家里的主要生活来源是低保。每天，小维月做好饭菜趁热先喂爸爸，可爸爸经常是吃了就吐，她就等爸爸吐完再喂，直到爸爸吃饱了她才捧着已经变凉的饭自己吃。维月父亲因为常年卧病在床，脸上很少有笑容，她就变着法儿哄爸爸开心，把在学校得的奖状都贴在爸爸床对面的墙上。为给爸爸和奶奶赚够药费，每个周末小维月都要去家附近的工地搬砖，一开始，对方根本不让她干，但最终还是拗不过她，搬一块砖的报酬是一分半，小维月每次要坚持搬两千块才肯回家，这样一天下来，她就能赚到30元，打工挣来的钱除了要维持家用，还要给患有脑血栓的奶奶买药。尽管饱受生活艰辛，小维月始终认为最幸福的事莫过于能与家人在一起，她说无论走到哪里就要把家人带到哪里，因为家人是她最大的牵挂。

思考：梁维月为了承担起照顾家庭的重担，付出了什么代价？得到了什么回报？

学生回答。

教师总结：梁维月付出了时间、精力、体力，得到了一家人能够在一起的回报。

由教材可知，承担责任不仅意味着付出时间、精力和金钱，而且意味着可能因做得不好而受到责备，甚至受到处罚。承担责任往往伴随着获得回报的权利。这种回报，既包括物质方面，又包括精神方面。对我们而言，更重要的是精神方面的回报，如良好的自我感觉、获得新的知识和技能、赢得他人的尊重和赞许等。

（二稿）

结合"道歉男孩儿"视频内容回答：

1.陈奕帆选择的责任是什么？

2.承担了这个责任，陈奕帆会付出些什么？

3.承担了这个责任，他得到了什么样的回报？

学生回答，通过了解陈奕帆承担责任后所付出的和获得的回报，明确承担责任的代价与回报。

教师提问：当时的陈奕帆还可以有其他的选择吗？他的选择给我们什么启示？

学生回答：可能一走了之或交由父母去解决等。

从此问题的探讨中让学生明确：承担的勇气和责任心，做个负责任的人；在很多情况下，我们可以选择自己承担的责任，一旦做出选择，就应该义无反顾地担当起应负的责任。

（定稿）

课前给学生分发彩色"责任小卡片"。

教师：请拿出你们的小卡片：假如你要为班级和社会做一件事情，你会做什么？理由是什么？

学生回答：为同学打水、为班级做值日、照顾生病的同学等。

教师根据学生回答进行点评并总结：承担责任会得到回报，但同时也要付出一定的代价。

【改进思路】

初稿通过梁维月的故事感动学生，梁维月和学生年纪相仿，更容易引起学生共鸣。梁维月以自己弱小的身躯承担起了整个家庭的责任，在此过程中她牺牲了自己时间、精力，遇到了许多难以想象的困难，但同时她也得到了和家人团聚的回报，受到大家的赞扬。使学生明白，承担责任往往也意味着要承担一些风险，但是同时也意味着回报。

二稿继续沿用"道歉"男孩儿视频，以具有思维含量的问题引导学生进行深度思考。这个男孩儿应该承担什么责任？付出什么代价同时得到了什么回报？

他还可以怎样做？既然选择了应该怎样对待这份责任？在接连不断的问题中引导学生反思。

定稿进行了修改，在正式上课之前先让学生审视自身能为班级甚至社会做什么事情，理由是什么。这样避免了学生"只读别人的故事"，而是直接从自身出发进行思考，在这个过程中发挥了学生的主动性。通过学生的回答来看，目前学生的想法比较单一，只停留在做值日、帮助同学的层面上，这也为后来的学习提供了条件。

环节二：义无反顾担责任

（初稿）

学生阅读教材"探究与分享"——我要竞选班干部。

1. 小龙选上班干部可能付出什么？又能得到什么？

2. 他应该如何对待自己的选择？

教师总结：在很多情况下，我们可以选择自己承担的责任。我们应该有勇气凭借自己的经验和智慧，对承担责任的代价与回报进行正确的评估，做出合理的选择。一旦做出选择，就应该义无反顾地担当起应负的责任。

（二稿）

同初稿。

（定稿）

多媒体展示胡智博小朋友的图片和事例：7月26日，陕西榆林发生特大洪水灾害。胡智博主动要求去救灾，他说想做一点力所能及的事。到了灾区他主要是帮忙搬米、面、矿泉水，也会在重灾区帮居民铲泥。在救灾的几天里，通常一天"工作"将近10小时。虽然皮肤晒黑了，累得背心湿透了，但胡智博从不跟妈妈抱怨。记者问他在救灾现场的感受，以及看到自己的照片"走红"网络的感想。12岁的胡智博说，自己不是小孩子了，能参与救灾，感到很开心，看到大家肯定他，觉得"自己的努力是值得的"。

学生思考：胡智博付出了什么？得到了什么？你怎么看待胡智博的行为？

教师点评：承担责任会得到回报，但同时也要付出一定的代价。

多媒体播放青岛负责任的人物短片。

教师：你能举出我们宁夏甘寺堡这样的例子吗？

学生举例后，教师出示最美教师田江、谢芳的事例。

最美教师田江：从教17年，深入研究教材，悉心准备好每一份教案，用心上

好每一堂课，他所带的班级物理成绩名列前茅，辅导的多名学生获得奥林匹克奖，制作的物理仪器获得国家一等奖。

最美志愿辅导员谢芳：成立"吴忠市守望爱心家园"，每天辅导40多名农民工子女、残疾学生的课业，对特殊孩子开展德育教育、情感教育，长期资助孤残儿童25名，累计投入公益事业物资15万元。

师生共同品读马克思的名言：世界上有许多事情必须做，但你不一定喜欢做，这就是责任的含义。

【改进思路】

初稿运用"竞选班干部"的事例，是学生平时就会遇到的、与自己息息相关的事情，因此能够引起学生的认同感，让学生真正对这一问题进行思考，学生回答条理清楚，理由得当。在这一过程中，学生重新考虑竞选班委这一问题，会更加谨慎地做出选择，也让学生明白，当班委要承担很多责任，要付出一些代价，但是同时也会有很大收获。一旦进行了选择，就要权衡好两方面关系，将自己的责任承担好。

定稿先展示胡智博的事例，胡智博与同学年龄相当，通过展示他的事例使得学生主动将自己和他进行对比：看看胡智博承担了哪些责任，选择承担这些责任他付出了什么又获得了什么，自己能否承担起这样的责任。通过播放青岛负责任人物的短片资料，让学生从身边出发，寻找自己身边这样负责任的人。在学生举例后展示两位最美教师事例，材料选自学生身边，学生对此非常熟悉，因此容易引起学生共鸣，激发学生的学习热情。最后再一起品读马克思的名言，对这部分内容升华总结。

环节三：我选择 我担当

（初稿）

学生阅读教材"探究与分享"。

学校组建舞蹈队，小青被推举为队长。正上八年级的小青，学习任务繁重，同时她作为市少年宫舞蹈团的成员，每周都要参加排练。于是小青找到教师，希望换别人当队长。教师有些为难。舞蹈队刚刚组建，一切都要从头做起。你能力强，舞跳得好，就先干着吧！学校的舞蹈队需要你这个队长。

思考：小青这样做值得吗？为什么？

学生：值得。因为她锻炼了自己的能力，获得了他人的赞许。

教师总结：有些该做的事情并不是我们自愿选择的，但我们仍然应该自觉承担相应的责任。只要我们把它们当作一种不可推卸的责任担在肩头，全身心地投入，同样能够把事情做得很出色。

（二稿）

1.阅读课本"探究与分享"。

合作讨论：小青为什么这么做？她这样做值得吗？

学生回答。

教师总结：小青的故事告诉我们有些应该做的事情虽然不是我们自愿选择的，但是我们仍然应该自觉承担相应的责任，不抱怨，不懈怠，全身心地投入。

2.在你的身边有哪些人认真履行着自己的责任？他们有哪些事迹让你感动？

请学生介绍所熟知的勇于担责的人物事迹，教师再补充介绍支月英、南仁东的事例，使学生通过了解这些无私奉献者的事迹，激发情感共鸣，努力做个负责任的人。

（定稿）

多媒体展示小青系列故事一：

学校组建舞蹈队，小青被推举为队长。正上八年级的小青，学习任务繁重，同时她作为市少年宫舞蹈团的成员，每周都要参加排练。于是小青找到教师，希望换别人当队长。教师有些为难。舞蹈队刚刚组建，一切都要从头做起。你能力强，舞跳得好，就先干着吧！学校的舞蹈队需要你这个队长。

小青接下来会怎样做？

学生续写故事，在班内交流。

多媒体展示小青系列故事二：

虽然小青感到为难，但她还是积极投入舞蹈队的工作中。从帮助教师挑选队员、安排训练时间、编排舞蹈、组织训练，到与队员所在班级的教师沟通、协调等，她都安排得井井有条，舞蹈队的工作开展得有声有色。为此，她牺牲了许多娱乐和休息时间。

教师追问：你为什么觉得她会这样做？你认为她这样做值得吗？你有类似的经历吗？

学生回答。

教师总结：有些事情并不是我们自愿选择的，但我们仍然要承担起相应的责任。

【改进思路】

初稿中直接运用了教材案例，通过"小青参加舞蹈队"这一事例引发学生们思考：在生活中遇到这样两难的问题我们应该如何处理？从学生的实际出发，引导学生明白，即使有些责任不是我们选择的，但是如果我们认为应该承担，也要全身心投入，同样可以把事情做好。在学生的日常生活中也难免会遇到很多这样的问题，通过这一事例帮助学生解决真实的难题，更加深刻的认识"责任"的意义。

二稿中除了保留一稿中的内容外，还增添了其他人物事迹。在同学们收集资料过程中就能受到人物事迹的感染，在上课交流的过程中进一步深化。

定稿中将教材案例进行了修改，让学生自己为这个故事编写结尾，编写结尾过程其实就是学生做选择的过程。有的同学也许会拒绝教师的邀请，不参加舞蹈队，这是他们的选择。还有的同学知道事情非常困难，但是仍然坚持着承担起这个责任。在这个过程中，同学们结合自身实际进行考虑其实就是在做一个负责任的人。小青的系列故事贴近学生的生活实际，学生有话可说，有理可述，很好地帮助学生理解了责任不是自愿的也要承担的道理，突出了重点，突破了难点。

（三）践行

（初稿）

学生阅读"阅读感悟"，并思考：

1. 他们的行为给社会带来了什么？

2. 从承担责任的代价与回报的角度来评价他们的行为。

学生回答：怀揣梦想来到大漠深处从事莫高窟研究工作的樊锦诗，跳入刺骨寒水中的救人英雄，为保护野生动物献出生命之人；他们为社会做出了自己的贡献，促进了社会的和谐与进步；他们在承担责任时，不言代价与回报，具有无私奉献的精神。

教师总结：我们周围有许许多多履行社会责任却不计较代价与回报的人。正是因为他们敢于承担责任、敢于担当，我们的生活才更加安全、更加温暖、更加充满希望。

学生品读"阅读感悟"，回到家乡支援农村建设帮助贫困学生的开国将军甘祖昌、龚全珍夫妇事例。

"天地生人，有一人应有一人之业；人生在世，生一日当尽一日之勤。"当前社会，有些人千方百计逃避自己的责任；有些人会努力做好自己分内的工作，付出自己该付出的，得到自己该得到的；还有些人从来不计较个人的得失，尽心尽力地承担着社会责任。

学生思考并回答：读了上述材料后，你愿意成为哪种人呢？

教师总结：我们应该唾弃第一种人，努力成为第二种人。对第三种人，如果我们不能成为其中一员，至少我们应该心怀感激，正是因为他们，我们的社会才更加美好。

（二稿）

教师：作为中学生，我们已渐渐长大，开始融入社会，并承担相应的社会责任。请小组讨论你应承担的责任，并说说如何更好地承担责任。

组内先合作探究，从家庭、学校、社会三个角度分别说说需要承担哪些责任。然后请小组各派代表回答，明确自己需要承担的责任，从而反思自身，如何更好地担责。

教师展示班级学生承担责任的照片：做值日、科代表收发作业、帮助受伤学生、认真学习等。引导学生从自身做起，特别是认真学习，肩负起实现中华民族伟大复兴的重任，做个负责任的人。

（定稿）

教师：说一说，在生活中，你身边有哪些负责任的人和故事感动着我们？

学生回答：学校的门卫，批改作业的教师，公交司机，班里的班长、同学，等等。

多媒体播放学生视频短片。

教师总结：有人说道，哪有什么岁月静好，只不过有人替我们负重前行！正是因为他们敢于承担责任、敢于担当，我们的生活才更加安全、更加温暖、更加充满希望。

教师：在学过本课之后，你觉得还可以为班级和社会做些什么力所能及的事情？请写在卡片的反面。

（学生在轻音乐的氛围中写卡片。）

教师总结：希望大家把卡片收藏，做一个纪念。在生活中做一个负责任的人，因为我们每个人都负责任，国家就会不一样！所以我们要牢记你所站立的地方就是中国，你若光明，中国便不黑暗！

【改进思路】

初稿中运用了教材中的事例，通过事例让学生明白，我们身边有很多主动承担自己责任的人，正是因为他们的承担，我们的生活才变得美好，使情感得到了升华。但是在这个过程中没有体现学生自身的做法，最后的落实不到位。

二稿让学生从自身出发，回想在日常生活中是如何承担责任的，在交流过程中明确自己还应该承担哪些责任，怎样更好地承担责任，将课本知识落实在日常生活中。

定稿中进行了修改，本环节是全课的高潮和行动落脚点。在学生交流身边负责任的人的事例后，欣赏短片视频会让学生的情感得到升华和深化。接下来写出自己负责任的行动计划，水到渠成地实现了责任的行动要求，实现了情感态度价值观目标的落实。

板书设计：

有代价　有回报　不计较　义无反顾　我的担当　他的担当

教学反思：

本节课是在上节课的基础上，学习如何做一个负责任的人。在课堂中，以新闻图片、故事续编、感人事迹等教学手段为学生创设情景，引导学生去理解感悟怎样做一个负责任的公民。在教学过程中有针对性地组织学生进行讨论和分析，充分利用教材中的案例、情境，最大限度地调动学生的参与积极性，在课后结合教学内容，联系自身实际，引导学生从学习、生活、社会等方面反思自己的责任意识，增强责任意识；同时能运用所学知识正确看待社会现象，合理地将教学内容延伸。既符合学生的认知水平和年龄特点，易引起学生的兴趣，又能激发学生的实践探究的热情，使教学达到预期的目的与效果。

对难点的突破，通过材料的分析、案例的讨论、情景的设置和活动的参与，引导学生明确：自觉承担责任的代价与回报；责任不是自愿的，也要积极承担；经常反思自己的责任，能帮助自己更好地履行责任，在承担责任中不断成长。

在教学过程中没有局限于教材知识和资料，而是补充了一些真实人物的典型事例，使学生更多地接触社会，降低课本知识的难度，帮助学生加深对教学难点的理解，增强教材知识的说服力，有利于本课情感态度价值观目标的达成。

（青岛西海岸新区教育发展研究中心　周文君）

课例点评：

这节课的教学围绕着教学目标，结合学生实际生活中的鲜活事例，培养学生勇于负责、学会负责的优秀品质，使学生在轻松的氛围内，掌握做负责任的公民的基本要求。

这堂课也存在不足，如在课堂涉及的活动内容，受课堂时间的限制，没能让更多学生说出自己想法，使活动的开展不够充分深入。在今后的教学中还要多多注意培养学生反思日常行为的习惯，真正做到学以致用，知行统一，实现德育课程的育人目标。

第四章 培育法治意识

　　加强法治意识教育，是此次道德与法治课程与教学改革的显著特点和突出亮点。引导学生尊法学法守法用法，是这一部分的核心价值导向。在本章中，我们将结合3个课例的分析与研究，说明在法治教育过程中如何利用三段引领式教学法完成教学任务、提高教学效率。

课例 01：善用法律

课标依据：

本课所依据的课程标准的相应部分是"成长中的我"中的"心中有法"。具体对应的内容标准是："学习运用法律保护自己、他人、国家和社会的合法权益""掌握获得法律帮助和维护合法权益的方式和途径，提高运用法律的能力。"

教材版本：

统编《道德与法治》教材（人民教育出版社 2017 年版）八年级上册第五课第三框题。

授课时间：初稿 2018 年 9 月 25 日，二稿 2018 年 9 月 30 日，定稿 2018 年 10 月 10 日。

教学目标：

（初稿）

情感、态度和价值观目标：树立法治观念，增强依法律己、依法维权、依法与违法犯罪行为做斗争的意识。

能力目标：增强依法保护自己、依法维护自身合法权益的能力。

知识目标：知道未成年人获得法律帮助的方式和途径；懂得与违法犯罪做斗争要有勇有谋，见义智为。

（二稿）

情感、态度和价值观目标：通过对同龄人系列情境案例的分析探讨，引导学生树立法治观念，增强依法律己、依法维权、依法与违法犯罪行为做斗争的意识。

能力目标：通过对外卖小哥榜样案例的分析学习，使学生学会在面对违法犯罪时应该有勇有谋、见义智为，增强依法维护正当权益的能力。

知识目标：通过对同龄人案例的学习和合作交流，知道未成年人获得法律帮助的方式和途径；懂得与违法犯罪做斗争要有勇有谋，见义智为。

（定稿）

情感、态度和价值观目标：通过观看电影《悲伤逆流成河》片段，并对系列情境案例分析探讨，使学生增强法治意识，学会遇到侵害时应依法求助。

能力目标：通过对同龄人小张案例的分析学习，使学生明确面对违法犯罪应该有勇有谋、见义智为，善于依法维护正当权益。

知识目标：通过典型校园欺凌案件的分析及合作交流，使学生知道未成年人获得法律帮助的方式和途径；通过对榜样的学习及学生经验交流，使学生学会与违法犯罪做斗争的正确做法。

学情分析：

基于日常生活的经验和学校课程的学习，八年级学生对法律已有初步认识，但是由于年龄、心智、知识、经验的限制，学生无法很好地运用法律，表现为：学生在面对日常生活中的侵权行为，不能正确地判断并且运用法律手段维护合法权益；在面对违法犯罪时，常常因为方法不当或盲目见义勇为，使自己受伤害又不能有效制止违法犯罪。因此，学生需要在本课学习中学会运用法律武器维护自己的合法权益，见义智为应对违法犯罪，做到自觉守法、遇事找法、解决问题靠法，真正将法律学以致用。

教学重点：

依法维护合法权益。

教学难点：

善于同违法犯罪做斗争。

教学方法：

"感悟—探究—践行"三段引领式教学法。

感悟：观看热映校园欺凌题材电影《悲伤逆流成河》片段，让学生初步体会校园欺凌触目惊心的痛，在触及心灵的感受下，知道面对欺凌不能一味忍让和自暴自弃，而是应该奋起反击，学会运用法律武器维护合法权益。

探究：教师通过创设情境、分析案例、学习榜样、自由辩论等探究活动，结合层层深入的问题，循循善诱，引导学生进行独立思考或小组合作，并对探究成果进行展示、交流分享。

践行：教师联系学生生活，设计"做善用法律好少年"等实践活动，将学到的知识分享给家人朋友，宣传法律知识，为法治社会的建设做出自己的贡献，达到学以致用的目的。

教学流程：

（一）感悟

（初稿）

观看社会新闻：高铁"霸座"。

思考：1. 对于以上"霸座哥""霸座姐""霸座婶"的行为，你怎么看？

2. 如果你被"霸座"，你该怎么办？

学生分享观点。

教师总结："霸座哥""霸座姐""霸座婶"的行为扰乱了社会公共秩序，违反了《治安管理处罚法》的相关规定，是违法行为。在社会生活中，我们要学会用法律与人打交道，这节课我们一起学习《善用法律》。

（二稿）

播放电影《悲伤逆流成河》片段。

易遥，一个性格内向、孤僻的女生，在校园因为种种原因，被同学长期欺凌。他们往她头上浇冷水、将吃剩的饭菜倒进她的餐盘、给她起侮辱性的外号、恶意传播她的病情甚至扒掉她的衣服、将她的丝袜套在她的头上……

问：电影中讲述了怎样的故事？

学生分享观点。

问：你身边有没有校园欺凌的现象？

学生交流分享。

教师总结：电影折射的是现实生活。不可否认，我们生活中也有"易遥"，他们被同学欺凌、权利意识淡薄、默默承受。每个人的青春都希望被温柔以待，但是，一旦遭受侵权，我们也有温情且强硬的武器——法律，运用法律奋起反击。今天就让我们一起学习《善用法律》。

（定稿）

播放电影《悲伤逆流成河》片段。

易遥，一个性格内向、孤僻的女生，在校园因为种种原因，被同学长期欺凌。他们往她头上浇冷水、将吃剩的饭菜倒进她的餐盘、给她起侮辱性的外号、恶意传播她的病情甚至扒掉她的衣服、将她的丝袜套在她的头上……

问：易遥的故事给你最深的感触是什么？

学生分享观点。

问：易遥因为遭受校园欺凌，不堪忍受选择跳海自杀，你对她的选择怎么看？

学生分享观点。

教师总结：电影折射的是现实生活，不可否认，我们生活中也有"易遥"，他们被同学欺凌、权利意识淡薄、默默承受。每个人的青春都希望被温柔以待，但是，一旦遭受侵权，我们也有温情且强硬的武器——法律，运用法律奋起反击。今天就让我们一起学习新课《善用法律》。

【改进思路】

感悟环节主要是想让学生明白法律在身边，生活中遇到问题要善于运用法律手段解决。初稿是通过观看社会新闻，引发学生思考。对于高铁"霸座"，学生可能想到的是"霸座"者素质不高、违反秩序规则等，但是很少有同学想到，这种行为引发秩序混乱，导致违法。通过这一件生活中的"小事"，初步引导学生用法律视角思考问题，运用法律手段维护合法权益。初稿中的事例是社会热点问题，学生的兴趣和参与度都比较高，但是缺乏触及心灵的感悟。

二稿选用热映的校园欺凌题材电影《悲伤逆流成河》，相比初稿更能够贴近学生的实际，激发学习兴趣，代入感也更强。对于校园欺凌，学生并不陌生，甚至在自己身上就发生过，通过电影情节想让学生明白：面对校园欺凌，应该奋起反击，而法律就是我们维护合法权益的有效手段，要善于运用法律解决问题。教师以两个设问引导学生感悟："电影中讲述了怎样的故事？"通过这个问题，让学生指出"校园欺凌"这一现象及其表现，又通过"你身边有没有校园欺凌的现象？"将电影演绎的问题延伸至现实生活，以学生真实的生活体验为切入点，引导学生运用法律手段维护合法权益。

定稿继续使用电影《悲伤逆流成河》的片段，相比于二稿，在引导学生思考感悟的设问有所变化。二稿中的问题"电影中讲述了怎样的故事？"太过笼统，感悟性的东西不多，定稿中改为"易遥的故事给你最深的感触是什么？"问题带有感悟性和思考性，学生在认真观看的前提下，经过自己的思考回答这个问题。二稿中的第二个问题"你身边有没有校园欺凌的现象？"首先这个问题是对于"校园欺凌"的进一步探究，放在感悟里不太合适；其次，学生如果深入回答起来会耗费很长时间，导致整个课堂比例不协调。因此定稿中第二个问题改为"你对她的选择怎么看？"这个问题同样能够引发学生的思考，让学生有"热爱生命""不能轻易放弃生命""必须维护自己的合法权益"的认识，也让学生更加深入地认识到，遇到问题，不能隐忍、不能自暴自弃，要勇敢地拿起法律武器，捍卫权利。

（二）探究

（初稿）

环节一：遇到侵害　依法求助

教师讲述小华系列故事。

小华系列故事之一：中学生小华买了一部手机，同学小新向其索要，想玩几天。小华不给，两人便争吵起来，小新仗着自己身强力壮，动手打了小华，抢走手机。事后，小华因害怕，没敢声张，自己找到小新想要回手机。小新见此更加恼火，叫来几个"朋友"，将小华暴打一顿，打掉了一颗门牙。小华……

思考问题：1. 小华的胆小沉默，给他带来怎样的后果？

2. 你觉得小华应该怎么办呢？

学生回答：小华的胆小沉默让他一再受伤害，被同学变本加厉地欺负，应告诉家长、告诉老师等。

师：遇到此类校园欺凌，一味地沉默只会让对方变本加厉，为了阻止侵害、不让悲剧继续发生，我们一定要告诉家长和老师，同时当权益受到侵害时，要及时寻求法律的帮助，依靠法律维护合法权益。

故事继续：小华鼓起勇气，决定寻求法律救助，但是他和父母的法律知识都很有限。

问：小华该怎么办呢？哪些人或者部门能够帮助他呢？

学生回答：老师、律师、公安局等。

师：我们可以通过法律服务机构来维护合法权益。如：法律服务所、律师事务所、公证处、法律援助中心等。引导学生学习法律服务机构相关知识。为学以致用，此处引导学生找到本地法律服务所、律师事务所、公证处、法律援助中心的位置。

师：除了这些法律服务机构之外，哪些国家部门能够帮助他呢？

学生回答。

师：受到非法侵害，可以寻求国家的法律救济，我们可以依法到公安机关、人民法院、人民检察院中的任何一个机关控告、举报，必要时可以直接向人民法院提起诉讼。

故事继续：在咨询了基层法律服务站的工作人员又几经协商不成之后，小华决定向人民法院提起诉讼。法院审理了小华的案件，判决小新监护人赔偿小华各种损失共计 14200 元。

问：小华故事给我们什么启示？

学生回答"要学好法律，要用法律解决问题""要依法维护权益"等。

师生共同总结：遇到侵害要学会依法求助。

（二稿）

环节一：遇到侵害 依法求助

【说一说】你的身边有"易遥"吗？当"易遥"被欺凌，他们是怎么做的呢？

学生结合自身经历，思考回答"有"或者"没有"。很多同学回答身边有"易遥"，即存在校园欺凌，会分享一些事件。面对校园欺凌，很多同学回答他们会告诉家长、老师。

【想一想】如果易遥想通过法律维护权益，请问，你知道哪些人或者部门能够帮助她吗？

学生回答：老师、律师、公安局等。

师：我们可以通过法律服务机构来维护合法权益。如：法律服务所、律师事务所、公证处、法律援助中心等。学生学习法律服务机构相关知识。为学以致用，此处引导学生找到本地法律服务所、律师事务所、公证处、法律援助中心的位置。

师：除了这些法律服务机构之外，哪些国家部门能够帮助他呢？

学生回答。

师：受到非法侵害，可以寻求国家的法律救济，我们可以依法到公安机关、人民法院、人民检察院中的任何一个机关控告、举报，必要时可以直接向人民法院提起诉讼。

【填一填】观看微课视频，了解诉讼及其种类，填写诉讼资料卡。

（定稿）

环节一：遇到侵害 依法求助

【说一说】你的身边有"易遥"吗？当"易遥"被欺凌，他们是怎么做的呢？

学生结合自身经历，思考回答"有"或者"没有"。很多同学回答身边有"易遥"，即存在校园欺凌，会分享一些事件。面对校园欺凌，很多同学回答他们会告诉家长、老师。

展示本班学生课前关于校园欺凌的调查结果。

看见过校园欺凌	曾经被欺凌过	你是怎么做的	你认为应该怎么做
52%	23%	64% 告诉家长老师 18% 沉默 18% 报复	96% 告诉家长老师

问：1. 对于此项调查结果你怎么看？你认为同学们选择的处理方法合适吗？

　　2. 面对校园欺凌你是否还有其他方法呢？

小组交流讨论。

学生回答"校园欺凌其实很普遍，经常发生在我们身边""校园欺凌让校园这方净土不安全了"等。学生都认同告诉老师、告诉家长等处理方法。在问及还有没有其他方法时，学生自然就想到了法律手段。

以下同二稿，但增加"小试牛刀"这一活动。

小试牛刀：请你帮助易遥设计一条法律维权之路。

【改进思路】

初稿通过"同龄人小明遭受校园欺凌"的系列故事，层层深入，使学生逐步明白在面对侵害时，要善于运用法律手段依法求助。通过图片和相关资料使学生了解相关法律服务机构和国家机关，并通过设计寻找身边法律服务机构，让学生明确这些机构和部门的位置，把善用法律落到实处，真正能够在需要法律救助的时候，寻求到帮助，达到学以致用的目的。

二稿将教师设计的"同龄人小明的故事"改为继续使用电影中"易遥"的故事，并设计问题：说一说你身边有"易遥"吗？当"易遥"被欺凌，他们是怎么做的呢？这样设计能从学生的实际出发，能够落实生本主义的教育思想，对案例的探讨从生活中来，也能用探讨的结果指导生活实践，实现德育目标。同时，又能够贯彻主题穿线这一模式，在过渡上更加顺畅自然，并且用电影情节更能引发学生兴趣。

　　定稿中增加课前对于校园欺凌的相关调查，可以让教师更加了解学情，也让学生从图表中直观看到，面对校园欺凌同学们的做法，为继续探讨"面对校园欺凌你还有什么做法"这一问题铺垫。定稿中的主体部分同二稿。本环节最后增加"帮助易遥设计一条法律维权之路"这一活动，目的是让学生能够总结之前探讨的内容，学会并运用法律维护合法权益，这一活动也将对学生的生活起到有效的指导作用。

　　（初稿）

　　环节二：有勇有谋　应对违法犯罪

　　9月9日晚，徐州贾汪山水大道和滨河路交叉口发生了一件男子持刀抢劫的案件，该名男子在抢夺了一位女子的包后企图逃跑，路人李帅刚下班，骑着电动车回家，见此情景，李帅飞起一脚将抢包男子连人带车踹倒在地。这时旁边路过的外卖小哥迅速赶了过来，一起把劫匪按倒，然后拨打了报警电话，民警立即将犯罪嫌疑人制服。

　　问：你如何评价李帅和外卖小哥的行为？

　　学生回答。

　　师：他们面对违法犯罪有勇有谋，勇敢同违法犯罪做斗争，保护了他人的利益，是见义勇为的行为，值得我们赞扬和学习。见义勇为是包括我们青少年在内的全体公民义不容辞的责任。

　　小华系列故事之二：听闻了外卖小哥见义勇为的英勇事迹，小华深受鼓舞。这天在放学回家的路上，遇到三名体格健壮的歹徒正在抢劫一名同学。想到一定要帮助同学，必须同犯罪行为做斗争，小华大喊一声冲上去，与歹徒展开了殊死搏斗。歹徒见抢劫不成，凶相毕露，持刀向小华和同学捅去，小华被刺数刀后昏迷。

　　问题：同样是想帮助别人，为什么会有不同的结果呢？

　　学生回答。

　　师：未成年人体力不具优势、心智尚未成熟，如果鲁莽行事，自己极易受到伤害，也不利于制止违法犯罪。

　　故事继续：经过抢救小华脱离了生命危险。躺在病床上，小华想：见义勇为真是存在危险啊。我们未成年人是不是不应该见义勇为啊？

　　学生讨论回答。

　　师：面对违法犯罪时，我们要善于斗争，在保全自己、减少伤害的前提下，巧妙地借助他人或者社会的力量，采取机智灵活的方式，同违法犯罪做斗争。

开动脑筋：学生分享同违法犯罪做斗争的常见方法。

与违法犯罪做斗争时，不可避免地会出现这种情况。8 月 27 日晚，江苏昆山一路口，一辆宝马车与骑车人在路口发生争执，宝马车司机刘某从车中拿出长刀砍向骑车人于某，没想到长刀脱手被于某捡起，于某持刀还击将刘某砍伤，刘某经抢救无效死亡。

问：如果你是法官，你会如何判决？

学生发表见解。

师生共同学习正当防卫的四个条件。

师：除了正当防卫还有一种同违法犯罪做斗争的方法，叫紧急避险，又称"紧急避难"，是指为了使公共利益、本人或者他人的人身和其他权利免受正在发生的危险，不得已而采取的损害较小的另一方的合法利益，以保护较大的合法权益的行为。

师生共同学习紧急避险相关知识。

（二稿）

环节二：有勇有谋 应对违法犯罪

某日晚 7 点左右，13 岁的小张独自一人经过一条黑暗小巷道，突然一名男子掏出一把匕首将他抵住，男子让小张把值钱的东西都交出来。小张迅速冷静下来，他顺从地将手机和钱包递给了对方。为了稳定男子的情绪小张便和他攀谈起来，小张听出持刀男子是河南口音，隐约看到他是个个头中等的中年人。男子没抢到有价值的东西将小张一脚踢开，生气地离开了。小张起身迅速跑到小区保安处，将自己遭遇持刀抢劫的经历告诉了保安，让其立即报警。随后，3 名保安人员出门截住持刀男子，趁其不备将他制服，并交给了闻讯赶来的巡逻民警。

问：1.小张的哪些做法值得我们借鉴？

2.这些做法给了我们怎样的启示？

师：面对违法犯罪，有勇有谋同违法犯罪做斗争，保护了他人的利益，是见义勇为的行为，值得我们赞扬和学习，见义勇为是包括我们青少年在内的全体公民义不容辞的责任。但是未成年人体力不具优势、心智尚未成熟，如果鲁莽行事，自己极易受到伤害，也不利于制止违法犯罪。面对违法犯罪时，我们要善于斗争，在保全自己、减少伤害的前提下，巧妙地借助他人或者社会的力量，采取机智灵活的方式，同违法犯罪做斗争。

以下同初稿。

（定稿）

环节二：有勇有谋 应对违法犯罪

案例同二稿。

问：1.小张的哪些做法值得我们借鉴？

2.小张为什么不直接和犯罪分子搏斗？

3.这些做法给我们怎样的启示？

师：面对违法犯罪有勇有谋同违法犯罪做斗争，保护了他人的利益，是见义勇为的行为，值得我们赞扬和学习，见义勇为是包括我们青少年在内的全体公民义不容辞的责任。但是未成年人体力不具优势、心智尚未成熟，如果鲁莽行事，自己极易受到伤害，也不利于制止违法犯罪。面对违法犯罪时，我们要善于斗争，在保全自己、减少伤害的前提下，巧妙地借助他人或者社会的力量，采取机智灵活的方式，同违法犯罪做斗争。

【分享智慧】你或者你身边的人有没有同违法犯罪做斗争的经历？分享给我们吧！

教师带头分享自己身边同违法犯罪做斗争的榜样案例。

学生小组内分享交流，选代表分享。

与违法犯罪做斗争时，不可避免地会出现这种情况。8月27日晚，江苏昆山一路口，一辆宝马车与骑车人在路口发生争执，宝马车司机刘某从车中拿出长刀砍向骑车人于某，没想到长刀脱手被于某捡起，于某持刀还击将刘某砍伤，刘某经抢救无效死亡。

问：如果你是法官，你会如何判决？

全班同学展开自由辩论，学生发表见解。

以下同初稿。

【改进思路】

本环节主要引导学生掌握应对违法犯罪的方法。初稿通过外卖小哥见义勇为和小华故事之二，两个故事不同结局的对比，让学生明白，见义勇为虽然是值得赞扬和学习，是我们每个人的责任，然而青少年因为自身的限制，不能鲁莽行事，要在保全自己的前提下，见义智为。但是，外卖小哥见义勇为的故事属于成年人的英勇事迹，对于未成年人的鼓舞和学习作用不强，并且小华的故事二是一个负面的案例，起不到正面的引领作用因此在二稿里做了修改。

二稿选用正面榜样的故事，展示同龄人面对违法犯罪机智勇敢的做法，同龄人的榜样作用更明显、更有力度、更能激发学生向榜样学习的意愿，比初稿中外卖小哥的事例更适合初中生的学情。通过对"小张的哪些做法值得我们借鉴？""这些做法给我们怎样的启示？"的探究和讨论，使学生明白见义勇为是责任，见义智为是智慧，学会助人的同时学会保护自己，机智地同违法犯罪做斗争。

定稿在小张案例中，问题设计上增加"小张为什么不直接和犯罪分子搏斗？"引导学生深入思考。将二稿中"开动脑筋：学生分享同违法犯罪做斗争的常见方法"改为"【分享智慧】你或者你身边的人有没有同违法犯罪做斗争的经历？分享给我们吧！"并且教师带头分享自己见义勇为的做法，这样的改动更能够增加课堂的趣味性，学生讲述的具体经历比分享方法更加有趣、生动，也能够让学生印象更加深刻。定稿中将"昆山案"你怎么看这一问题，改为开展自由辩论，可以活跃课堂的气氛，调动学生积极性，并且能够让学生在思辨中加深理解。

（三）践行

（初稿）

观看视频：法律让生活更美好

问：通过刚才的视频，你对善用法律又有了怎样的认识？

同学讨论发言。

总结收获：今天你学到了什么？请同学讨论发言。

师：正如视频所说，因为我们的使用，法律才有了存在的意义，善用法律是法治时代对每一个人的要求，我们要积极弘扬社会主义法治精神，形成守法光荣、违法可耻的观念，做到自觉守法、遇事找法、解决问题靠法，努力成为一名社会主义法治的忠实崇尚者、自觉遵守者和坚定捍卫者。

（二稿）

活动一：【运用你的智慧】这天，你看到"易遥"在遭受一群流氓的殴打，你该怎么帮她呢？

活动二：做善用法律好少年

请你将学到的知识分享给家人朋友，宣传法律知识，为法治社会的建设做出自己的贡献。

总结收获：今天你学到了什么？请同学讨论发言。

师：善用法律是法治时代对每一个人的要求，因为我们的使用，法律才有了存在的意义。我们要积极弘扬社会主义法治精神，形成守法光荣、违法可耻的观念，做到自觉守法、遇事找法、解决问题靠法，努力成为一名社会主义法治的忠实崇尚者、自觉遵守者和坚定捍卫者。

（定稿）

同二稿。

【改进思路】

初稿通过观看视频启迪思想，思考法律如何"善用"，引导学生践行。

二稿设计两个活动"看到易遥在遭受一群流氓的殴打，你该怎么帮她呢""将学到的知识分享给家人朋友"，这两个活动具体可操作，让学生在校园欺凌中不做施暴者、不做旁观者，能够行之有效地帮助被欺凌的同学；分享知识的活动不仅是对学生所学知识的运用，还有助于提高全社会成员的法律素养，有助于法治社会建设。

定稿同二稿。

教学板书：

（初稿）

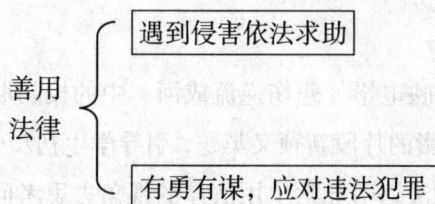

（二稿）

（定稿）

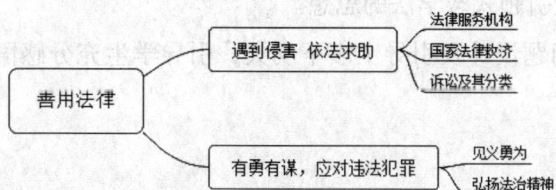

教学反思：

本课例由初稿到定稿的设计过程中，最突出的改进就是能够贴近学生的生活实际，从学生的实际出发，并用所学的知识去指导生活。比如【说一说】你的身边有"易遥"吗？你或者你身边的人有没有同违法犯罪做斗争的经历？分享给我们吧！请你将学到的知识分享给家人朋友等问题和活动的设计都能深入学生的生活，真正发挥学生的主体性，体现生本主义教育思想，让学生能够学以致用，将教学目标落到实处。

当然，本节课虽然多次打磨但仍有有待改进之处，如：问题设置怎样才能更好地引导学生；有限的时间内学生的思考是否深入有效，怎样才能做到为思维而教等。所以，在以后的教学中，应更加注重引导学生深度学习，培养好学生的核心素养。

（青岛西海岸新区致远中学　颜霄霖）

课例点评：

本课例，教师以热映电影《悲伤逆流成河》中的校园欺凌事件为主线贯穿整个课堂。感悟部分用电影的片段新颖又契题，引导学生初步感悟，面对校园欺凌，是否认同电影角色的做法，引导学生用法律的视角去思考问题，引入主题。探究环节设置了贴近学生生活实际的问题，以校园欺凌为主线展开探讨，设计问题层层推进，步步深入，用小组合作、自由辩论等形式引导学生深入探究，师生共同总结出"遇到侵害 依法求助"和"有勇有谋 应对违法犯罪"两部分内容，让学生意识到法律是维护自己合法权利的有效武器，并能够切实运用法律维护合法权益。践行部分问题和任务的设计具体可行、操作性强，从身边人身边事着手，帮助学生践行"善用法律"。整个课例设计行云流水、环环相扣，也能充分体现"感悟—探究—践行"三段引领式教学法的思想。

希望教师在问题设计及引导上多下功夫，引导学生充分感悟探究，发挥学生主体作用。

课例02：公民基本义务

课标依据：

本课所依据的课程标准的相应部分是"我与国家和社会"中的"法律与秩序"。具体的内容标准是"懂得维护国家统一，维护各民族团结，维护国家安全、荣誉和利益是每个公民的义务"。"我与他人和集体"中的"权利和义务"。具体的内容标准是"了解宪法对公民基本权利和义务的规定，懂得正确行使权利，自觉履行义务"。

教材版本：

统编《道德与法治》教材(人民教育出版社 2017 年版)八年级下册第四课第一框题。

授课时间： 初稿 2018 年 12 月 12 日，二稿 2018 年 12 月 18 日，定稿 2019 年 1 月 15 日。

教学目标：

（初稿）

情感、态度和价值观目标：感受公民在参与公共生活中对他人、社会和国家应承担的责任。在日常生活中增强义务意识，自觉履行自己的义务。践行依法治国理念，增强社会责任感。

能力目标：正确对待公民义务，增强履行义务的能力。提升公民素养，自觉承担对他人、社会和国家的责任。

知识目标：知道我国公民享有的基本义务，懂得履行义务的意义。

（二稿）

情感、态度和价值观目标：通过出示国家主席向宪法宣誓等视频以及文字材料，引导学生感悟公民在社会公共生活中对他人、社会和国家应承担的责任。通过设计"我的义务行动书"引导学生在日常生活中践行依法治国理念，自觉履行自己的义务。

能力目标：通过合作探究四个篇章：宪法和法律篇—国家利益篇—兵役篇—纳税篇，结合"大国外交""2017 感动中国人物""中国空军招录飞行员"等时事新闻，设置思考问题，在思考交流中提高公民素养、增强履行义务的能力。

知识目标：通过自学，找出我国公民享有的基本义务，在交流中体会基本义务的意义。

（定稿）

情感、态度和价值观目标：通过出示国家主席习近平关于台湾问题的视频以及文字材料，设计思考的问题，引导学生感悟公民在社会公共生活中对他人、社会和国家应承担的责任。通过设计"我的义务行动书"，引导学生在日常生活中践行依法治国理念，自觉履行自己的义务。

能力目标：以"小明的台湾之行"作为主线，将遵守宪法法律、维护国家利益、依法服兵役和依法纳税的基本义务贯穿于整个旅行过程中，并出示相关的思考问题，通过合作探究，在交流分享中提高公民素养，增强履行义务的能力。

知识目标：自学我国公民享有的基本义务并画出思维导图，在交流分享中体会公民基本义务的意义。

学情分析：

初中阶段是学生成长的一个重要阶段，学生参与社会生活的领域不断扩展，他们不仅需要知晓法律规定的权利，也需要知晓自己应尽的义务。理解履行义务的社会价值，自觉树立义务观念，承担起对国家和社会的责任。

近年来的教育实践表明，初中生义务观念缺失、责任感缺失已成为一个不容忽视的教育问题。部分学生义务观念淡薄，只懂得强调自身的权利，不愿尽义务或在尽义务时提出诸多要求；个别学生逐渐养成以自我为中心的个性，缺少对他人和社会的关怀，更谈不上对他人、社会、国家的义务感和责任感。

基于以上学情分析，本节课"公民基本义务"，目的在于全面、系统、完整地介绍我国宪法规定的公民的基本义务，帮助学生增强义务意识、责任意识，懂得正确对待公民义务，依法履行义务，不断提升公民素养，努力做一个负责任的公民。

教学重点：

公民四项基本义务的内容及意义。

教学难点：

树立公民意识，正确履行各项基本义务。

教学方法：

本节课的内容比较抽象，法理性强，在教学中我采用"感悟—探究—践行"三段引领式教学法。

感悟：通过出示国家主席习近平关于台湾问题的视频以及文字材料，引导学生感悟公民在社会公共生活中对他人、社会和国家应承担的责任。

探究：以"小明的台湾之行"作为主线，将遵守宪法和法律、维护国家利益、依法服兵役和依法纳税的基本义务贯穿于整个旅行过程中，通过合作探究，在交流分享中提高公民素养，增强履行义务的能力。

践行：通过"我的义务行动书"活动，引导学生在日常生活中践行依法治国理念，自觉履行自己的义务。

教学流程：

（一）感悟

（初稿）

汉字的学问：拆词释义。

出示古文字——义务。

教师：请同学们猜一猜，这是哪两个字？

学生回答。

教师公布答案后提问学生：什么是义务？

学生思考回答。

教师：公民的义务可以理解成每一个公民对他人或社会做自己应当做的事。而公民的基本义务也称宪法义务，是指由宪法规定的公民必须遵守和应尽的基本责任。那么作为公民，我们都有哪些基本义务？今天，我们一起来探讨第四课第一框题《公民基本义务》。

（二稿）

新闻在线：播放视频《习近平主席对宪法宣誓》。

教师：请同学们认真观看并思考以下问题：国家主席就任时为什么要对宪法宣誓？我们中学生能为实现中华民族的伟大复兴贡献哪些力量？让我们带着这些问题进入今天的学习。

（定稿）

新闻在线：播放视频《告台湾同胞书》发表 40 周年纪念会在北京举行。

教师：同学们，2019 年 1 月 2 日上午，《告台湾同胞书》发表 40 周年纪念会在北京举行，国家主席习近平发表重要讲话。讲话中指出，"祖国必须统一，也必然统一"，这句话体现了公民的一项基本义务。什么是公民的基本义务？公民的基本义务具体包括哪些内容？今天我们来共同探究第四课第一框题。

【改进思路】

初稿时采用古文拆解的方式讲解"义务"两个字的含义，继而引导学生理解公民的义务和公民的基本义务，从而导入新课。

二稿设计的时候将最初的古文拆解换成了习近平主席的宪法宣誓视频，选用最新的时事新闻导入新课，目的是激发学生的学习兴趣，引导学生关心社会发展，关注国家大事。

定稿以台湾问题作为一条探究的主线，所以将二稿中的主席宪法宣誓视频换成《告台湾同胞书》发表 40 周年纪念会相关视频。选择针对性较强的视频导入，可以激发学生兴趣，有助于学生更好地理解本节课的主要内容。

（二）探究

活动一：我会自学——义务知识知多少

（初稿）

展示自学问题：

1. 公民的基本义务有哪些？

2. 宪法规定公民应当履行的其他义务有哪些？

学生交流讨论，教师板书。

（二稿）

教师：请同学们自主预习，根据课本内容画出思维导图。

（定稿）

同二稿。

教师：同学们，通过交流分享，我们明确了公民基本义务的内涵。那么，我们该怎样履行好这些基本义务？接下来，就让我们进入活动二——履行义务我知道。

【改进思路】

初稿中设计了"我会自学"这一主题活动，通过出示自学问题，引导学生初步了解本节课内容。

二稿和定稿由原来单纯的对照问题找答案改为画出本节课的思维导图，目的是通过动手设计思维导图，引导学生自主学习，培养学生归纳、概括知识点的能力和语言表达能力。

活动二：我会合作——履行义务我知道

（初稿）

宪法和法律篇

1.阅读教材"相关链接"，思考：图片中人物的行为没有履行公民的哪项义务？这种行为应该承担什么责任？

学生思考交流。

教师：图中男孩的做法，违反了《中华人民共和国文物保护法》等法律的相关规定，没有履行遵守宪法和法律的义务。我国的文物和名胜古迹是中华民族文明的象征，根据《中华人民共和国文物保护法》《中华人民共和国治安管理处罚条例》以及《中华人民共和国刑法》的相关规定，破坏文物或者名胜古迹的行为要依法承担法律责任。

2.播放视频：《泄露国家机密被判刑》。

思考：视频中人物的行为给我们什么警示？

学生思考，交流分享。

教师：视频中的人物没有保守好国家秘密，没有履行好遵守宪法和法律的义务。现在，我国正在努力建设社会主义法治国家，这就要求我们每一位社会成员明确：法律既是保障我们自身权利的有力武器，也是必须遵守的行为规范。我们不仅要自觉学习法律知识，了解法律程序规定。同时，我们还要以法律来指导和约束自己的行为，做到依法办事。

3.说一说：作为中学生，你打算在生活中如何遵守宪法和法律？

学生：过马路走斑马线，不闯红灯，爱护公物。

国家利益篇

1.展示图片：《中国民族分布图》《中国一点都不能少》。

思考：公民该如何维护国家利益？

学生代表回答。

教师小结：我国是统一的多民族国家，国家的统一和民族的团结，是我们国家顺利进行社会主义现代化建设的基本保证。这就要求每个公民都应当把自己的命运与国家盛衰、民族兴亡紧密联系在一起，自觉维护国家领土的完整和主权的统一，维护民族之间平等、团结、互助、和谐的关系。

2.出示三组图片：我国成立三沙市政府、坚守18亿亩耕地红线、我国舰船编队在中国钓鱼岛领海内巡航。

思考：公民该如何维护国家安全、荣誉和利益？

小组合作，交流分享。

多媒体展示：维护国家安全、荣誉和利益的要求。

维护国家安全：维护国家的主权、领土完整不受侵犯，国家秘密不被窃取、泄露和出卖，社会秩序不被破坏等。

维护国家荣誉：维护国家的尊严不受侵犯，荣誉不受玷污。

维护国家利益：维护国家的政治、经济和安全等各方面的利益。

兵役篇

多媒体出示：法律在线。

第五十五条　保卫祖国、抵抗侵略是中华人民共和国每一个公民的神圣职责。依照法律服兵役和参加民兵组织是中华人民共和国公民的光荣义务。

——《中华人民共和国宪法》

第二条　中华人民共和国实行义务兵与志愿兵相结合、民兵与预备役相结合的兵役制度。

第七条　现役军人必须遵守军队的条令和条例，忠于职守，随时为保卫祖国而战斗。预备役人员必须按照规定参加军事训练、执行军事勤务，随时准备参军参战，保卫祖国。

——《中华人民共和国兵役法》

思考：我国的兵役法对公民依法服兵役是如何规定的？我国的兵役制度内容是什么？

学生回答。

教师小结：我国实行义务兵与志愿兵相结合、民兵与预备役相结合的兵役制度。兵役分为现役和预备役。现役军人必须遵守军队的条令和条例，忠于职守，随时为保卫祖国而战斗。预备役人员必须按照规定参加军事训练、执行军事勤务，随时准备参军参战，保卫祖国。

纳税篇

出示逃税和欠税的图片，思考：图中人物的行为是否正确？为什么？

学生回答。

教师小结：税收是国家财政收入的主要来源，依法纳税是公民的一项基本义务。任何偷税、欠税、骗税、抗税的行为都是违法行为，情节严重、构成犯罪的要依法追究刑事责任。

教师：除了以上公民的基本义务，同学们还能列举出哪些公民的基本义务？

多媒体展示图片：劳动的义务、受教育的义务、计划生育的义务、父母抚养教育未成年子女的义务、成年子女赡养扶助父母的义务等。

（二稿）

宪法和法律篇

播放视频：《洱海边棒打海鸥男子被罚1500元》。

2018年3月4日16时许，彭某某（男，28岁，湖北省人）与朋友驾车到大理市银桥镇马久邑村洱海边游玩中应小孩儿要求，用小孩儿手中"金箍棒"打海鸥，造成一只海鸥受伤。18时30分许彭某某被公安机关抓获。

根据相关规定，大理市森林公安局依法给予彭某某没收猎捕工具、罚款1500元的处罚。此外，大理市旅游文体广电局拟将该不文明行为上报上级旅游主管部门纳入"游客不文明行为记录"。

思考：（1）视频中彭某某的行为没有履行公民的哪项义务？履行这一义务有哪些具体表现？

（2）作为公民，我们该如何自觉遵守宪法法律？

学生分组讨论，合作交流。

教师小结：建设社会主义法治社会，我们应认识到法律既是保障自身权利的有力武器，也是必须遵守的行为规范。守法光荣，违法可耻，我们要以法律来指导和约束自己的行为，做到依法办事。

国家利益篇

1.展示视频：《大国外交》。

思考：（1）作为公民，我们该怎样维护国家利益呢？

（2）维护国家统一和民族团结的重要意义是什么？我们应如何维护国家统一和民族团结？

学生分组讨论，合作交流。

教师小结：国家的统一、民族的团结，是我国顺利进行社会主义现代化建设的基本保证。每个公民都应当把自己的命运与国家盛衰、民族兴亡紧密联系在一起，自觉维护国家领土的完整和主权的统一，维护民族之间平等、团结、互助、和谐的关系。

2. 展示视频：《2017 年度感动中国人物——卓嘎和央宗》。

父亲桑杰曲巴是个老民兵，放牧守边 34 年，从未离开过这片土地。卓嘎、央宗姐妹俩在父亲的带领下，守护着祖国数千平方公里的国土。父亲常说："如果我们走了，这块国土上就没有人了！"这句话，两个女儿记了一辈子。他们知道，守护土地，就是守护国家。

思考：卓嘎和央宗为什么要坚守玉麦？

学生回答。

教师小结：维护国家安全，包括维护国家的主权、领土完整不受侵犯，国家秘密不被窃取、泄露和出卖，社会秩序不被破坏等。

思考：除了维护国家安全以外，我们还应该维护国家哪些方面的内容？

学生回答。

教师小结：维护国家安全、荣誉和利益是每个公民义不容辞的责任。维护国家安全包括维护国家的主权、领土完整不受侵犯，国家秘密不被窃取、泄露和出卖，社会秩序不被破坏等。维护国家荣誉包括维护国家的尊严不受侵犯，国家荣誉不受玷污。维护国家利益包括维护国家的政治、经济和安全等各方面的利益。

兵役篇

同初稿。

纳税篇

1. 多媒体展示材料：

2018 年 6 月，崔永元曝光范冰冰 4 天 6000 万天价片酬引起的"娱乐圈阴阳合同偷漏税事件"有了新进展，经相关部门查实，范冰冰被责令按期缴纳税款、滞纳金、罚款共计 8.8 亿元人民币。

思考：（1）如何评价范冰冰的这种行为？理由是什么？

（2）相关部门对她的处理决定说明了什么道理？

学生分组讨论，合作交流。

教师小结：税收是国家财政收入的主要来源，依法纳税是公民的一项基本义务。任何偷税、欠税、骗税、抗税的行为都是违法行为，情节严重、构成犯罪的要依法追究刑事责任。

2. 拓展延伸：财政部于 2018 年 1 月 25 日举行发布会，发布了 2017 年财政收支情况。

1—12 月累计，全国一般公共预算支出 203330 亿元。从主要支出科目情况看：教育支出 30259 亿元；科学技术支出 7286 亿元；文化体育与传媒支出 3367 亿元；社会保障和就业支出 24812 亿元；医疗卫生与计划生育支出 14600 亿元；节能环保支出 5672 亿元。

教师小结：税收用于发展科教文卫事业，为提高人民的素质和生活服务，所以税收关系到我们每一个人。除了以上公民基本义务，你还知道哪些公民的基本义务？

多媒体展示图片：劳动的义务、受教育的义务、计划生育的义务、父母抚养教育未成年子女的义务、成年子女赡养扶助父母的义务等。

（定稿）

习近平总书记在十九大报告中指明：

"解决台湾问题、实现祖国完全统一，是全体中华儿女共同愿望，是中华民族根本利益所在。必须继续坚持'和平统一、一国两制'方针，推动两岸关系和平发展，推进祖国和平统一进程。"

教师：小明一家去台湾旅行，一路上，看美景，品美食，收获颇丰。接下来，就让我们跟随小明的脚步，去看看我们美丽的宝岛台湾！

活动一：出发前的思考

多媒体出示：旅行前准备——入台须知

● 消费结账后，请记得索取及保存统一发票或收据，以作为退、换货时之购物凭证。

● 台湾实施室内工作场所及公共场所全面禁烟。于旅馆、餐厅、商场（店）、博物馆、高铁、游览车、出租车及车站等公共场所吸烟者，依《烟害防制法》规定，最高可罚新台币 10000 元。

● 台湾交通繁忙，请遵守交通规则，切勿任意穿越马路，以免发生危险。行人不遵守交通号志或擅自穿越道路将被罚以新台币 300 元。

●于车站、餐厅、旅馆、展览场馆等公共场所，请遵守秩序排队，同时配合管理人员引导。

●请勿于风景地点刻字绘图、捡拾石头、攀爬树木，请共同维护环境整洁及公共设施，避免违法受罚。在森林保护区，严禁烟火，违者重罚。

思考：你知道这些规定涉及哪些法律、法规吗？

学生分组讨论，合作交流。

教师小结：建设法治社会，我们应认识到法律既是保障自身权利的有力武器，也是必须遵守的行为规范。

活动二：飞机上的惊喜

要登机了，小明很是兴奋。一路小跑着进入机舱，刚刚坐下，就收了一份礼物。打开袋子一看，是一个耳塞和两颗糖果。在袋子的背面还有一段话："你好！我是来自宁波的 Wendy，我刚刚一岁半。这不是我第一次出门旅行了，可是独自带我的妈妈还是担心我的哭闹会打扰到您，毕竟飞机气压变化会让我感到很烦躁。在公共场合打扰别人的可不是好孩子，我会尽力保持安静的。"

思考：（1）你如何评价飞机上这位年轻妈妈的行为？

（2）你在日常生活中做过哪些遵守宪法和法律的事情？

学生小组讨论，交流分享。

教师小结：我们不仅要自觉学习法律知识，了解法律程序规定。同时，我们还要以法律来指导和约束自己的行为，做到依法办事。

活动三：不愉快的一幕之"台北历险记"

下午就要去台北故宫博物院参观了，小明之前做过功课，台北故宫博物院里面有三宝"火锅、白菜、红烧肉"。结果在大巴车上，小明看到了这样一幕：一群人举着横幅，大声喊着"台独"口号，在路上游行。游行的队伍把路都堵上了，他们等了将近一个小时，才到达目的地。

思考：你如何看待"台独"分子在台北公共场所高举"台独"大旗，呼喊"台独"口号的行为？

学生回答。

多媒体展示：《告台湾同胞书》发表 40 周年纪念会在北京举行，习近平发表重要讲话。

祖国必须统一，也必然统一。

台湾问题因民族弱乱而产生，必将随着民族复兴而终结！

台海形势走向和平稳定、两岸关系向前发展的时代潮流，是任何人任何势力都无阻挡的！国家强大、民族复兴、两岸统一的历史大势，更是任何人任何势力都无法阻挡的！

教师小结：国家的统一、民族的团结，是我国顺利进行社会主义现代化建设的基本保证。每个公民都应当把自己的命运与国家盛衰、民族兴亡紧密联系在一起，自觉维护国家领土的完整和主权的统一，维护民族之间平等、团结、互助、和谐的关系。

活动四：小明的理想

多媒体出示：晚上回到宾馆，小明看到了中国空军发布的招飞宣传片。看完后，他激情澎湃，立志努力学习，实现飞天梦想。

思考：从视频你体会到公民依法服兵役有什么重要意义？

学生分组，讨论交流。

教师小结：我国实行义务兵与志愿兵相结合、民兵与预备役相结合的兵役制度。兵役分为现役和预备役。现役军人必须遵守军队的条令和条例，忠于职守，随时为保卫祖国而战斗。预备役人员必须按照规定参加军事训练、执行军事勤务，随时准备参军参战，保卫祖国。

活动五：小明的开心事儿

多媒体出示：小明接到通知，下学期学校将为他们提供免费的课本和午餐，小明非常开心。

教师：这些费用是从哪儿来的？

学生小组讨论。

教师小结：税收是国家财政收入的主要来源，依法纳税是公民的一项基本义务。任何偷税、欠税、骗税、抗税的行为都是违法行为，情节严重、构成犯罪的要依法追究刑事责任。

教师小结：除了以上基本义务，同学们还能列举出哪些基本义务呢？

学生讨论交流。

教师多媒体展示图片：劳动的义务、受教育的义务、计划生育的义务、父母抚养教育未成年子女的义务、成年子女赡养扶助父母的义务等。

【改进思路】

初稿在"我会合作"中，设计了四个篇章：宪法和法律篇、国家利益篇、兵役篇、纳税篇，每个篇章选取了文字和视频素材，设计了相关的问题。但材料比较简单，时事感不强，问题的设计比较单一，层次性不强，学生分析讨论的价值较低。

二稿保留了四个探究的篇章，将材料进行了替换，采用"大国外交""2017感动中国人物""演员范冰冰逃税"等时事热点材料。提出问题，小组分析交流，通过课堂反馈来看，学生对这些材料非常感兴趣，探究的热情很高。但是完成四个篇章的探究，时间过长。

定稿用一个主题整合贯穿整节课，以"小明的台湾之行"作为主线，将遵守宪法法律、维护国家利益、依法服兵役和依法纳税的基本义务贯穿在他的整个旅行过程中，通过展示不同的旅行情境并出示相关的问题，引导学生思考，在交流分享中体会公民的基本义务，提高公民素养，增强履行义务的能力。通过课堂反馈，材料的编写贴近学生的生活，学生探究的主题明确，问题设计合理。

（三）践行

（初稿）

学生完成随堂练习。

（二稿）

我会做到——我的义务行动书

通过本节课的学习，你都掌握了哪些公民的基本义务？在生活中你能做到哪些呢？把它们写下来吧！

我知道了＿＿＿＿＿＿＿＿＿＿＿＿＿＿＿＿是我要履行的基本义务，

我已经做到了＿＿＿＿＿＿＿＿＿＿＿＿＿＿＿＿＿＿＿，

今后，我还要在＿＿＿＿＿＿＿＿＿＿＿＿＿＿＿方面继续努力！

（定稿）

同二稿。

【改进思路】

在践行环节，初稿出示了一道材料分析题，但材料距离学生的生活较远，不能帮助学生解决自己生活中遇到的义务问题。

二稿和定稿中删除了材料题，设计了一个践行小活动——写出我的义务行动书。这个活动设计紧密联系学生的生活实际，帮助学生反思并梳理自己知道的义务，生活中已经做到的和今后还要不断努力的义务行为。通过课堂反馈，学生的参与度明显提升，真正体现了知识源于生活，又回归生活，同时也达到了立德树人的教育目的。

教学板书：

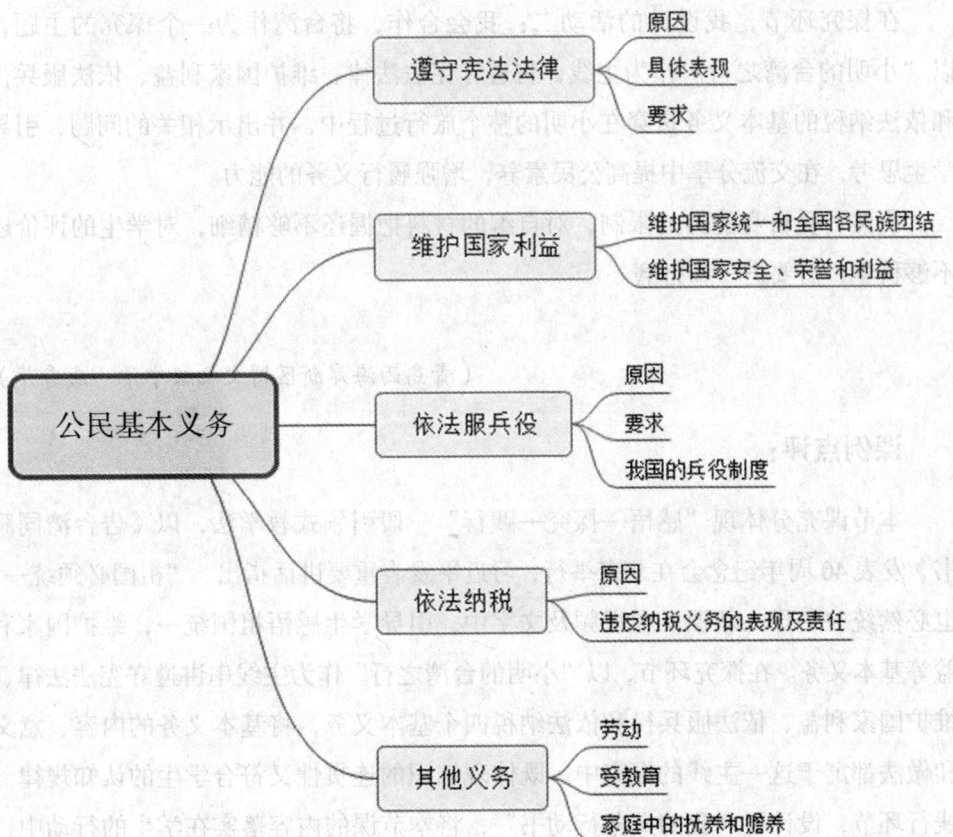

教学反思：

这节课主要讲公民的基本义务，这部分的内容法理性非常强，如何能更好地体现学生的主体地位，把这节课上好，是我反复斟酌的。

一、精心设计主题活动，体现学生的主体地位

在探究环节，我设计的活动一：我会自学，主要是引导学生自学教材，根据要求合作完成学习任务并上台展示，目的是以学生为主体，引导学生自主学习，合作学习，掌握本课的基本知识点。通过设计展示自学的思维导图，培养学生的归纳总结、提取知识点的能力和语言表达能力。在践行环节，我设计了一个小活动——写出我的义务行动书。这个活动设计紧密联系学生的生活实际，帮助学生

反思并梳理自己知道的义务，生活中已经做到的和今后还要不断努力的义务行为，将所学的知识落实到自己的实际行动中，真正体现了知识源于生活，又回归生活。

二、精心选取情境案例，体现学生的主体地位

在探究环节，我设计的活动二：我会合作，将台湾作为一个探究的主题，以"小明的台湾之行"作为主线，将遵守宪法法律、维护国家利益、依法服兵役和依法纳税的基本义务贯穿在小明的整个旅行过程中，并出示相关的问题，引导学生思考，在交流分享中提高公民素养，增强履行义务的能力。

当然，受自身能力的限制，对自编的材料把握还不够精细，对学生的评价还不够科学，需要进一步打磨。

（青岛西海岸新区博文初级中学　唐秀芹）

课例点评：

本节课充分体现"感悟—探究—践行"三段引领式教学法，以《告台湾同胞书》发表40周年纪念会在北京举行，习近平发表重要讲话指出，"祖国必须统一，也必然统一"导入新课。在视频及文字中，引导学生感悟祖国统一，维护国家利益等基本义务。在探究环节，以"小明的台湾之行"作为主线串讲遵守宪法法律、维护国家利益、依法服兵役和依法纳税四个基本义务，将基本义务的内容、意义和做法都寓于这一主线的探究中，既体现知识的连贯性又符合学生的认知规律。践行环节，设计了"我的义务行动书"，将本节课的内容落实在学生的行动中，充分体现了道德与法治课的学科价值，引导学生过健康的生活，做负责任的公民。

课例 03：法律保护我们的权利

教学目标：

情感、态度和价值观目标：通过对高铁案例的分析，增强法治观念和权利义务意识，能够自觉运用法律规范自己的行为。

能力目标：通过对外卖情境材料的分析，提高理性法治思维意识，树立法律让生活更美好的理念。

知识目标：通过构建思维导图，知道法律保护我们的基本权利，公民的权利和义务具有一致性。

教学重点：

公民的基本权利与义务。

教学难点：

依法行使权利，自觉履行义务。

教学方法：

情境案例分析法；思维导图训练法。

教学过程：

（一）情境导入

播放法治宣传片《法律让我们的生活更美好》。

教师：正如宣传片所说，法律，保护我们所有的生活，当你意识到法律就在我们身边，并运用法律保护自己的时候，法律才有了意义。今天我们一起复习《法律保护我们的权利》。

【设计意图】

充分利用贴近学生生活的情境，让学生感受到法律就在我们身边，激发学生的学习兴趣，情感浸润法治教育。

（二）以案说法

活动一：合作探究

1. 多媒体出示"高铁女子拦车"事件

2018 年 1 月 5 日，某列高铁在停站上客时，一名女性乘客以等老公为名，用身体强行阻挡车门关闭，铁路工作人员和乘客多次劝解，该女子仍强行阻挡车门，造成该列车晚点发车。

问题：你认为该女子会受到什么处罚？

学生回答，教师总结：该女子的行为涉嫌"非法拦截列车、阻断铁路运输"，扰乱了铁路车站、列车正常秩序，违反了《铁路安全管理条例》第七十七条规定，依据该条例第九十五条规定，公安机关责令该女子认错改正，对该女子处以 2000 元罚款。

【设计意图】

通过播放视频，让学生更加直观地了解事件始末，还原事件真相，有利于学生利用已有法律知识进行判断考量，认知违法的成本。

活动二：观点辨析

多媒体出示网友观点：

网友大浪淘沙：为等老公，晚点几分又何妨？铁路公安部门的处罚有点"小题大做"！

教师引导学生辨析网友观点。

教师追问：该女子的行为会造成什么后果？

学生思考回答。

多媒体出示专家观点：

高铁最密集的时候，每隔 4 分钟就会有一辆车发车，这意味着如果晚点 5 分钟以上，全国的高铁列车运输秩序都会被打乱。该女子阻碍高铁发车，打乱了高铁运营计划，有可能导致乘客无法赶上下一班列车。前后两辆车发车时间间隔短暂，如果前车晚点，后车来不及反应，会严重危及所有乘客的安全，构成危害公共安全罪。

教师追问：那么法律该不该对她惩罚？对她的惩罚说明了什么？

根据学生的回答，教师出示思维导图进行总结。

多媒体出示女子观点：

该女子：我只能赶这个车！我车票都买了，有权乘车！赶不上，你们就得等我。

问题：

（1）该女子享有什么权利？

（2）公民还享有哪些宪法规定的权利？应履行哪些宪法规定的义务？

学生在小组内讨论交流，后在全班交流分享。

学生回答，教师结合思维导图进行总结。

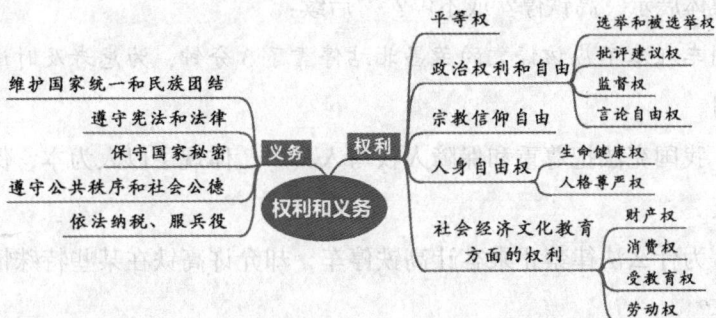

问题：请从权利、义务角度分析该女子的观点。

教师引导学生分别从权利角度和义务角度全面分析该女子的观点和行为。

学生回答，教师结合思维导图进行总结：

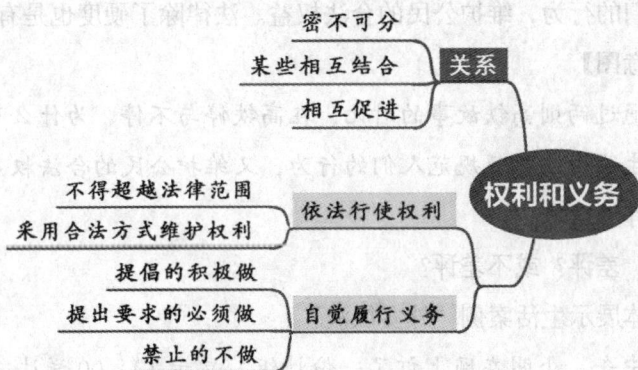

【设计意图】

本环节通过高铁事件，在逐步呈现事件的过程中，分析梳理其中所反映的法律知识，由点到线到面，最后师生共同构建出知识的思维导图。以案说法，加深了学生对法律知识的理解，提高了学生的权利义务观念。

（三）明理思辨

活动三：高铁停？或不停？

1. 多媒体展示材料：

2018 年 1 月 20 日，成渝高铁荣昌北站发生这样一幕。一名返乡大学生在万州北开往成都东的列车上，突然生病晕倒。紧急情况下……

小组合作探究：紧急情况下，高铁停？或不停？请说明你的理由。

学生结合自身认知和已有法律知识进行价值判断，既包括法律判断又包括道德判断：我们该如何选择？面对道德与法律的抉择该何去何从？

2. 多媒体展示"高铁停？或不停？"后续：

当次列车在本不应该停靠的荣昌北站停靠了 3 分钟，为患者及时送医赢得了宝贵的时间。

教师：我国宪法把尊重和保障人权写入其中，体现了以人为本，保护公民的生命健康权。

问题：为什么法律禁止乘客让高铁停车，却允许高铁在某些特殊情况下为乘客临时停车？

学生在小组内讨论交流，再在全班交流分享。

教师总结："高铁堵门"是逼停，是乘客不守交通规则，扰乱了社会秩序。对此，法律是严厉禁止的。但法律又是以人为本的，在某些紧急时刻，生命至上。法律规范人们的行为，维护公民的合法权益。法律除了硬度也是有温度的。

【设计意图】

本环节通过两则高铁故事的对比，在高铁停与不停、为什么而停的辨别思考当中，让学生明白法律既规范人们的行为，又维护公民的合法权益，感悟法律除了硬度也是有温度的。

活动四：差评？或不差评？

1. 多媒体展示生活案例"外卖风波"：

周末的中午，小明在网上订了一份炒饭，显示 12：00 送达，却等到 13：00 才送到，打电话催单也不接，让人十分生气。

问题：假如你是小明，你会怎么做？

学生由此提到自己的订外卖经历，深有同感。

2. 多媒体展示"外卖风波"后续：

小明不仅给了店家一个差评，并且在饭里放上果核，将图片上传后，声称店家出品不但慢，还不卫生，并在评论里留下侮辱性语言。

问题：小明认为自己在行使言论自由权，你同意吗？为什么？

学生思考讨论并回答。

教师总结：公民在行使权利时，不得超越法律许可的范围，不得损害国家的、社会的、集体的利益和其他公民的合法权益，要尊重他人的权利。

3. 多媒体播放温情视频

视频内容：

（1）不是每一次迟到都应该给差评。

（2）带着孩子送外卖，除了无奈，还有担当。

（3）深夜两点，外卖小哥陪同迷路孩子等待父母。虽然不是分内之事，但会选择传递友善。

（4）寒冷的冬天，温暖依然在延续。

（5）在面对生活不如意的时候，如果我们能多一分理解、宽容，生活就会更加美好。

（6）雪天车辆因为故障停路边，交警温情执法温暖人心。

（7）因住院违章停车，交警依法罚款 50 元后，又给这个车主凑了 1000 元住院费。总有人说生活太残酷，但总有人默默地守护着你。

（8）警察是法律硬度的坚决维护者，也是法律温度的生动体现者。

学生欣赏视频，教师适时解说。

教师总结：法安天下，德润人心。法律对于我们生活的守护，正是法不容情和法律温情的完美结合。我们追求有尊严的生活，要懂得理解与尊重，在生活中依法行使权利。这正是践行社会主义核心价值观的要求。

【设计意图】

本环节回归学生的现实生活，让学生通过对外卖风波的分析思考，学会用法律维护自己的权利，也要学会尊重他人的权利，在生活中自觉践行社会主义核心价值观的要求。

（四）思维训练

拓展作业：请同学们依据本节课所学知识做一份思维导图。

多媒体同步播放音乐，教师巡视指导，投影仪展示优秀作品。

教师总结：思维着的精神是地球上最美的花朵，愿我们都拥有这最美的花朵。

【设计意图】

法律这部分知识比较零散，构建思维导图有助于学生对知识的整体把握，能提高学生综合分析问题的能力，锻炼学生的思维能力。

教学反思：

作为复习课，本课在教学设计中有两个创新点：

1.思维导图的运用贯穿于课堂始终。

首先在以案说法梳理知识环节，随着对事件的分析，逐步呈现出法律的作用、本质，公民的基本权利和义务有哪些、权利和义务的关系，以及如何依法行使权利、自觉履行义务等知识点。教师运用思维导图软件教学，激发了学生的兴趣，降低了学习的难度，学生自始至终主动地学习、理解、掌握知识。

其次在归纳总结环节，让学生自己构建一个思维导图。因为学生在课堂上所获取的知识有的是零散的、无序的、表象的，需要整理加工，在头脑中进行"内化"，从而形成多要素、多层次、多系列的动态知识结构。学生对照教材内容，自己找出关键词，找出知识点之间的联系，进行分析、综合归纳，这个过程有助于他们对知识的整体把握，提高综合分析问题的能力和思维能力。

2.核心素养下法治意识的落实。

作为学科核心素养的法治意识，我们最终的情感目标是让学生拥有法治精神而共享尊严，让社会更和谐、生活更美好的认知情感。这是一节法律的复习课，为了更好地培养学生的法治意识，笔者采用了高铁"停""不停"的案例，明理思辨，让学生感受到法律是以人为本，除了有硬度也是有温度的。采用外卖小哥、警察执法的生活案例，让学生感受法安天下、德润人心的理念，同时体会到法律对于我们生活的守护，正是法不容情和法律温情的完美结合。我们追求有尊严的生活，就要懂得理解与尊重他人，在生活中依法行使权利，这也是践行社会主义核心价值观的要求。通过这样的方式把核心素养渗透到本节课中，让学生明白法治是生活的内在需要，美好的生活离不开法治。

（青岛西海岸新区教育发展研究中心 周文君）

课例点评：

本节复习课的教学设计符合"感悟—探究—践行"三段引领式教学法的流程，

能够在整合知识的基础上，通过丰富的案例和材料引导学生分析和探究，提升学生分析问题、应用知识的能力。教师材料和案例的选择如"高铁女子拦车""外卖风波"都是社会热点话题或贴近学生生活实际的案例事例，从身边事着手，更能够调动学生学习的积极性。教师通过思维导图的方式梳理复习知识，更能够让学生形成系统的知识体系，形成完整的知识结构，也有利于改进学生的学习方式和思维方式。教师运用视频、音乐、案例等多种手段增进学生对法治的认识，提高学生的法治意识和法治素养，是一节成功的复习课。

当然，教师还需要在问题设置的梯度上进行斟酌，让学生的思维进入深度学习。

后 记

终于到了本书即将出版的时刻，心里却感不到轻松。走在探索的路上，有过太多的纠结与辛苦。好在虽然很辛苦，但在大家的帮助和努力之下，我们终于走到了这里。图书付梓之际，向各位读者致谢，也表达我们心中的感激之情。

首先要感谢青岛市西海岸新区的道德与法治教师们。近年来，初中道德与法治课经历了太多变化。无论是课堂教学还是课程评价，都给老师们提出了太多的挑战。正是老师们的坚持和努力，才让这些挑战变成了我们进步的阶梯。特别感谢本书的十五位教师，是各位老师的辛勤汗水的浇灌，让学生们成长道路上繁花似锦。

也要感谢北京师范大学李晓东教授和他主持的政治学科能力改进项目。我们的教师虽然无缘直接接受李教授对于教学改进的具体指导，但通过观摩过程和参与指导，我对这个项目的改进流程和神奇效果有了更为深刻的认识。我们的行动研究，就是对这种改进模式的学习。李教授还在百忙之中为本书作序，让我们更加感动。

还要感谢项目开展过程中各位领导和专家的支持和帮助。山东省教科院张彩霞老师对于道德与法治课该怎么上，给了我们很多富有启发意义的指导意见。青岛教科院徐开颜教师作为我的业务领导，不仅给我们提供了改进和展示的机会和平台，还对课堂教学的实践改进有切实和具体的指导，对我们从教学实践到教学改进的转化提供了很多有价值的意见。歌尔学校的耿帅老师是我入行的师傅，也是我成长的见证者和坚定支持者。恩师的尖锐意见和真诚帮助让我始终心怀感激。青岛西海岸新区教育发展研究中心的领导和同事们对于项目的开展提供了充分的支持，项目组各位老师所在学校为教学改进提供了必要的条件。这些都是取得今天成果的关键。长长的名单不足以表达我们内心的感激之情，有了各位的扶持，才有今天的成果。

更要感谢天南地北各位学科同人的引领和帮助。通过微信群、QQ群，我们可以便捷地学习各位学科同人的先进理念、有效策略和丰富成果，让我们感受到榜样的力量，感受到与科研同行的获得感和成就感。在独行疾，众行远。与各位老师共同前行，让我们对道德与法治学科的未来，更加充满信心。

最后要感谢我的家人。虽然我也很期待其乐融融的天伦之乐，但很多时候，却不得不将家放在工作之后。想想和女儿分开那段时间的牵肠挂肚，就更让我对这份成果的取得多了许多感慨。没有家人的支持，就不会有这份成果。也许等女儿月月长大了，我才可以告诉她：我亲爱的女儿，妈妈愿用全身心的爱呵护你成长，更愿用自己的实践让你知道，追求优秀才是最好的成长。尽管妈妈还不足够优秀，但我会用自己的努力，告诉你优秀应该是什么样子。

未来已来，唯变不变。我们的脚印尚显稚嫩，不够理想的方面也在所难免，但我们会坚定前行。期待各位专家、老师一如既往地关心和支持我们的探索，用你们的真知灼见为我们继续前行指明方向。

谢谢！

周文君
2019 年 6 月于青岛市西海岸新区